清史图典
清朝通史图录
第一册

太祖 太宗朝

故宫博物院 编

主 编
朱诚如

副主编
刘 潞　任万平　郭玉海

本卷主编
任万平

紫禁城出版社
2002.1

图书在版编目(CIP)数据

清史图典·太祖 太宗朝／朱诚如主编．—北京：紫禁城出版社，2002.1
（清朝通史图录）
ISBN 7-80047-333-3

Ⅰ.清… Ⅱ.朱… Ⅲ.中国－古代史－清代－图集 Ⅳ.K249.08
中国版本图书馆CIP数据核字（2001）第 086694 号

清史图典编辑委员会

主　任
朱诚如

副主任
刘　潞　任万平　郭玉海

委　员（以姓氏笔划为序）
马东玉　王思治　冯尔康　朱诚如
朱赛虹　任万平　刘　潞　李治亭
李　湜　严　勇　张玉芬　余同元
汪　亓　周远廉　周京南　赵　宏
聂　卉　阎崇年　曹连明　郭玉海
喻大华

清史图典·太祖 太宗朝

故宫博物院　编
朱诚如　主编
任万平　本卷主编
紫禁城出版社　出版
（北京景山前街 故宫博物院内）
北京圣彩虹制版印刷技术有限公司　制版
中华商务联合印刷有限公司　印刷
新华书店北京发行所　发行
开本 850×1168mm　1/16
字数 89千　图版 522 幅　印张 18
2002 年 1 月第 1 版第 1 次印刷　印数 1—3000
ISBN7-80047-333-3/J·155
定价：180.00元

太祖 太宗朝总目

清史图典序言 —————— 朱诚如 2

太祖 太宗朝序言 —————— 阎崇年 6

图版目录 —————— 17

编者说明 —————— 1

源流篇 —————— 2

战事篇 —————— 54

政务篇 —————— 130

文化篇 —————— 234

后　记 —————— 259

清史图典总序

朱诚如

(故宫博物院教授)

《清史图典》是大型多卷本《清朝通史》的图录部分，意在以图片的形式连缀整个清朝的历史。

清王朝是中国封建专制制度发展的鼎盛时期，是值得史家倾尽一生精力去研究的重要历史阶段。清朝上承明朝中晚期封建社会强劲发展，专制主义中央集权急剧加强，经济领域出现崭新的资本主义的萌芽；下接中国封建专制制度全面巅峰之后的社会转型，在内忧日益严重、外患与日侵淫的社会环境中开始了迈入近代化的门槛。长达268年的清王朝主宰中国命运时期，营造了中国封建社会的夕阳辉煌；它开疆拓土，外御强敌，内弭反叛，封定藩属，奠定了今日中国版图的基础；它建立了封建专制主义的超级强权系统，以往封建朝代时断时续、相沿不衰的宦官专擅、外戚弄权、藩镇割据等蚕食皇权的派系毒瘤被彻底铲除，真正体现出一人决断，总揽朝纲的极端皇权威严；它编定了集中国数千年来的封建文化之大成的图书典籍，推出了体系纷呈、各树一帜的学术研究群体，培育了影响深远的文化大家；它改善了沿袭已久的中国封建农耕体制的经济模式，创办了具有资本主义因素的近代企业，逐步建立起适应近代资本主义的过渡体系，在一个封建因素积淀深厚的庞大国度开始了步履艰难的经济转型。大清王朝在其相对短暂的历史长河中创造了前所未有的社会业绩。

在中国有文字记载的5000年文明历史年轮中，大清王朝统治华夏大地的时间不过区区的268年。但在这268年的时间里，清代社会文明经历了中国历史上最为激荡的变革时期。清朝勃兴的前期，当康熙帝派出精兵强将水陆并进会战雅克萨，阻断沙俄侵略中国东北的企图之时；当乾隆帝10次派遣大军靖边纾难，越境扬威之时——巅峰时期的中国封建王朝是一道屹立在东方的威严不可侵犯的长城。大清王朝经略海疆，在她的东南沿海连接了琉球、苏禄、安南、暹罗等藩属国家，建立了独特的藩属体制，成为领袖东方文明的中心。然而，岁月星河，枝蔓流变，盛世繁荣的背后，一场来自西方资本主义世界的强大冲击已呈"山雨欲来风满楼"之势，古老的王朝面临着前所未有的危难与困厄。大清王朝步入衰落的中后期，正是世界历史的18世纪，西半球欧美的土地上新近崛起了一批资本主义国家，在确立了资本主义制度之后，迅速开展了产业革命。蒸汽机的强劲动力、大机器的生产方式极大地催化了欧美国家的社会生产力，使其综合国力的发展呈现出一日千里的态势。而大清王朝缔造的封建文明虽然是农耕社会发展的顶级阶段，但与资本主义文明相比不在一个文明层次上，况且逐渐显露出疲态，无力保住数千年来社会文明领先的局面。当西方殖民主义者越洋而来，用炮舰轰开中国闭关锁国的大门，迫使清王朝必须面对资本主义文明的时候，几千年来积淀的封建文明顿时相形见绌，处于低级层次的封建文明几乎没有抗衡的实力。于是外战惨败、口岸开放、土地割让、外国公使驻京等一系列破坏王朝统治秩序、摧毁民族尊严的灾难降临了。天朝大门被打开，大清王朝一步步走向沉沦的深渊。

沉沦之中，民族脊梁迸发出自强不屈的呐喊。晚清朝野中的开明绅士抛却天朝上国的自大心理，倾心学习西方的高新科技，试图举办洋务事业以拯救王朝危机，延缓王朝的沉沦。19世纪60年代起始，开明的封疆大吏、朝廷重臣陆续举办洋务企业，兴办洋务学堂，传播先进的科学技术。沿着这样一种势态发展下去，进入近代的中国在自强求新的道路上经历了从器物到理念的观念变迁，最终导致在世纪之初出现政治改革势力。这种革新势力前仆后继的启蒙与呐喊，不断催化转型时期的政治革新，引导中国走上政治近代化的道路。终于在1911年爆发了辛亥革命，推翻了大清王朝的封建统治，结束了中国社会沿袭2000多年的封建制度，迎来了尽管是军阀混战民不聊生但却符合社会发展潮流的民国时代。

整个清朝历史处于百年激荡的社会转型之中，展现出纷繁复杂、动荡多变的多彩画卷。《清史图典》（十二册）是大型多卷本《清朝通史》（十五卷、600万字）的图录部分，意在利用故宫博物院及全国各地收藏的包罗宏富的文物图片资料，连缀出简明清晰的历史线索，描绘出波澜壮阔的历史轮廓，全景般地再现出满族初兴、问鼎中原、囊括八荒、盛世繁华、闭关锁国、抗御外敌、艰难应变以及宇内风起云涌、王朝覆亡的整个历史，画龙点睛般地重现出重要的历史精彩瞬间，把昔日定格的图片、绘画、文物、书影、档案文献等单调孤立的图稿贯穿起来，凝结出清新鲜活、规制宏大的历史画卷。

与《清朝通史》采用的纪事本末体例略有不同，《清史图典》虽然也基本上以朝代划分卷次，但总体篇章结构是以历史的时间顺序为经，通贯全书的主体；以社会组织结构析分各个卷次的描述重点，使各个朝代的历史特点得以充分表现出来。《太祖　太宗朝》设置"源流篇"，长白山天池的烟雾缭绕，仙境朦胧；佛库伦沐浴吞食神果感而受孕的满族远古神话传说，把清初的历史上溯到满族的母系氏族时代。不过，清初精彩的画卷展开始自雄才大略的努尔哈赤以"遗甲十三副"起兵对抗明朝。统一建州，宏括女真，试兵辽西，叩打雄关，建立意在与中央政权比肩的古老王城赫图阿拉。残垣断壁的古城遗址，锈迹斑驳的铁盔甲胄，无不显现出八旗骑兵粗犷勇猛的铁流雄风。皇太极继承了努尔哈赤的遗愿，数次派遣八旗铁骑千里奔袭明朝内地，劫掠财物，袭扰城池，保持战略进攻的主动权。在内政方面，皇太极致力于八旗政权建构与完善，接受汉族先进文化的熏陶，使满族的社会发展出现突飞猛进的势头。

顺治帝承续了皇太极的余荫，迁都定鼎北京，皇极门前演绎了满族入主中原的精彩一幕。征伐李自成，讨剿张献忠，摧毁南明流亡政权。一篇篇历史内涵包罗宏富的旧照、遗物，勾勒出摄政王多尔衮挥动各路兵马席卷大半个中国，奠定统一多民族国家雏形的基本脉络。康熙一朝，"名曰守成，实同开创"，计擒鳌拜，独领皇权；西征叛乱，东收台湾，北控沙俄；平定三藩，协和蒙古；巡游江南，劝课农桑，启清朝盛世之先兆。览阅《康熙朝》的绚丽图画，颇觉盛世华章扑面而来。雍正帝承续康熙帝的余荫，大刀阔斧、雷厉风行地革除了康熙帝晚年倦勤遗留的社会积弊，打击政敌残酷无情，整顿吏治疾风骤雨，设立直隶于皇帝的军机处，控遏朝政于皇帝一人的股掌之上。于是，《雍正朝》里展示了皇宫大内的刀光剑影、血雨腥风，政坛风云的变化莫测，以及经济文化生活的谨严有序。继雍正朝短暂的整顿之后，迎来了中国封建文明辉煌的乾隆时代。乾隆一朝集中国封建社会的文明积累之大成，生齿迅猛繁衍，土地赋税丰盈，经济迅速发展。编订基本囊括古代文化典籍的《四库全书》，挫扼强敌，完收十全武功。《乾隆朝》的图画，规制庞大，气势磅礴，展现出江山万里、沧海桑田的雄浑气势，锦绣盛世的气度挥洒洋溢。乾隆朝底定了中国基本版图，迎来了中国封建社会末期的盛世辉煌。盛世过后即是平凡到了极点的平庸，嘉庆帝在乾隆帝巨人般的身影下，初期并不涉及政务，听凭太上皇越俎代庖，及至乃父故去，有重新振奋之心却无崛起之力。盛世遗产是矛盾丛集，积弊甚深的社会难题，嘉庆帝尽管力图以勤政挽回颓势，但大势已去。于是《嘉庆朝》呈现出的历史遗存平淡无奇，很难找到能够凸显嘉庆一朝的历史文物和图卷。镇压白莲教起义算是嘉庆一朝的大事，但动用16省的军队，糜费2亿两的银饷，耗尽了乾隆帝勤恳持政积累的家底。嘉庆朝末期，国库空虚，帅老兵疲，政治混沌，主上平庸，仅仅20余年间大清王朝就已经呈现出衰败之象了。以至于继位的道光帝在清朝12帝中是名载史册的"吝啬鬼"，简约节省，握拳渗水。然而，如此简约自律也不能保障大清王朝延续下去。1840年，英国殖民主义者依靠坚船利炮轰开中国的大门，道光帝惜钱如金，小败即止，宁可签订屈辱的《南京条约》，洞开南中国门户。《道光朝》历史的图片表明，早年端起鸟枪冲锋在前勇退天理教的少年皇子，在强敌压境之际泯灭了杀敌勇气。割地赔款，开放口岸，天朝的崩溃使道光帝感到死后愧见列祖列宗，遂自我处罚：嘱死后不再配享太庙。道光帝撒手人寰，留给其子咸丰帝的是外敌入侵，江山残破；财政困窘，捉襟见肘的废烂局面。资质鲁钝的咸丰帝施政乏策，调遣无力。南方太平天国势焰正炽：定都天京（南京），北伐西征，长江中下游已不再为大清皇帝所控制。而英法列强二次入寇，溯海北上，登陆北塘，火烧圆明园，硝烟弥漫了北京城。困厄交织，咸丰帝亡故避暑山庄，慈禧太后借机发动宫廷政变，进而两宫垂帘听政，晚清政治由此进入了太后主政时期。浏览《咸丰 同治朝》的黑白世界，战火纷飞，政坛纷纭，主忧民困，水深火热，充满了乱世纷扰、抑郁难舒的困愦氛围。同治帝天花夺命之后，幼冲之龄的载湉入继大统，是为光绪帝。光绪一朝，列强频频扣打中国的大门，几乎每隔十年就发动一次侵华战争，中法战争、中日战争、日俄战争接踵而至，直至1900年八国联军再次攻掠中国的都城北京，自行划分各自的势力范围。自西安回銮的慈禧太后放言："量中华之物力，结与国之欢心"，彻底泯灭了抗拒之心，沦落为帝国主义列强的附庸。光宣时期，西学东渐已历数十载，外部意识的侵淫已经渗透进中国社会的肌体，以往社会的传统模式遭到了巨大冲击，催化出传统封建社会所没有的社会因子。中国封建社会在历经2000多年的发展历程之后，已经走到了脱胎换骨、鼎新革故的转型时期。为自强图存拯救王朝，朝廷的部分封疆大吏、阁老重臣举办近代新式工业，创办新式学堂，甚至在"中学为体、西学为用"的理念之下尝试改良传统政治结构——推出变法维新运动，试图借鉴中国封建社会历次变法图强的举措，延续大清王朝的统治生命。然而，极端专权的慈禧太后，呆板僵化的调控秩序已经失去了自我调节功能的弹性。当"戊戌六君子"洒血菜市口，光绪帝被幽囚瀛台时，大清朝廷舍弃了可能成为延续政权的回旋力量。资产阶级革命派开始以推翻清王朝为目标点起了南国边陲的烽烟。这种暴力挑战步伐迅速超越了大清王朝自身的"新政"步履。武昌起义一声枪响，十三省份通电响应，清朝统治即刻土崩瓦解。封建王朝终结了，中国步入了纷乱失序却又充满希冀的新时代。浏览《光绪 宣统朝》的张张图片，在体验岁月尘封的多味瞬间的同时，社会发展翻天覆地的惊人变迁给人以强烈的永久的震撼。

以图证史，利用各种实物附带的鲜活历史信息丰润后人对于历史的描述，弥补语言描述与真正历史内涵之间的差异，是我们编辑此书的初衷。近300年的清朝历史遗留下来了卷帙浩繁、汗牛充栋的文献资料，风蚀水浸、数不胜数的文物藏品，尘封失记、内容隐约的书影旧照，以及久历岁月消融却依然古韵犹存的宫闱建筑，给了我们以广阔的清理析分空间。然而，在庞杂纷乱、良莠四陈的资料海洋中，去粗取精、剔伪存真，提炼主题，深究图题背后隐藏的历史内涵是一项非常艰巨的使命，我们微薄之力稍有不逮。由于个别主题资料的稀密差别非常之大，尽管在清朝的历史长河中占居非常重要的地位，但资料的匮乏使我们只能暂时付诸阙如，留待日后再版修补。虽然如此，我们仍然希望本书能够与《清朝通史》相得益彰，给广大读者以思虑深刻的宏观历史的理性内涵，形象生动的微观历史的感性表征。是否能够达到这样一种效果，我们期待着学界专家、一般读者的批评指正。在本书杀青即将付梓之际，我作为本书的总主编缀就以上文字，即为本书序言。

2001年8月1日

北京 故宫博物院

太祖 太宗朝序言

阎崇年

(北京市社会科学院研究员)

满族建立的清帝国从天命元年（1616年）到宣统三年（1911年），长达296年。清朝在自秦以降整个中国皇朝历史舞台上，占据的时间约为其七分之一。在中国秦始皇以来2000多年的皇朝历史上，开创过200年以上大一统皇朝的，只有汉朝、唐朝、明朝和清朝。在上述四朝中，汉高祖刘邦、唐高祖李渊和明太祖朱元璋都是汉族人，只有清太祖努尔哈赤是满族人。大清帝国"康乾盛世"时在世界舆图上，是一个疆域最为辽阔、国力最为强盛、人口最为众多、物产最为富庶的大帝国。

树有根而枝叶茂，水有源而百川流。清前历史是清朝历史的根源。清朝迁都燕京以前的历史，就是清朝入关以前的历史，习称为清前历史。兹将清前历史文化，做个简明概略叙述。

一

清前的历史，明万历十一年，辽东总兵李成梁提兵进攻建州女真古勒寨，城破之后李成梁下令屠城，男女老幼，全遭屠戮，斩杀1000余人，努尔哈赤的祖父觉昌安和父亲塔克世也在混乱中被杀。从此，努尔哈赤与大明皇朝积下不可化解之怨，结下不共戴天之仇。万历帝、李成梁杀了觉昌安、塔克世，在他们子孙努尔哈赤心里，点燃起燎原之复仇星火，挖掘开溃堤之复仇蚁穴。随之，努尔哈赤以父祖"十三副遗甲"起兵复仇。努尔哈赤将复仇的星火，逐渐燃烧成为焚毁大明皇朝的燎原大火；将复仇的穴水，逐渐汇聚成为冲毁大明皇朝的汹涌洪水。最终，以清代明，江山易主。因此，古勒寨之役是明朝灭亡与清朝崛兴的历史起点。

清前的历史文化，从明万历十一年努尔哈赤起兵，到清崇德八年即明崇祯十六年（1643年）皇太极病死，其间整整60年。这段清前60年的历史，从时间来说，可以分作两个时期：清太祖朝时期（1583—1626年）和清太宗朝时期（1627—1643年）。

清太祖朝的历史，以时间来说，从明万历十一年，到清天命十一年即明天启六年（1626年），总算44年。以空间来说，大体上东起鸭绿江、图们江及乌苏里江以东滨海地区，西到大兴安岭，南近宁远（今辽宁兴城），北至黑龙江中游地域。

清太祖时期44年的历史，可以分作建州时期和天命时期。

建州时期，此期可以分作三个阶段：

第一阶段，从明万历十一年，到万历二十一年，共有10年，主要是建州女真内部的统一。以努尔哈赤起兵与古勒山大捷，为此期重大历史文化事件的标志。

在这段历史时间里，主要历史文化大事有：努尔哈赤以父祖"十三副遗甲"起兵，杀尼堪外兰，攻克图伦城。统一建州女真五部——苏克素浒河部、哲陈部、董鄂部、完颜部、浑河部，初步统一了长白山三部——讷殷部、朱舍里部、鸭绿江部。建佛阿拉城。努尔哈赤首次到北京朝贡（先后8次）。打败叶赫等九部联军的军事进攻，就是著名的古勒山之战。

第二阶段，从明万历二十一年，到万历三十一年，共有10年。以创制满文与兴筑赫图阿拉（今辽宁新宾西），为此期重大历史文化事件的标志。此期日本侵略朝鲜，明朝派军进行援朝战争，这就是史称的"壬辰战争"。这场战争先后断续进行了6年，明朝主力部队入朝，辽东防务空虚。这给建州女真统一海西女真，提供了难得的历史机遇。

在这段历史时期里，主要历史文化大事有：建州发动哈达之役、辉发之役，而将哈达、辉发吞并，扈伦四部灭其二。朝鲜南部主簿申忠一到佛阿拉，写下《申忠一书启及图录》即《建州纪程图记》。努尔哈赤表面对明廷忠顺，被明封为龙虎将军。创制满文，就是无圈点的老满文。建筑赫图阿拉城，后清尊为兴京，意思是清朝兴起的京城。后在兴京建永陵。

第三阶段，从明万历三十一年，到万历四十三年，共有12年，建立八旗制度与蒙古贝勒尊努尔哈赤为"崑都仑汗"，是此期重大历史文化事件的标志。

在这段历史时期里，主要历史文化大事有：建州军同乌拉军在图们江畔进行乌碣岩大战，建州军获胜。从此建州打开进军图们江、乌苏里江地域的通道。漠南蒙古恩格德尔率喀尔喀五部贝勒尊努尔哈赤为"崑都仑汗（恭敬汗）"。派兵略渥集部，取那木都鲁、绥芬、宁古塔、尼马察部民，招降瓦尔喀部民。努尔哈赤将胞弟舒尔哈齐幽禁死，下令将长子褚英处死，权力更加集中。建立清朝根本性的军政制度——八旗制度，后来逐渐完善成为满洲八旗、蒙古八旗、汉军八旗，旗的颜色规范为正黄、正白、正红、正蓝、镶黄、镶白、镶红、镶蓝。努尔哈赤娶蒙古科尔沁明安贝勒女为妻，从而开始了满蒙联姻。吞并海西女真扈伦四部中最大的一部——乌拉部。

天命时期。从后金天命元年即明万历四十四年，到天命十一年即明天启六年（1626年），以建立天命政权与迁都沈阳，为此期重大历史文化事件的标志。

在这段历史时期里，主要历史文化大事有：

政治方面。努尔哈赤"黄衣称朕"，建立金政权，又称后金。以赫图阿拉为都城。以费英东、额亦都、何和理、扈尔汉、安费扬古为五大臣，参与议政。发布"七大恨"告天布民，同明朝公然决裂，向明军宣战。将都城迁到辽河流域的中心地带，先由赫图阿拉一迁到辽阳（后尊称东京），并在太子河东岸建东京城；二迁到沈阳（后尊称盛京），开始兴建沈阳宫殿。

明朝发生皇位变动，神宗万历帝死，子光宗泰昌帝立一月又死，再立熹宗天启帝。皇位的变动没有给明朝带来新的转机，却接连发生"梃击"、"红丸"、"移宫"宫廷三案。天启帝年少贪玩，怠于政事，皇权旁落到宦官魏忠贤手中。于是党争更趋激烈，朝政更加腐败。

军事方面。后金军事进攻重点，转移到同明军对抗。后金军攻取明朝辽东边地两座重镇——抚顺、清河。明朝为报复后金，以杨镐为辽东经略，发动十余万大军，采取"兵分四路，分进合击"的兵略，要攻占赫图阿拉，对后金"犁庭扫穴"。后金军则采取"凭尔几路来，我只一路去"，就是"集中兵力，合进分击"的兵略，而获得全胜，史称"萨尔浒大捷"。后金军乘胜进兵灭亡叶赫，统一了海西女真。随之，后金军连获三捷——先取开（原）、铁（岭），继取沈（阳）、辽（阳），再取广（宁）、义（州）。明辽东经略熊廷弼以失广宁罪，被"传首九边"；辽东巡抚王化贞因陷广宁罪下狱。明朝原辽东首府广宁（今辽宁北宁市）、时辽东首府辽阳，都落于后金之手。这标志着明朝在辽东统治的终结。明廷决策坚守辽西，保卫山海关。明大学士孙承宗视师山海关外，决策营筑宁远城（今辽宁兴城）。明以孙承宗为辽东经略。

天命十一年即明天启六年正月，努尔哈赤率六万大军进攻宁远城。明袁崇焕率万人坚守，城上安设红夷大炮。袁崇焕"凭坚城、用大炮"，打败后金军的进攻。有史料说天命汗在指挥攻城时受炮伤。此役明人称之为"宁远大捷"。后金军虽在宁远城下失败，却在进攻觉华岛之役中获胜。觉华岛今名菊花岛，在今辽宁兴城外15里海中。此役史称"觉华岛之役"。

经济方面。先是，建州的田地："无墅不耕，至于山上，亦多开垦"；农业："土地肥饶，禾谷甚茂，旱田诸种，无不有之"；产量："田地品膏，则粟一斗落种，可获八九石。"开采金矿、银矿、炼铁，制造军用器械，发明并推广人参煮晒法，实行牛录屯田，同明朝、蒙古、朝鲜进行贸易，发展农业、畜牧业。进入辽沈地区后，采矿、冶炼、造船、制械、建筑、晒盐业等都有较大的发展。种棉养蚕、缫丝织缎。铸"天命汗钱"，进行货币流通。铸"天命云版"，传递军情信息。颁布"计丁授田"制度。

文化方面。先是朝鲜南部主簿申忠一到佛阿拉，回国后撰写《申忠一书启及图录》即《建州纪程图纪》，详细地记述了建州的政治、军事、地理、农业、建筑、宗教、习俗等，留下难得的第一手史料。后朝鲜援军姜弘立元帅等在萨尔浒之役中率军投降，其属李民寏在赫图阿拉写《建州闻见录》、《栅中日录》，是为继申忠一后又一份外人记录建州社会的重要文献。在八旗设巴克什，招收儿童入学，教习满文。此期开始留下珍贵的无圈点满文档案。在赫图阿拉兴建祭神祭天的堂子，建筑佛寺及玉皇等七大庙。迁都沈阳后开始兴筑天命汗寝宫，建大政殿与十王亭。后建筑清太祖陵——福陵（沈阳东陵）。

民族方面。此期，后金进军黑龙江中游地域，征萨哈连部，取得胜利。从此拉开征抚黑龙江地区的序幕，到清太宗皇太极时，整个黑龙江流域的版图归入清朝。《盛京吉林黑龙江战绩舆图》反映了这些军政的胜利成果。在占领的辽东地区，对汉人实行"剃发"。对漠南蒙古实行联姻、会盟、重教、封赏、征抚等政策，取得初步成效。并为后来清朝对蒙古的政策，提供了初始的范式。

清太祖努尔哈赤宁远兵败后，《清太祖武皇帝实录》记载："帝自二十五岁征伐以来，战无不胜，攻无不克，惟宁远一城不下，遂大怀忿恨而回。"天命汗久历疆场，身经百战，师出必胜，攻战必克。68岁的沙场老将努尔哈赤，却败给42岁的无名小辈袁崇焕。袁崇焕是努尔哈赤的克星。努尔哈赤郁闷不乐，忿积疾重，同年八月死去。由他的儿子皇太极继承汗位，是为清太宗。明年改元为天聪。

清太祖朝的历史随之结束。

二

清太宗朝的历史，以时间来说，从后金天聪元年即明天启七年（1627年），到清崇德八年即明崇祯十六年（1643年），总算18年。以空间来说，大体上东临日本海，西到河套，南到锦州，北达外兴安岭。

清太宗朝的历史，可以分作天聪朝和崇德朝两个时期。

天聪朝的历史，从天聪元年（1627年）到天聪九年，共有9年。

军事方面。主要是进行四场大的战争，其中两胜两败。

第一场是朝鲜之战。皇太极继承汗位后，为着以军事胜利来加强和巩固新取得的汗位，从朝鲜获取粮食和物品，进一步孤立毛文龙，并解除南进攻打明朝后顾之忧，发动了对朝鲜的战争。天聪元年即明天启七年，皇太极派贝勒阿敏等率3万大军东征朝鲜。后金军占义州、陷平壤，过大同江，逼近汉城。朝鲜国王李倧逃往江华岛。经过谈判，后金与朝鲜在江华岛焚书盟誓，后又举行平壤盟誓，结为"兄弟之盟"。此年为丁卯年，史称这场战争为"丁卯之役"。战争结束，后金撤兵，回到沈阳，阿敏等受到天聪汗皇太极的隆重欢迎。皇太极发动对朝鲜的军事进攻，达到了预期的目的。

第二场是宁锦之战。皇太极对于乃父努尔哈赤宁远之败不服输，亲率大军进攻明朝袁崇焕守御的宁远和祖大寿守御的锦州。天命汗努尔哈赤于宁远城兵败后不久身死，吞下其攻打宁远城错误兵略的苦果。其子皇太极未从乃父错误兵略中汲取教训，于天聪元年即天启七年，再率倾国之师，进攻锦州、宁远。皇太极先攻锦州不克，再攻宁远又不克，复攻锦州仍不克。此役，后金军攻城，明辽军坚守，凡25日，大战3次，小战25次，明辽军以全城奏捷。此役，明人称之为"宁锦大捷"。后金军以攻城开始，以失败告终。皇太极怒道："昔皇考太祖攻宁远，不克；今我攻锦州，又未克。似此野战之兵，尚不能胜，其何以张我国威耶！"这既是皇太极第一次亲自独立指挥的、又是他第一次军事失败的战争。

第三场是京师之战。皇太极宁锦之战失败后，认为进攻明朝宁远城不可下、袁崇焕不可胜。天聪三年即明崇祯二年，皇太极亲自统帅八旗军，绕过袁崇焕守御的宁远城，以蒙古军为先导，取道漠南蒙古，远袭明朝都城——北京。明总兵满桂守北京德胜门失利。袁崇焕率军入援，激战于北京广渠门、左安门、永定门，皇太极不能得胜。他施"反间计"，陷害袁崇焕。明崇祯帝误中其计，将袁崇焕下狱。翌年八月十六日，崇祯帝命将袁崇焕寸磔处死。今北京广渠门内有"明袁大将军墓"。北京后又在今龙潭湖建"袁督师庙"。

第四场是察哈尔之战。皇太极先于天聪六年即明崇祯五年，亲率大军远征察哈尔，林丹汗兵败远逃青海。后林丹汗死于青海大草滩。天聪九年即崇祯八年，皇太极派多尔衮率军渡黄河，进围林丹汗余部大营。林丹汗遗孀苏泰太后及其子额哲降，并献"传国宝玺"。这标志着漠南蒙古归附清朝。

政治方面。皇太极取消四大贝勒"并肩共坐"，而为皇太极"南面独坐"，皇权集中，乾纲独断。仿照明制，设立六部。改进老满文，而为新满文。明孔有德、耿仲明、尚可喜降附后金。皇太极封孔有德为恭顺王、耿仲明为怀顺王、尚可喜为智顺王。这为汉军八旗建立奠下基础。吸取努尔哈赤晚年错误的教训，推出调整满、汉关系，重视儒生，任用汉官等重大举措，取得较好效果。还总结宁远、宁锦兵败的教训，在沈阳制造红衣大炮。红衣大炮在大凌河之战及其尔后诸战中发挥了重大的作用。

经济方面。发布《汗谕》，保护耕牛，及时耕种，勿扰降民耕田禾苗。鼓励农业生产，惩罚忽视农业生产的牛录额真。在盛京、在杀虎口等地，进行贸易。调整生产关系，实行满、汉分庄。于手工业制造，较前有大的发展，已能制造红衣大炮。先是，天命汗努尔哈赤的宁远之败、天聪汗的宁锦之败，都是败于袁崇焕"凭坚城、用大炮"的兵略，或者说败于当时最新式的武器——红衣大炮。天聪五年即明崇祯四年正月，在沈阳制造出第一批红衣大炮，共40门，定名为"天佑助威大将军"。满洲"造炮自此始"。这批红衣大炮，是仿照明朝从澳门购买的英国制造的新式火炮。明人称为"红夷大炮"或"西洋大炮"。此炮，炮管长、口径粗、装药多、射程远，安置城上、铳规瞄准、技术先进、威力巨大，是当时中国、也是世界最为先进的火炮。天聪朝能在盛京仿造成功、批量制造，说明后金的工业与技术之高超水平。

民族方面。皇太极于天聪九年即崇祯八年十月十三日，为着反映已经形成新的满族共同体的事实，发布《汗谕》，将族名诸申（女真）改为满洲。由是，满洲的族名开始正式出现在中华的大地上，满族成为中华统一多民族大家庭中的一员，而影响深远。

崇德朝的历史，从崇德元年（1636年）到八年，共有8年。

政治方面。皇太极在天聪十年（1636年）四月，正式改国号为大清，改年号为崇德，即皇帝位。改蒙古衙门为理藩院。西藏达赖喇嘛遣使到沈阳。

军事方面。崇德朝主要进行四场大的战争，其中两胜两败。

第一场是对朝鲜的战争。先是，在皇太极即皇帝位的典礼上，朝鲜使臣不行三跪九叩大礼。大清官员对他们殴摔撕打，强行跪拜；但他们"衣冠尽破，虽或颠仆，终不屈腰"。皇太极认为是朝鲜国王李倧背弃盟誓使然，并以此为借口，发动第二次对朝鲜的战争。崇德元年即明崇祯九年（1636年）十一月，皇太极亲率大军进攻朝鲜。清军战平壤、攻汉城。汉城守御甚坚，清军加以包围。翌年正月，清军分出一支攻江华岛，获朝鲜王妃一人、王子二人及官员、眷属等。朝鲜国王李倧闻信惊慌，派员在汉城附近三田渡同清军谈判。最后，朝鲜国王李倧答应清朝提出的17项条件，身着青衣，在三田渡向清军投降。皇太极命在三田渡竖立"大清皇帝功德碑"。

第二场是关内的战争。皇太极军队入口作战，规模较大者有五次：前已述其一；其二、三、五从略；此则述其四。崇德三年即崇祯十一年八月，皇太极派多尔衮、岳托率军入口作战。清军由墙子岭、青山关毁城而入，越迁安、过通州。一路沿京杭大运河、一路顺太行山东麓，分兵南进。清军经涿州，围高阳。大学士孙承宗年八十，全家死难。清军连陷衡水、霸州、平乡、高邑等。钜鹿一战，明兵部尚书、总督卢象昇身亡。翌年正月，清军会师济南城下，并一举攻陷之。尔后回师沈阳。此役，清军掠京畿、蹂冀南、渡运河、陷济南，攻克1府3州55县，杀死明军总督两人、将吏百余人，掠获人畜462300余、黄金4039两、白银977460两等。

第三场是松锦大战。先是，清军围困锦州，守将祖大寿城危求援。明崇祯帝派洪承畴为经略，率八总兵、13万大军前往救援。明、清双方大战于松山、锦州，史称松锦之战。清军初战受挫，皇太极从沈阳赶赴前线。他鼻衄流血不止，以椀盛血，昼夜驱骑疾驰，赶到松山前线。皇太极到前线后，采围城打援、横堑山海、断彼粮道、隘处设伏、集中兵力、据险掩杀的兵略。是役，明朝总督洪承畴被擒，全军覆没；清军获得大胜，克塔山，占杏山，下锦州城，降祖大寿。

第四场是索伦战争。皇太极多次对黑龙江上游地区索伦部用兵，索伦部首领博穆博果尔降附。后博穆博果尔叛。皇太极再次发军征讨，兵锋所至，远达赤塔（今俄罗斯赤塔），擒获博穆博果尔。又用兵外喀尔喀（今外蒙古）。所以，皇太极时期清朝的疆域，北界已达外兴安岭。

文化方面。达海改进老满文，增加圈点，新制字母，成有圈点满文，即新满文。皇太极命翻译汉文书籍如《三国演义》、《明会典》、《通鉴》、《六韬》、《孟子》、《大乘经》等。《清太祖武皇帝实录》和《满洲实录》告成。内国史院的清太祖天命朝、清太宗天聪朝的编年体史料长编《无圈点老档》即《旧满洲档》、《老满文原档》、《满文老档》初成。此档以无圈点老满文为主、兼以加圈点新满文并间杂蒙古文和个别汉文书写，记载满洲兴起和清朝开国的史事册档。后乾隆朝将其重钞七部——《无圈点字档》（底本）、《加圈点字档》（底本）、《无圈点字档》（内阁本）、《无圈点字档》（崇谟阁本）、《加圈点字档》（内阁本）、《加圈点字档》（崇谟阁本）和《加圈点字档》（上书房本）。《无圈点老档》即《旧满洲档》、《老满文原档》今为孤档，存台湾故宫博物院。其七部钞本除《加圈点字档》（上书房本）已佚外，其他六部分藏于中国第一历史档案馆和辽宁省档案馆。兴文教，考生员。设立文馆，分为两班：达海、刚林、苏开、顾尔马浑、托布戚翻译汉文书籍；库尔缠、吴巴什、查素喀、胡球、詹霸等记注朝政。记载清开国的满文史料长编《内国史院档》，积累了大量系统珍贵的史料。还就祭祀、礼制、爵位、萨满等做出一系列规定。完成盛京皇宫的建筑。建筑莲华净土实胜寺（皇寺或黄寺）和"四寺"——东为永光寺、西为延寿寺、南为广慈寺、北为法轮寺，寺各建佛塔。后在盛京建清太宗陵——昭陵（沈阳北陵）。

《清史稿·太宗本纪》论曰："允文允武，内修政事，外勤征讨，用兵如神。"上述四句话中的前三句，说得大体符合实际；至于第四句说皇太极"用兵如神"，显然张饰。

三

清前的历史文化，举其纲要，列出十项：

第一，女真各部整合。女真自金亡之后，各部纷争，不相统属，元明300年来，未能实现统一。清太祖、太宗两朝，经过36年的征抚，"顺者以德服，逆者以兵临"，基本统一了建州女真、海西女真、东海女真和黑龙江女真。女真各部的统一，结束了元明300年来女真内部彼此杀伐、骨肉相残的混乱局面，促进了女真地区诸部的生产发展与经济交往，也有利于女真文化的发展。清前促成女真－满洲的民族大统一，确实是一件非常了不起的大事情。

第二，东北地区统一。明初在东北地区设有奴儿干都司和辽东都司(山东北部除外)，以实施对这一地区的管辖。但明中期以后皇权衰落，已不能对东北广大地区实行有效管辖。满洲兴起后，不仅基本统一了女真各部，而且基本统一了东北地区。崇德七年即崇祯十五年(1642年)，清太宗皇太极诏告天下：

> 予缵承皇考太祖皇帝之业，嗣位以来，蒙天眷佑，自东北海滨，迄西北海滨，其间使犬、使鹿之邦，及产黑狐、黑貂之地，不事耕种、渔猎为生之俗，厄鲁特部落，以至斡难河源，远迩诸国，在在臣服。

就是说，东自鄂霍茨克海，西迄贝加尔湖，南濒日本海，北跨外兴安岭的广阔地域，明奴儿干都司、辽东都司(山东北部除外)辖境内的各族人民，以及漠南蒙古等部民，均已被置于清初东北疆域的管辖之内。这就为后来康熙二十八年(1689年)中俄《尼布楚条约》的签订奠下了基础。若无清初对东北的统一，后来沙俄东侵，日本南进，东北疆域，外强争逐，谁人占有，实在难卜。

第三，八旗制度创立。先是女真人狩猎时，各出一支箭，十人中立一总领，称为牛录(大箭的意思)额真(首领的意思)，后以其为官名。努尔哈赤起兵后将部众分为若干牛录。万历二十九年，建州军队进行整编，每300人为一牛录，设牛录额真一员，共设四旗，分别以黄、白、红、蓝为标志。万历四十三年，建州军队又进行扩编，将原有四旗析为八旗。增添的四旗，将原来旗帜的周围镶边，黄、白、蓝三色旗帜镶红边，红色旗帜镶白边。这样，共有八种不同颜色的旗帜，称为八旗，即满洲八旗。后来又逐渐增设蒙古八旗和汉军八旗，共24旗，但统称为八旗。八旗制度"以旗统军，以旗统民"。八旗不仅是军事组织，而且还是统管行政、经济和氏族的组织。八旗的兵丁，"出则为兵，入则为民"，平时耕猎，战时出征。后金—清以八旗制度为纽带，把女真社会的军事、政治、经济、行政、司法和氏族统制起来。女真的部民，按照军事方式，分为固山、甲喇、牛录三级，加以编制，从而使分散的女真各部，联结成为一个组织严密、生气蓬勃的社会机体。八旗制度是努尔哈赤的一个创造，也是清朝定鼎燕京、入主中原、统一华夏、稳定政权的一个关键。

第四，满洲文字制定。金亡后通晓女真文者日少，至明中期已逐渐失传，邻近蒙古地区的女真人使用蒙古文。满洲兴起后，建州与朝鲜、明朝的公文，由汉人龚正陆用汉字书写。在向女真人发布军令、政令时，则用蒙古文，一般女真人既看不懂，又听不懂。努尔哈赤为适应其社会发展，遂倡议并主持创制满文。万历二十七年，努尔哈赤命巴克什额尔德尼和扎尔固齐噶盖，用蒙古字母拼写满语，创制满文，这就是无圈点满文(老满文)。但满文初创，不甚完备。天聪六年，皇太极又命巴克什达海等对老满文加以改进，在字母旁加圈点，改进和固定了字母的发音与书写形式，并设计了10个拼写外来语(主要是汉语)借词的特定字母。这种改进后的满文叫加圈点满文(新满文)。满语属阿尔泰语系，满文是拼音文字。它有6个元音字母，22个辅音字母，10个特定字母。字母不分大小写，在构成音节出现于词首、词中和词尾时，均有不同的形式。满文书写形式自上而下，行款自左至右。满语文成为清朝官方语言和文字。其时，东北亚满—通古斯语族的诸民族，除满族外都没有文字。满文记录下东北亚地区文化人类学的珍贵资料。满文通行后成为满汉、中西文化交流的重要桥梁。所以，满洲文字创制，是满族发展史上的一块里程碑，是中华文化史上、也是东北亚文明史上的一件大事。

第五，满族民族形成。女真各部的统一，东北地区的统一，满文的创制，八旗的创建，使得新的满族共同体出现在中华民族大家庭之中。满族是以建州女真为核心，以女真为主体，吸收部分汉人、蒙古人、达斡尔人、锡伯人、鄂伦春人、鄂温克人、朝鲜人等组成的一个新的民族共同体。为了反映这个满族共同体的事实，需要将民族名称规范化。皇太极于天聪九年(1635年)十月十三日，诏谕满洲的名称：

我国原有满洲、哈达、乌喇、叶赫、辉发等名，向者无知之人，往往称为诸申。夫诸申之号，乃席北超墨尔根之裔，实与我国无涉。我国建号满洲，统绪绵远，相传奕世。自今以后，一切人等，止称我国满洲原名，不得仍前妄称。

从此，满洲的名称正式出现在中国、也出现在世界的史册上。顺治元年（1644年）清军入关，入主中原，满洲成为清朝的主体民族。满洲初由东北边隅小部，继而形成民族共同体，以至发展到当今千万人的大民族，先后涌现出一大批灿如星汉的政治家、军事家、文学家、艺术家、科学家、语言学家等。满洲在斗争中经受考验与磨练，谱写出民族发展史上最辉煌的篇章。

第六，后金政权建立。努尔哈赤怀有"射天之志"，要建立政权。他在起兵征战之后，初步统一建州女真。于万历十五年，在佛阿拉建城，并在此接见朝鲜使者。万历四十四年，努尔哈赤作为一个局处边境一隅的满洲首领，参照蒙古政权、特别是中原汉族政权的范式，在赫图阿拉，自践汗位，建立后金（大金）。从而确立巩固的基地，以支持其统一事业的进一步发展。两年之后，他发布"七大恨"告天，向明进攻，此时他已起兵33年。尔后，他陷抚顺、败杨镐，取开原、下铁岭，克沈阳、占辽阳，夺广宁、据义州，都城先迁辽阳，继迁沈阳。其子皇太极，于天聪十年四月，即皇帝位，改元崇德，国号大清。清前武将文臣迭出，功成勋立。据金兆蕃书称《清史稿》入传者，太祖朝正传40人、附传31人、子孙从附者97人，计168人；太宗朝正传35人、附传36人、子孙从附者51人，计122人。以上两朝合计为290人，其中正附传共142人，是为太祖朝和太宗朝的开国精英。清顺治元年，多尔衮和济尔哈朗辅佐顺治帝入关，定鼎燕京，后统一全国。清自天命元年(1616年)至宣统三年(1911年)，共历296年。清太祖、太宗朝为清朝历史开创，并为大清帝国奠下基石。

第七，绥抚蒙古政策。后金制定绥服蒙古的政策，是清廷对蒙古治策的基石。先是，自秦、汉以降，匈奴一直是中央王朝北部的边患。为此，秦始皇连接六国长城而为万里长城。至有明一代，已巳与庚戌，京师两遭北骑困扰，甚至明英宗也做了蒙古瓦剌也先的俘虏。明代蒙古问题始终未获彻底解决，徐达与戚继光为固边防而大修长城，包城砖，建敌台。满洲兴起后，对蒙古采取了完全不同于中原汉族皇朝的做法。天命朝先绥服漠南东部蒙古，后天聪、崇德朝又解决了漠南西部蒙古。康熙朝绥定了漠北喀尔喀蒙古。经康、雍、乾三朝，再定漠西厄鲁特蒙古。而清廷对蒙古的基本政策，是清前奠定的。这是中央政权（元朝除外）对蒙古治策的重大创革。清太祖、太宗朝用编旗、联姻、会盟、封赏、围猎、赈济、朝觐、重教等政策，加强对蒙古上层人物及部民的联系与辖治。漠南蒙古编入八旗，成为其军政的重要支柱；喀尔喀蒙古实行旗盟制；厄鲁特蒙古实行外扎萨克制。联姻不同于汉、唐的公主下嫁，而是互相婚娶，真正成为儿女亲家。重教也是一样，清尊奉喇嘛教，以加强同蒙、藏的联盟。清朝对蒙古的绥服，"抚驭宾贡，夐越汉唐"。似可以说，中国2000年古代社会史上的匈奴、蒙古难题，到清朝才算得解。后来康熙帝谈到外蒙古即喀尔喀蒙古时说："昔秦兴土石之工，修筑长城。我朝施恩于喀尔喀，使之防备朔方，较长城更为坚固。"清前奠定了清廷对蒙古的抚民固边政策。

第八，丰富兵坛智慧。清前60年的历史，基本上是战争史，其中包括女真内部的战争，女真同周边民族的战争，女真同蒙古的战争，两次同朝鲜的战争，特别是后金—清同明朝的战争。后金—清同明朝自天命三年即万明历四十六年抚顺第一次交锋，至崇祯十七年即顺治元年（1644年）清军入关前，在近30年间，曾发生大小百余次争战，但对明清兴亡产生极其深远影响的主要是三次大战，这就是萨尔浒之战、沈辽之战和松锦之战。萨尔浒之战是明清正式军事冲突的开端，标志着双方军事态势的转化——明辽军由进攻转为防御，后金军由防御转为进攻；沈辽之战是明清激烈军事冲突的高潮，标志着双方政治形势的转化——明朝在辽东统治的终结，后金在辽东统治的确立；松锦之战是明清在辽东军事冲突的结束，标志着双方辽西军事僵局的打破——明军顿失关外的军事凭藉，清军转入新的战略进攻，为定鼎燕京、入主中原奠下基础。这三场大战，是清太祖、太宗战争指挥艺术的杰作，是其军事思想的精华，极大地丰富了中华古代军事思想的宝库。

第九，社会生产发展。努尔哈赤认为建州女真不同于食肉衣皮的蒙古，而是以种田吃粮、植棉做衣为生。他重视种粮植棉，规定出征不违农时，如牛马毁坏庄稼，牧者要受惩罚，部民收成好或坏的额真受到奖励或惩处，按丁授田，种植粮棉等。他注重采猎经济，发明人参煮晒法，使部民获得厚利，"满洲民殷国富"。他关注采炼业，万历二十七年，建州"始炒铁，开金、银矿"，开始较大规模地采矿、冶炼。他尤重手工业生产，包括军器、造船、纺织、制瓷、煮盐、冶铸、火药等。明朝也称其"制造什物，极其精工"。他对进入女真地区的工匠"欣然接待，厚给杂物，牛马亦给"。他曾说："有人以为东珠、金银为宝，那是什么宝呢！天寒时能穿吗？饥饿时能吃吗？……收养能制造出国人所制造不出物品的工匠，才是真正之宝。"他还关切商品交换，加强建州同明朝、蒙古和朝鲜的贸易，促进内外经济交流，推动其经济发展。皇太极更制定一系列保护和发展农牧业生产的政策规定。

第十，社会不断改革。清前不断地进行着社会改革。在政权机制方面，逐步建立起以汗为首，以五大臣、八大贝勒为核心的领导群体，并通过固山、甲喇、牛录三级组织，将后金社会的军民统制起来。其间，努尔哈赤曾发生幽胞弟舒尔哈齐，杀长子褚英的惨痛事件。先朝史例，多不胜举。他从上述痛苦教训中，不断地探索朝政议决、汗位举废之制度。尔后，创立八和硕贝勒共议国政制——并肩同坐，共议大政，断理诉讼，举废国汗，八旗共主，而非独裁，即实行贵族共和制。这是自秦始皇以降2000年中国皇朝史上，朝政议决与皇位继承制度的重大创举。其子皇太极仿照明制，实行内三院、六部等制度。建立文馆和理藩院。在经济体制方面，后金曾下令实行牛录屯田、计丁授田和按丁编庄制度，将牛录屯田转化为八旗旗地，奴隶制田庄转化为封建制田庄，从而形成封建八旗军事土地所有制。在社会文化方面，随着八旗军民迁居辽河流域，女真由牧猎经济转化为农耕经济，初步实现了满洲社会由牧猎文化向农耕文化的转变。

总之，清前历史为清入关之后，定鼎燕京，入主中原，巩固疆圉，一统中华，奠下了重要的基础。

本书为《清史图典·太祖 太宗朝》，收集清入关前即清前历史文化的图片。书中收录文物、文献、档案、建筑、陵寝、遗址等照片500余幅，是为首次将清前历史文化的珍贵照片荟萃一册。兹撰文介绍清前历史文化，作为本卷的《序言》。

图版目录

源流篇

一 建州女真

白头山天池，云蒸霞蔚，仙女吞食神果孕育了女真族的祖先，女真始祖开始迈出了从悠远的母系氏族向先进社会转化的步伐。

《钦定满洲源流考》	5
《裔乘·女真》	5
女真骑马武士雕刻	6
长白山远眺	6
《满洲实录·三仙女浴布勒瑚里泊图》	7
长白山天池	7
《佛库伦神像》轴	8
《满洲实录·奉布库里雍顺为主图》	8
《全辽志·明代辽东总图》	9
《东夷考略·建州》	9
苏子河敌台旧照	10
辽东镇副总兵韩斌题名碑（局部）	10
辽东镇副总兵韩斌题名碑	10
明虎山长城石砌墙体遗存	11
修复的明虎山长城	11
《建州"达贼"掠去还乡人口残档》	12
明江沿台堡城北墙内壁	12
明江沿台堡东墙外壁的夯土层	13
《递运所抬送建州"夷人"等清册残档》	13
《明抚赏叫场等人银物清册残档》之一	14
《明抚赏叫场等人银物清册残档》之二	14
明宽甸堡南城墙遗址	15
明宽甸堡城东门"保厘"门额	15
明宽甸堡城西门"服远门"门额	16
明永甸堡南墙遗址	16
明新甸堡南城墙遗址	17
明新甸堡城西墙马面遗址	17
《筹辽硕画·立界碑》	18
《清太祖高皇帝实录·立界碑》	18
永陵	19
永陵启运殿	19

二 "野人"女真与海西女真

女真各部争立雄长，明廷抚抑兼施，怀柔远人。

《皇清职贡图卷·赫哲人》	21
《皇清职贡图卷·奇楞人》	21
《皇清职贡图卷·库野人》	22
《皇清职贡图卷·七姓人》	22
禾屯吉卫指挥使司印	23
"禾屯吉卫指挥使司印"印文	23
阿什哈达摩崖遗址	23
《海西女真袭爵奏文》	24
《海西女真请求晋升奏文》	24
《辽东都司差人护送海西女真赴京残档》	25
《海西女真请赏奏文》	25
"塔山左卫之印"印文	25
《全辽志·明代广宁镇境图》	26

张学颜李成梁巡防题名碑旧照	26
明广宁马市遗址	26
明广宁城鼓楼（正面）	27
明广宁城鼓楼（背面）	27
明广宁城巡按衙门石照壁旧照	28
李成梁石坊	28
广宁右卫后千户所百户之印	29
"广宁右卫后千户所百户之印"印文	29
《全辽志·开原控制外夷图》	29
三万卫前千户所百户印	30
"三万卫前千户所百户印"印文	30
辽海卫中千户所百户印	30
"辽海卫中千户所百户印"印文	30
《明修筑开原等地城台工程册残档》	31
庆云堡遗址旧照	31
《逞家奴等进入镇北关马市抽分清册残档》	32
《那林孛罗等进入镇北关马市抽分清册残档》	32
《猛骨孛罗等进入广顺关马市抽分清册残档》	33
《明抚赏进入镇北关仰家奴等用银物清册残档》	33
《明抚赏进入广顺关歹商等用银物清册残档》	33

三　女真归一

遗甲十三副起兵，建州狂飙
策马扬鞭，气吞女真各部。

（一）　整合建州

《皇清开国方略》	35
《满洲实录·初战图伦城图》	35
《满洲实录·大战兆佳城图》	36
《满洲实录·大战马尔墩图》	36
马尔墩岭上满文残碑	37
《满洲实录·三部长归顺图》	37
《满洲实录·额亦都攻克巴尔达城图》	38

《额亦都妻和硕公主墓碑》拓片	39
《道光帝御制诗集·赐奠额亦都墓诗》	39
何和礼碑	40
《何和礼碑》拓片	40
端庄固伦公主碑	40
《端庄固伦公主碑》局部拓片	41
《满洲实录·斋萨献尼堪外兰首图》	41

（二）　统一海西女真与"野人"女真

《清太祖高皇帝实录》	42
《清太祖高皇帝实录·叶赫挑衅》	42
清太祖努尔哈赤御用剑	43
《满洲实录·努尔哈赤大战富尔佳齐图》	44
《满洲实录·古勒山大战图》	44
《满洲实录·生擒哈达部首领图》	45
《满洲实录·灭亡辉发部图》	45
《满洲实录·代善击溃乌拉兵图》	46
乌拉王城遗址	46
叶赫山城南门遗址	47
南岭遗址	47
《满洲实录·灭亡叶赫部图》	48
《三朝辽事实录·北关陷》	49
叶赫城遗址	49
穆尔哈齐与达尔察墓	50
褚英墓	50
《满洲实录·东海女真王格　张格来贡图》	51
大石桥	51
《恰喀拉人画像》	52
《费雅喀人画像》	52
《皇清职贡图卷·鄂伦春人》	52
《东鞑纪行·进贡图》	53
《清太宗文皇帝实录·改称女真为满洲上谕》	53

战事篇

一 激战萨尔浒

杨镐督师三路来，努尔哈赤挥军一路去，萨尔浒古战场犹闻金戈铁马声。

《清太祖努尔哈赤朝服画像》轴	57
《明神宗朱翊钧朝服画像》轴	58
清太祖努尔哈赤盔甲	58
《"七大恨"木刻揭榜》	59
堂子旧照	59
二道关遗址	60
三道关遗址	60
《满洲实录·克抚顺城降李永芳图》	61
驸马府遗址	61
《三朝辽事实录·抚顺陷》	62
《满洲实录·攻克清河堡图》	62
《三朝辽事实录·清河陷》	63
《筹辽硕画·清河失守大将寡谋疏》	63
一堵墙堡遗址旧照	64
《幸存录·努尔哈赤战术》	64
《明实录·杨镐战术》	65
《满洲实录·攻破杜松营图》	66
《杜松石刻像》拓片	66
《满洲实录·攻破马林营图》	67
《满洲实录·攻破刘綎营图》	68
萨尔浒之战遗址	69
萨尔浒山之战书事碑	70
《嘉庆帝咏萨尔浒之战御制诗刻》拓片	70
《太祖大破明师于萨尔浒山之战书事》	71

二 进军辽沈

八旗铁骑呼啸辽沈大地，辽东沃土已非"明土"，辽东民众已非"明臣"。

《徐光启画像》轴	73
《全辽志·开原卫境图》	73
《满洲实录·攻克开原城图》	74
明开原城遗址旧照	75
《三朝辽事实录·开原陷》	75
《全辽志·铁岭卫境图》	76
《满洲实录·攻克铁岭图》	76
《三朝辽事实录·铁岭陷》	76
《熊廷弼画像》	77
《按辽疏稿》	77
《全辽志·沈阳卫境图》	78
沈阳中卫中左千户所百户印	78
"沈阳中卫中左千户所百户印"印文	78
《满洲实录·攻克沈阳图》	79
《全辽志·辽阳镇境图》	80
《全辽志·辽阳镇城图》	81
定辽左卫镇抚印	82
"定辽左卫镇抚印"印文	82
《满洲实录·攻克辽阳图》	82
明辽阳镇城北门城墙遗址旧照	83
《清太祖高皇帝实录·张铨不屈》	83
《藤阴杂记·京师三忠祠》	84
《山右三忠祠题词》拓片	85
《三忠祠诗并记碑》拓片	85

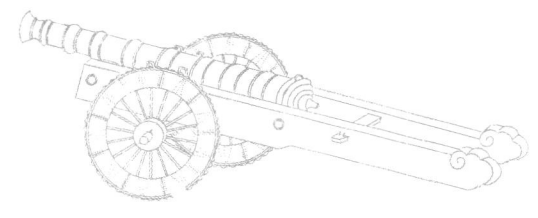

三 辽西争战

踏平辽东大地,却受挫辽西走廊的坚城之下,百战百胜的努尔哈赤郁闷而亡。

《全辽志·广宁镇城图》	87
《满洲实录·广宁官生出城纳降图》	87
《清太祖努尔哈赤给孙得功的敕谕》	88
广宁城遗址	88
《王在晋石刻像》拓片	89
《三朝辽事实录》	89
《孙承宗画像》册页	90
《车阵扣答合编》	91
《车阵扣答合编·骑兵配合车阵图》	91
《车阵扣答合编·后劲方阵图》	91
《袁崇焕画像》轴	92
聚奎塔	92
袁崇焕题写的聚奎塔匾额	92
《全辽志·宁远卫境图》	93
《全辽志·广宁前屯卫境图》	93
前屯卫中前所城瓮城旧照	94
《满洲实录·进攻宁远图》	94
宁远城东门	95
宁远城钟鼓楼	95
祖氏旌功石坊	96
《满洲实录·进攻觉华岛图》	97
觉华岛明屯粮城北门遗址	97
觉华岛明屯粮城城垣遗址	97

四 与明议和

精疲力竭的战争双方和谈,放出的只是烟幕,只是战争间歇的休止符,而嘹亮的激战主旋律即将重新奏响。

《清太宗皇太极致袁崇焕书》	99
《清太宗文皇帝实录·明金议和》	99
《清太宗文皇帝实录·后金议和条件》	100
《高鸿中关于议和奏文》	100
《崇祯帝赐杨嗣昌诗刻》拓片	101
《黄道周画像》旧照	102
黄道周《草书联语》拓片	102
《博物典汇·四夷附奴酋》	102
《卢象昇画像》旧照	103
卢象昇《草书诗》轴	103
"卢象昇印"印文	103

五 奔袭关内

八旗铁骑跨越山海,千里奔袭明朝关内,于是山河破碎,生灵踩躏,威慑明京师心脏。

清太宗皇太极盔甲	105
清太宗皇太极腰刀	105
清太宗皇太极马鞍	105
《直隶长城险要关口形势图卷·喜峰口》	106
《直隶长城险要关口形势图卷·沙坡峪 罗文峪》	106
《直隶长城险要关口形势图卷·冷口》	106
明"神威大将军"炮	107
明"神威大将军"炮(局部)	107
《明"神威大将军"炮》拓片	107

德胜门箭楼	108
何芍图碑	108
《何芍图碑》拓片	108
卢沟桥	109
永定门旧照	109
《敕谕白养粹等稿》	110
《毛文龙礼单》	110
《毛大将军海上情形》	111
《幸存录·毛文龙被斩》	111
毛文龙墓碑亭	111
《清太宗皇太极与刘氏兄弟盟书》	112
袁崇焕墓	112
《袁崇焕墓碑》拓片	113
《袁公祠记》拓片	113
袁督师庙原址	113
袁督师庙额	114
《袁崇焕石刻像》拓片	114
《袁督师庙记》拓片	114
《袁公庙记》拓片	114
张家口大靖门	115
《宣大山西三镇图说·三镇总图》	115
《宣大山西三镇图说·宣府镇总图》	116
宣府镇清远楼	117
宣府镇镇朔楼	117
《明兵部为云镇重围已解行文》	118
居庸关长城	120
关沟长城敌台内部	120
阿济格略明事件之满文木牌	121
宛平城顺治门	121

六　松锦大战

后金力拔辽西坚垒：围困、打援、炮轰；明调遣精兵强将增援解围，胜负于松山之战终见分晓。

《祖可法请进兵北京山海奏本》	123
《清太宗皇太极给高鸿中的敕谕》	123
清"神威大将军"炮	124
永安石桥	124
《全辽志·广宁左中屯卫境图》	124
明沙河驿烽火台旧照	125
明代铁盔	125
小笔架山明瞭望台遗址远眺	125
小笔架山明瞭望台遗址	125
《洪承畴画像》轴	126
洪承畴祠原址	126
明广宁中屯卫松山千户所城城墙遗址旧照	126
明高桥铺城门额旧照	127
明杏山驿城遗址旧照	127
明杏山驿城门额旧照	127
明杏山驿路台遗址旧照	127
祖大寿府邸原址	128
《太宗大破明师于松山之战书事文》	128
《太宗大破明师于松山之战书事文》册	129
松山城南嘉庆帝御制纪功碑	129

政务篇

一 营建都城

卫所微官怎堪统帅女真部众？黄衣称朕方显汗王威仪。两代汗王弃茅庐板屋，建朱阙广厦，皇宫都城尽规划。

（一）建都称汗

佛阿拉外城城墙遗址	133
《建州纪程图记·努尔哈赤家院图》	134
《建州纪程图记·舒尔哈齐家院图》	134
《明职官为吊祭舒尔哈齐病故奏文》	135
舒尔哈齐墓碑亭	135
舒尔哈齐墓山门	135
舒尔哈齐墓圆丘	135
《清太祖努尔哈赤朝服像》轴	136
《满洲实录·努尔哈赤建元即帝位图》	137
《明神宗实录·努尔哈赤称汗》	137
《三朝辽事实录·努尔哈赤称汗》	137
"金国汗之宝"印文	138
天命云版	138
汉文"天命通宝"	138
满文"天命通宝"	138
赫图阿拉城汗王殿遗址	139
赫图阿拉城汗王殿发掘现场	139
复建的赫图阿拉城汗王殿	140
复建的赫图阿拉城汗王寝宫	140
复建的赫图阿拉内城南门	140
赫图阿拉内城南门遗址	140
复建的赫图阿拉内城北门	141

赫图阿拉内城东城墙遗址
赫图阿拉城内汗王井遗址

（二）迁都与定鼎

《清太祖努尔哈赤朝服像》轴	142
《清太祖高皇帝实录·迁都之议》	143
《明熹宗朱由校朝服像》轴	143
东京城南门天佑门遗址旧照	144
东京城南门天佑门门额	144
《东京城南门天佑门门额》拓片	144
修复后的东京城南门天佑门	144
东京城抚近门满文门额	145
《东京城抚近门满文门额》拓片	145
东京城内治门门额	145
《东京城内治门门额》拓片	145
东京城德盛门残门额	145
《清太祖努尔哈赤吉服像》	146
《盛京城阙图》	147
大政殿	148
《盛京城阙图·汗王寝宫》	148
《盛京通志·盛京城图》	149
《盛京通志·宫阙图》	149
盛京城外攘门旧照	150
盛京城抚近门门额	150
盛京城怀远门满文门额	150
盛京城钟楼旧照	151
盛京城定更钟	151
盛京城鼓楼旧照	152
《盛京城阙图·豫亲王府》	153
豫亲王府石雕影壁石	153

二　八旗制度

军政合一的女真根本八旗之制，铸造出一支骁勇善战的铁骑队伍，攻城略地大显神威。

正黄旗军旗	155
正白旗军旗	155
正红旗军旗	155
正蓝旗军旗	155
镶黄旗军旗	155
镶白旗军旗	155
镶红旗军旗	155
镶蓝旗军旗	155
正黄旗盔甲	156
正白旗盔甲	156
正红旗盔甲	157
正蓝旗盔甲	157
镶黄旗盔甲	158
镶白旗盔甲	158
镶红旗盔甲	159
镶蓝旗盔甲	159
复建的赫图阿拉城内正白旗衙门	160
十王亭	160
正黄旗满洲四甲喇十三佐领图记	161
"正黄旗满洲四甲喇十三佐领图记"印文	161
正白旗满洲五甲喇头佐领图记	161
"正白旗满洲五甲喇头佐领图记"印文	161
正白旗满洲五甲喇十三佐领图记	162
正白旗满洲五甲喇十三佐领图记印面	162
"正白旗满洲五甲喇十三佐领图记"印文	162
正蓝旗满洲二甲喇十一佐领图记	162
"正蓝旗满洲二甲喇十一佐领图记"印文	162
镶红旗满洲三甲喇十一佐领图记	163
镶红旗满洲三甲喇十一佐领图记印面	163
"镶红旗满洲三甲喇十一佐领图记"印文	163
镶红旗满洲四甲喇参领之关防	163
镶红旗满洲四甲喇参领之关防印款	163
镶红旗满洲四甲喇参领之关防印面	163
"镶红旗满洲四甲喇参领之关防"印文	163
正黄旗蒙古头甲喇十佐领图记	164
正黄旗蒙古头甲喇十佐领图记印面	164
"正黄旗蒙古头甲喇十佐领图记"印文	164
《孔有德来归官兵数目清单》	164
正红旗汉军三甲喇二佐领图记	165
正红旗汉军三甲喇二佐领图记印面	165
"正红旗汉军三甲喇二佐领图记"印文	165
正红旗汉军三甲喇二佐领图记印款	165
镶蓝旗汉军五甲喇参领关防	166
"镶蓝旗汉军五甲喇参领关防"印文	166
清太宗皇太极鹿角椅	166
箭亭	167
紫光阁八旗谕旨碑	168
《紫光阁八旗谕旨碑》拓片	168
《八旗满洲氏族通谱》	169
《八旗通志初集》	169
《钦定八旗则例》	169

三　汗位传承

老汗王未立储君而辞世，众子侄争权谋位。新汗王升殿入座，应对复杂新局面，托出一套锦囊妙计，绝对汗权得以重塑。

（一）努尔哈赤之死

《清太祖努尔哈赤朝服像》轴	171
《福陵图》轴	172
福陵下马坊	173

福陵下马坊额	173	崇政殿	190
福陵匾额	174	崇政殿匾额	190
福陵碑楼	174	凤凰楼	191
福陵隆恩门	175	清宁宫	192
福陵方城	176	《册封庄妃册文》右部	193
清太祖高皇帝谥宝	177	《册封庄妃册文》中部	193
清太祖高皇帝谥宝宝文	177	《册封庄妃册文》左部	193
清太祖高皇帝谥册	177	《庄妃朝服像》轴	194
孝慈高皇后谥宝	178	文德坊额	195
孝慈高皇后谥宝宝文	178	武功坊	195
孝慈高皇后谥册	178	武功坊额	195

（二）皇太极集权

四 确立行政制度

把明廷管理制度与女真贵族体制相嫁接，结出一颗两味俱全的"参汉酌金"果。

《清太宗皇太极吉服像》轴	179		
大政殿	180		
满文"天聪通宝"（正面）	180		
满文"天聪通宝"（背面）	180		
《清太宗文皇帝圣训》	181	《清太宗皇太极朝服像》轴	197
《清太宗文皇帝实录·设八大臣上谕》	181	《设立六部文档》前部	198
《清太宗文皇帝实录·诸贝勒代理值月之事上谕》	182	《设立六部文档》后部	199
《清太宗文皇帝实录·南面独尊》	182	《盛京城阙图·六部衙门》	200
大政殿内宝座	183	《工部员缺任命文档》	200
大清门	184	"户部之印"印文	200
《清太宗文皇帝实录·称皇帝与改国号为清上谕》	184	《册封豪格为肃亲王文档》	201
皇帝之宝	185	《册封豪格为肃亲王册文》	201
"皇帝之宝"宝文	185	《刑部办理案件文档》	202
大清受命之宝	186	《请变通〈大明会典〉设六部通事奏》	202
"大清受命之宝"宝文	186	《宁完我墓碑》拓片	203
皇帝奉天之宝	187	《清太宗文皇帝实录·改文馆为内三院上谕》	204
"皇帝奉天之宝"宝文	187	《刑部文档·内国史院的记注》	205
大清嗣天子宝	188	《范文程画像》轴	205
"大清嗣天子宝"宝文	188	范文程墓远眺	206
"皇帝之宝"信牌	189	范文程墓坑	206
"宽温仁圣皇帝"信牌	189	范文程墓残石	207

《范文程谕祭碑》拓片	207	《清太宗文皇帝实录·察哈尔归降》	224
《范文程墓碑》拓片	208	察哈尔妇女头饰	224
《范文程祠堂碑》碑阳拓片	208	衍庆宫	225
《范文程祠堂碑》碑阴拓片	209	《庄妃册文·"制诰之宝"印文》	225
《智顺王给内秘书院的咨文》	209	实胜寺	226

五 控遏朝鲜与绥服蒙古

兵临朝鲜，化掣肘力量为藩属；征抚蒙古，对抗势力变盟友。

《皇清职贡图卷·朝鲜人》	211	实胜寺玛哈噶喇楼	226
《朝鲜汇考》	211	蒙古文信牌（正面）	227
《建州纪程图记》卷	212	蒙古文信牌（背面）	227

六 清太宗皇太极辞世

武功卓著，宽仁善治的汗王——皇帝，一夕间悄然仙逝。安寝昭陵，奉享太庙，永受国祭。

《建州纪程图记》卷首	213	《清太宗皇太极朝服像》轴	229
《建州纪程图记》局部	213	清宁宫南炕	230
《满洲实录·姜弘立率众归降图》	214	《昭陵图》轴	230
《清太祖高皇帝实录·太祖对朝鲜的争取》	215	昭陵石坊	231
《栅中日录》	216	昭陵正红门	231
《清太宗文皇帝实录·征伐朝鲜上谕》	216	昭陵隆恩殿	231
平壤古城门	217	清太宗文皇帝谥宝	232
南汉山城城门	217	清太宗文皇帝谥宝宝文	232
大清皇帝功德碑	218	清太宗文皇帝谥册	232
大清皇帝功德碑碑额	218	孝端文皇后谥宝	233
《朝鲜国王来书》（汇编）之一	219	孝端文皇后谥宝宝文	233
《朝鲜国王来书》（汇编）之二	219	孝端文皇后谥册	233
《清太宗皇太极致朝鲜国王书》（汇编）	219		
平壤城北门玄武门	220		
平壤城里城东侧太平门——东暗门	220		
《蒙古源流》	221		
《清太祖高皇帝实录·恩格德尔来归》	221		
《满洲实录·恩格德尔等为努尔哈赤上尊号图》	222		
《满洲实录·清太宗皇太极射杀囊努克图》	222		
永福宫	223		
追封忠亲王及其贤妃碑	223		

文化篇

一 满文

创制满文，记录本族崛兴历史，学习他族先进文化。

《满洲实录》中的蒙古文	237
《清太祖高皇帝实录·创制满文上谕》	237
写在明朝公文纸上的老满文	238
老满文木简	238
新满文《进士登科录》	239
《无圈点老档》	239
新满文《素书》	240
满汉对译本《三国志》	240
《达海诰封碑》碑阳拓片	241
《达海诰封碑》碑阴拓片	241

二 宗教

萨满祭神，质朴民风源远流长；尊崇黄教，广建塔刹，再增祈福神灵。

索伦竿子	243
清宁宫神堂内景	243
《钦定满洲祭神祭天典礼》	244
《钦定满洲祭神祭天典礼·佛菩萨大亨图》	244
《钦定满洲祭神祭天典礼·祭器大槽盆》	244
《钦定满洲祭神祭天典礼·祭器小槽盆》	244
《钦定满洲祭神祭天典礼·亭式殿与尚锡神亭图》	245
萨满祭祀神偶	246
萨满神案	246
萨满神衣	247
萨满腰铃	247
萨满乐器——手鼓与抬鼓	247
囊素喇嘛塔旧照	248
囊素喇嘛碑碑阳	248
囊素喇嘛碑碑阴	249
汉文《敕建护国广慈寺碑记》拓片	250
满文《敕建护国广慈寺碑记》拓片	250
蒙文《敕建护国广慈寺碑记》拓片	251
藏文《敕建护国广慈寺碑记》拓片	251
法轮寺	252
北塔	252
西塔	253
汉文《敕建护国延寿寺碑记》拓片	254
满文《敕建护国延寿寺碑记》拓片	254
蒙文《敕建护国延寿寺碑记》拓片	255
藏文《敕建护国延寿寺碑记》拓片	255
东塔	256
洮南双塔	257
复建的赫图阿拉城地藏寺	257
复建的赫图阿拉城关帝庙	257
复建的赫图阿拉城显佑宫	258
显佑宫碑	258

编者说明

《清史图典》共分为12册，依次为《太祖 太宗朝》、《顺治朝》、《康熙朝》(上下册)、《雍正朝》、《乾隆朝》(上下册)、《嘉庆朝》、《道光朝》、《咸丰 同治朝》、《光绪 宣统朝》(上下册)。

1. 篇章结构

由于清朝历史发展以及清朝各个时期存世文物的不平衡性，各朝在篇章划分上不尽一致。有的分册军政合一为"军政篇"，有的则析分为"政务篇"、"战事篇"；除一般分为政治、军事、经济、文化四大类别外，个别分册还单列"源流篇"、"民族篇"、"中外交流篇"、"风物篇"等。有些朝代的战争并非单纯意义上的军事问题，同时更具有政治意义，但为了表述的脉络清晰，故把所有与战争有关的历史事件，归结为"战事篇"。

2. 编排法

每册先按类别分篇，每篇内再编年排比。

3. 纪年

《清史图典》按朝代划分，一律以年号纪年。在年号纪年的表述上，以现今通行的正朔王朝纪年作为主线，如《太祖 太宗朝》展现的是满洲（女真）族入关前的历史，属于地方政权，而当时中国的历史序列是明王朝，故采用明朝年号纪年，以括号括注公元纪年与清太祖的天命、清太宗的天聪、崇德年号，如明万历四十七年（1619年，天命四年）；清入关后，取代明朝成为正朔，则把诸如南明政权的年号放在括号内，如顺治十年（1653年，永历八年）。括注公元纪年时，在连续的行文中，第一次出现的年号括注，以后则不括注。

4. 皇帝称谓

在即位前写其名字，即位后写年号，即胤禛——雍正帝、弘历——乾隆帝。

5. 文物表述

《清史图典》以图说史，对所采用的文物，首先向读者介绍该文物本身的特质，然后再揭示其历史内涵。对文物本身特质的表述按照作者、时代、质地、尺寸、收藏地为序。

（1）对纸本类文物加书名号，并表明它的形式，如"卷"、"轴"、"册"、"拓片"，如：《康熙帝朝服像》轴、《乾隆帝南巡图》卷、《十骏犬图》册、《洪承畴墓碑》拓片；

（2）书影、档案的形式较为明确，不再特别标明，善本、殿本、抄本、稿本类书籍标明版本、收藏地，非善本书一般不再特别标明。

（3）一般印章文物，如所写名称即是印面文字，则加引号，如只有印章实体，无印文，则不加引号，如：正红旗护军统领印、"正红旗护军统领印"印文；谥宝印文字数很多，在开列名称时有别与一般印章的写法，如：顺治帝谥宝、顺治帝谥宝宝文，然后对宝文进行注释。

（4）为表明采用文物局部的来源，使用间隔点，间隔点之前为原文物名称，之后为编者根据图版的实际内容所作的定名，如《清太宗文皇帝实录·改女真为满洲上谕》、《木兰图卷·行营》、粉彩制瓷图瓶·制坯图。

6. 古建筑、遗址表述

对现今仍保存完好，属于文物保护单位的古建筑，则直书其名；如在原建筑基址上另修建筑，则在原建筑名称后写"原址"二字。

7. 地名表述

对历史上的地名与现今地名不一致者，加括号注明，二者一致者则不再括注。由于现今行政区划时有调整，一般在地名后不标注其级别"省"、"市"、"县"等。

源流篇

满洲族是生活在白山黑水之间的中国一支少数民族，其族源可上溯到商周时期的肃慎，汉、晋、唐分别称挹娄、勿吉、靺鞨，辽、宋、金、元、明时称为女直（女真）。明代女真分为三大部分：建州女真、海西女真和"野人"女真。建州女真因明朝在这部分女真人中设立建州卫而得名。建州女真是以原居住在三姓（今黑龙江依兰）地区的元代斡朵里与胡里改两部为主体形成的。两部于元末开始辗转南迁，明代最后汇聚于今辽宁新宾、桓仁一带，形成建州三卫。迁徙过程中，建州女真氏族联合体（部落联盟）也逐步形成。建州女真地近辽东汉族及朝鲜北部地区，从而受到这一地区先进的社会形态与发达的经济生产影响，社会发展较快，成为建立后金国的主体部分。

海西女真因居于海西江（今松花江）流域而得名。海西女真主要包括叶赫、哈达、乌拉、辉发等扈伦四部。至明嘉靖（1522—1566年）年间迁至今吉林市附近的松花江、辉发河流域。明朝在海西女真地区设置多个卫所进行统治，其社会发展较建州女真略为滞后。海西女真内部分散离析，互不统属。

"野人"女真是明朝对居于极东、极北地区，贡市无常各部落的习称。这些部落分属于现代不同的民族，历史上仍统称为女真。他们地处偏远，与汉族地区的联系受到海西、建州女真的阻隔，社会发展比较缓慢。明朝于此设置奴儿干都司及各卫所，实行更为松散的管理。

明廷重视对女真各部的招抚，设置羁縻卫所后，各部首领成为明朝卫所官员，接受明廷颁发的印信、敕书，率领族人入京朝贡，领取封赏，从而明廷达到"藉女真制北虏"（北虏即北元势力）的目的。明朝对女真各部予以招抚的同时，又采取分而治之的政策，使其"各自雄长，不相归一"。然而随着女真各部社会经济的发展与军事力量的增强，终由"不相归一"发展到部落联盟，进而构成了对明朝新的威胁。明廷对女真各部通过建立卫所进行管辖之外，还有通过朝贡封赏与马市贸易，密切经济上的联系。朝贡封赏是中国历代王朝对周边少数民族惯用的政策，但明代女真的朝贡，其所获得的经济利益，较之对中央王朝所尽的其他义务更为重要。他们朝贡后所获得的赏物远远超过所献贡品，且明廷还允许女真买卖赏物，因而女真强烈要求扩大朝贡。马市贸易则与历代中央王朝在少数民族聚居的边疆地区同内地互市贸易无别，只是明朝与女真贸易的大宗以马匹为主，故称为马市贸易。通过马市贸易，明朝既能获取军需及驿需的马匹；而女真部落则通过马市贸易获得必需的铁器、盐等生产与生活用品，加速了女真各部的发展。历史证明，从明初开始，明廷就不断加强对女真地区的统治，密切了中央政府与女真各部的隶属关系。女真各部在不断发展的基础上，出现强部称雄，弱部被并的局面。清太祖努尔哈赤统一女真各部的战争，正是在这一大背景下展开的。

一 建州女真

女真由唐代的靺鞨发展而来。辽代分为熟女真与生女真。12世纪初，生女真完颜部统一女真各部，建立了金政权，女真人统一的民族共同体形成。但女真族由于金朝的灭亡而衰落。发展滞后的留居东北地区的女真人仍处在分散的氏族部落阶段。

建州女真以元代女真的胡里改部与斡朵里部为主体。两部于元末南迁后，明永乐元年（1403年）在胡里改部设建州卫。永乐十年后明廷在斡朵里部设建州左卫，授其首领猛哥帖木儿为指挥使。胡里改与斡朵里女真辗转迁徙，后汇集到今辽宁新宾、桓仁一带，形成密切的血缘与地缘关系。正统七年（1442年）明廷把建州左卫一分为二，另置建州右卫，左卫由猛哥帖木儿之子董山掌管，右卫由其弟凡察掌管。至此，形成建州三卫。

建州女真生产方式以采集、狩猎为主。随着社会发展，逐渐重视与明朝的朝贡和马市贸易。明廷先后允许其在开原、抚顺、清河、宽甸、瑷阳进行马市贸易，却限制朝贡与马市贸易的数量。经济要求得不到满足，女真则常以武力对明辽东汉区实施劫掠。为防御其侵扰，明朝修筑了一些防御工事，但终未能挡住建州女真的南进之势。

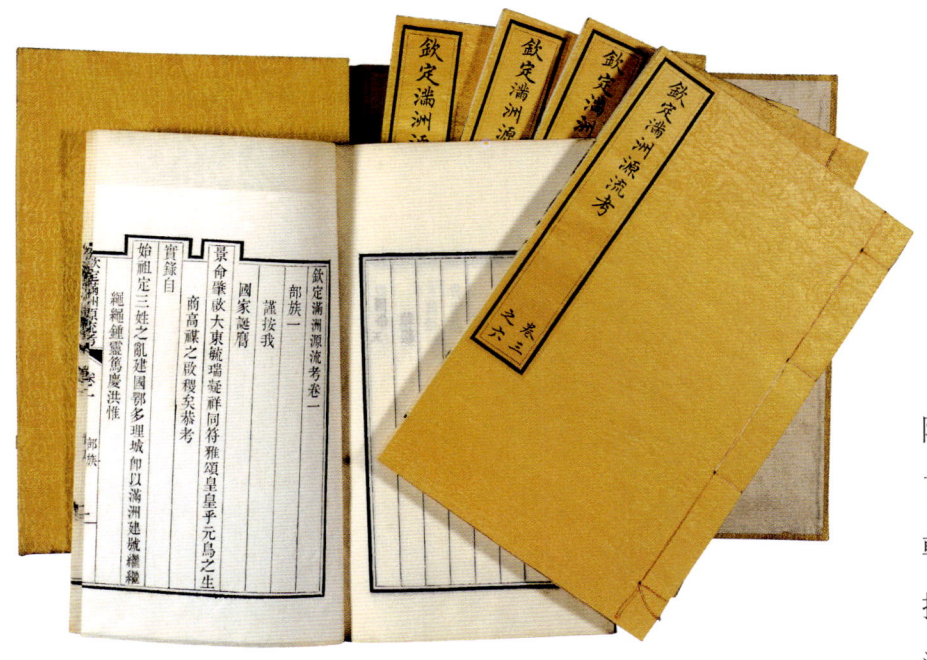

《钦定满洲源流考》

（清）阿桂等奉敕撰。乾隆四十二年（1777年）武英殿刻本。故宫博物院藏。

乾隆二十年（1755年），大学士阿桂、于敏中奉乾隆皇帝敕谕，编修了《钦定满洲源流考》，书中记述清朝发祥地的历史变迁与地理环境，描述了从满洲的最远先族肃慎至满洲族形成的基本历史脉络。

《裔乘·女真》

（明）杨一葵撰。

《裔乘》是一部关于少数民族历史的专门著作，其中《东北夷》部分，记述了明代以前女真族的发展历程。因避辽兴宗耶律隆真名讳，典籍中常把女真写作女直。

女真骑马武士雕刻

砖质。长32厘米，宽31厘米。山西侯马董明墓出土。

墓砖上雕刻的武士身披甲胄，举手鞭策战马飞奔，是金代女真人尚武精神的形象反映。此砖雕上的人物形象，与黑龙江阿城（金代上京府）亚沟乡石人山南麓崖壁上女真人武士岩画极为相似。

长白山远眺

长白山是满洲族人的发祥地，这里草木葱郁，野兽成群。良好的自然环境，为建州女真提供了丰厚的采集与狩猎的经济资源。

《满洲实录·三仙女浴布勒瑚里泊图》

明崇祯八年（1635年，天聪九年）成书，满、汉、蒙三种文体。

传说长白山之东布库里山下有布勒瑚里池，曾有三位仙女于此沐浴。其中的佛库伦吞食神鹊衔来的朱果感而成孕，后生子取名布库里雍顺。此传说反映了女真族始祖所经历的只知其母不知其父的母系氏族阶段。佛库伦成为后来满族供奉的始祖神。《满洲实录》图绘了这一神奇美丽的历史传说。

长白山天池

云雾袅袅的天池，是满洲源流传说中，佛库伦沐浴感孕的圣地。

《佛库伦神像》轴

清宫廷画家绘。绢本，设色。纵83厘米，横64厘米。故宫博物院藏。

佛库伦孕育了满洲族始祖布库里雍顺，被满洲族供奉为始祖神。画幅上方两只鸟雀应是满洲族始祖传说中衔来朱果的神鹊的再次演绎，佛库伦也被演绎成七仙女之首，居画幅正中。仙女们高大形象与画幅下方凡界中的两位官员的矮小身材，形成了鲜明的对比。

《满洲实录·奉布库里雍顺为主图》

明崇祯八年（1635年，天聪九年）成书，满、汉、蒙三种文体。

据传说，布库里雍顺乘其母给予的桦皮船，沿江而下，来到牡丹江与松花江交汇处的斡朵里地方，当时称此地为三姓。三姓人拥布库里雍顺为首领。此传说反映出女真族所经历的氏族民主制阶段，以及印证了斡朵里是建州女真早期的定居地。

《东夷考略·建州》

（明）茅瑞征撰。

此书中考证了建州女真的渊源流变。

> 建州
>
> 建州於東方夷部獨居中據要害東接毛憐野人黑龍江諸夷東南瀕鴨綠江距朝鮮東北雜海西百十餘衞西北鄰兀良哈聯絡犄角其地阻萬山林木薉天五嶺喜昌石門尤扼險騎不得成列大抵女直諸夷尪忍詢好盜善射馳獵耐饑渴其戰鬭多步少騎建州尤負固解耕紝室居火食有華風自永樂內附迄嘉靖叛服不常隆慶辛未冬戎師大破建夷汪住等馘斬近六百至

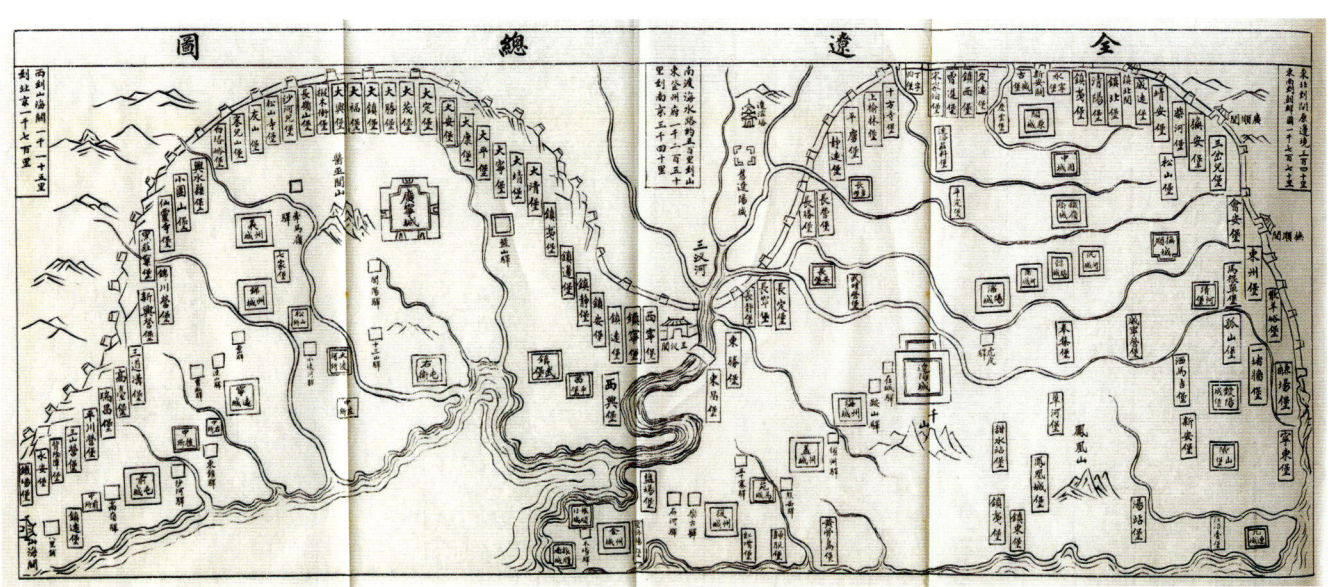

《全辽志·明代辽东总图》

明嘉靖四十四年（1565年）李辅撰。

《全辽志》一书，绘制了当时的辽东防御形势图，从中可见明代辽东长城及连绵的堡垒，作为九边防务之一，可谓壁垒森严，无论是蒙古，抑或女真，均被控制在长城以外。

苏子河敌台旧照

明朝为了抵御少数民族骚扰，在不便于建筑长城的河流津渡，精心筹划构筑了称之为"水口空"（空心敌台）的军事防御设施。为监控建州女真，在苏子河岸（今辽宁抚顺一带）修建了这样的空心敌台。

辽东镇副总兵韩斌题名碑（局部）

原碑本为方形笏头式，因风化现已劈裂成尖头状。

辽东镇副总兵韩斌题名碑

明成化五年（1469年）立。高2.6米，宽0.9米，厚0.45米。位于今辽宁宽甸灌水镇柏林川村。

明成化初年，建州女真屡次寇边，辽东镇副总兵韩斌自抚顺关至鸭绿江建立多处堡城，立烽堠，实兵马。此题名碑为这一历史事实提供了实证。

明虎山长城石砌墙体遗存

明朝修建辽东长城本为防御蒙古势力的侵扰，但到明朝中后期，女真人也不断寇略辽东，明朝镇守辽东诸边将则续修长城以防女真。虎山长城为明长城东端起点，位于今辽宁宽甸虎山乡虎山村，专为防御建州女真而建。虎山在明代称为马耳山。

修复的明虎山长城　　近年修复的虎山长城，再现了当年辽东长城的雄风。

《建州"达贼"掠去还乡人口残档》

原档案著录为《东宁卫某都指挥佥事李杲为审理走回被掳人口事给巡按山东监察御史的呈文》。辽宁省档案馆藏。

建州女真经常劫掠汉族人口,这件明弘治四年(1491年)的残档中记载,东宁卫人曾被建州女真掠走,后由明朝守卫边堡军士招回。"达贼"是明朝对少数民族的蔑称。

明江沿台堡城北墙内壁

江沿台堡为明朝所建九连城之一,位于今辽宁丹东振安区楼房乡石城村,是明辽东长城东端第一堡。明廷为防御建州女真寇边,于嘉靖四十三年(1564年)从叆阳堡向南展修"边墙",险山堡与宁东堡。嘉靖四十五年于鸭绿江西岸,再筑九连城,即从辽阳以东甜水站起,历经东南方向的青台峪、草河、镇夷、镇东、凤凰城、汤站、江沿台、镇江堡,连成一条以九城相连的防线,以防御建州女真的入犯。

明江沿台堡东墙外壁的夯土层

《递运所抬送建州"夷人"等清册残档》
　　原档案著录为《高平、广宁等递运所抬送建州"夷人"与朝鲜陪臣清册》。辽宁省档案馆藏。

　　明万历八年（1580年）的这件档案中，开列了广宁（今辽宁北宁）等处递运所的车户名单与所抬送人名单，其中被抬送的建州"夷人"，实即建州女真的部中首领。

《明抚赏叫场等人银物清册残档》之一

原档案著录为《定辽后卫经历司呈报马市抽分与抚赏"夷人"用银物清册》。辽宁省档案馆藏。

明人所称的叫场，即清太祖努尔哈赤之祖父，清代文献中写作觉昌安或觉常刚。这是明万历六年（1578年）八月《定辽后卫经历司呈报马市抽分与抚赏"夷人"用银物清册》的局部，记载了五月初三日，叫场率20多人参加马市受到抚赏。由此可见，当时叫场已拥有一定部众。明廷在马市市场上向汉族与女真族贸易双方征税，称之为"抽分"；再用抽分所得款项对入市的女真酋长及部众，按身份等级赏赐不等的酒宴及布匹等，称为"抚赏"。

《明抚赏叫场等人银物清册残档》之二

原档案著录为《定辽后卫经历司呈报马市抽分与抚赏"夷人"用银物清册》。辽宁省档案馆藏。

此处记载明万历六年（1578年）七月十二日，叫场得到牛、兀剌（鞋）、红布、盐等抚赏物品。

明宽甸堡南城墙遗址

宽甸堡为明宽甸六堡之一，位于今辽宁宽甸县城。明万历元年（1573年），辽东总兵李成梁拓展"边墙"，在建州女真居住地强行修筑宽甸六堡，即宽甸、大甸、永甸、长甸、新甸、孤山新堡共六座城堡。地域东起今辽宁本溪，南至宽甸，南北长约400公里，东西最宽处约100公里。万历三十四年，李成梁弃守张其哈唎甸子等边外约150公里，努尔哈赤乘虚而入。

明宽甸堡城东门"保厘"门额

宽甸堡城辟有东、西、南三座门。明在宽甸堡城设有关市，与建州女真市易，女真人又称之为宽甸关。该门额左下有"万历四十二年十月吉日立"的款识。万历四十二年即1614年。

明宽甸堡城西门"服远门"门额

明永甸堡城南墙遗址

永甸堡位于今辽宁宽甸永甸乡，石块垒砌的城墙南部尚存。

明新甸堡南城墙遗址

新甸堡位于今辽宁宽甸青椅山乡赫甸城村，如今城墙上已是草木丛生。

明新甸堡城西墙马面遗址

新甸堡城西墙马面残迹已经完全湮没在荒芜的草丛中。

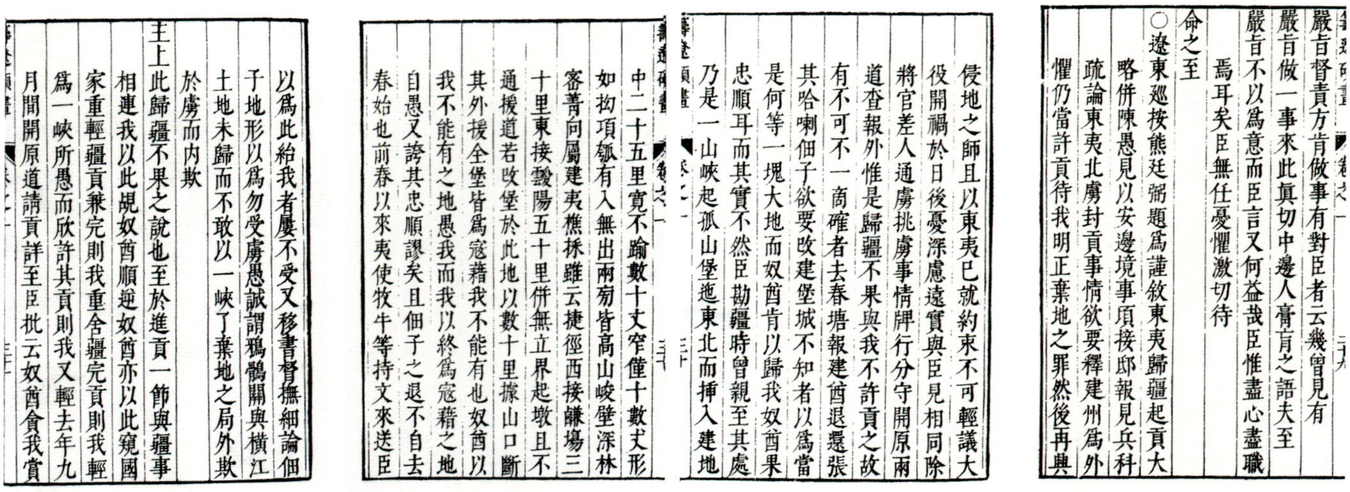

《筹辽硕画·立界碑》

（明）程开祜辑。

《筹辽硕画》卷二所收《辽东巡按熊廷弼题为谨叙东夷归疆起贡大略并陈愚见以安边境事》记载，明万历三十六年（1608年），明朝与建州女真沿界立碑，规定双方人众不得越界。

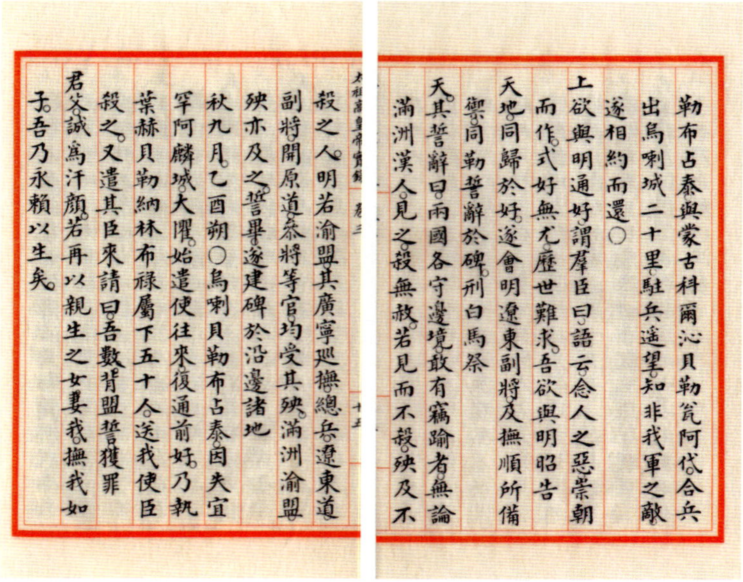

《清太祖高皇帝实录·立界碑》

乾隆四年（1739年）武英殿刻本。故宫博物院藏。

此书中详细记载，明万历三十六年（1608年），建州女真与明廷双方盟誓：各守边界并约定毁约所应受到的惩罚。实际上双方均未践约。努尔哈赤后来把明朝违约列为"七大恨"之一，并将其作为后金反明的一条重要理由。

永陵

永陵为努尔哈赤的远祖孟特穆、曾祖福满、祖父觉昌安、父塔克世及其伯父礼敦、叔父塔察篇古等人的陵墓，位于辽宁新宾启运山南麓。明万历二十六年（1598年）初建，后称兴京陵，顺治十六年（1659年）改称永陵。

永陵启运殿

满洲族后人认为，由于安葬在此地的先祖们开启了大清基业的天运，所以把祖陵的山麓改称为启运山，陵寝的正门、正殿定名为启运门、启运殿，以有别于后来列祖列宗陵寝的隆恩门、隆恩殿。

二 "野人"女真与海西女真

明朝称作"野人"女真的主要有两部,即东海女真和黑龙江女真。东海女真指居住于黑龙江支流乌苏里江及其以东滨海地区的女真人,包括渥集部、瓦尔喀部、库尔喀部等。黑龙江女真是指居住于黑龙江两岸的女真人,包括虎尔哈部、萨哈连部、萨哈尔察部、使犬部、使鹿部等。

海西女真因其居地不同分为四部,各自独立,不相统领。哈达部首领忠于明廷,始终不渝,受到明廷的扶持。明万历初年王台为首领时,势力强盛。叶赫部传至清佳砮、杨吉砮为首领时,势力在海西四部中最为强盛,二人分建东西两城。乌拉部在明万历初于海西四部中疆域最广,王城最大,属民最多,兵马最众。辉发部在海西四部中势力最弱。

海西女真四部势力强弱及与明廷存在着互动关系。明廷先后采取扶植哈达、叶赫以抑制、打击建州势力的策略;而当其中一方过于强盛,出现统一海西各部的势头时,则有违于明廷分而治之的政策,即受到遏制。海西女真作为明中央王朝的属"夷",贡献方物;同时在距海西女真四部最大的城镇开原城设关市,进行马市贸易。哈达部与叶赫部两雄,居开原城南北,且分别控制着广顺关与镇北关的两路贡道,明廷分别又称之为南关、北关。哈达部、叶赫部以及途经两部前往京师朝贡者,均在广顺关、镇北关居停,并在两关进行马市贸易。

《皇清职贡图卷·赫哲人》

（清）丁观鹏等绘。绢本，设色。全卷纵33.6厘米，横1941.3厘米。故宫博物院藏。

赫哲人是"野人"女真之一，清朝称为使犬部。赫哲男人夏以桦皮为帽，冬天穿狐裘戴貂帽；妇女衣服喜用鱼皮制作，衣服边缘装饰花布，并缀铜铃。乾隆朝宫廷画家所绘《皇清职贡图》，表现了当时赫哲人生活服饰方面的习俗。

《皇清职贡图卷·奇楞人》

（清）丁观鹏等绘。绢本，设色。全卷纵33.6厘米，横1941.3厘米。故宫博物院藏。

奇楞人，又称奇勒尔人，也是明朝所称的"野人"女真之一，清朝称为使鹿部。男女衣服皆以鹿皮、鱼皮制作。乾隆朝宫廷画家所绘《皇清职贡图卷》，从服饰方面展现了当时奇楞人的风俗。

《皇清职贡图卷·库野人》

（清）丁观鹏等绘。绢本，设色。全卷纵33.6厘米，横1941.3厘米。故宫博物院藏。

库野又称苦夷、库页等，也是"野人"女真之一，居于库页岛（今俄罗斯萨哈林岛），清朝称为使鹿部。库野人喜穿花布衣，头戴熊皮帽。妇女自幼以针刺唇，涂以烟煤；男人勇悍，出行必带刀。《皇清职贡图卷》，表现了当时库野人的生活习俗。

《皇清职贡图卷·七姓人》

（清）丁观鹏等绘。绢本，设色。全卷纵33.6厘米，横1941.3厘米。故宫博物院藏。

明代称之为"七姓野人"，是现代赫哲族的一支，以渔猎为生，妇女也善于用箭捕貂。《皇清职贡图卷》，表现了当时赫哲人的形象与风俗。

禾屯吉卫指挥使司印

铜质，板钮，长8.8厘米，宽8.8厘米，通高11厘米。吉林省博物馆藏。

明代设置卫所制度，卫下设千户所和百户所，通常军士5600人设一个卫，1200人设一个千户所，120人设一个百户所，其首领分别称为卫指挥使、千户、百户。明永乐七年（1409年）设奴儿干都指挥使司，管辖384卫24所，禾屯吉卫即为其一，其管辖土著人属"野人"女真的一支，辖区在今吉林安图古洞河流域。明朝设奴儿干都指挥使司的同年九月，即颁行了该指挥使司印信。

"禾屯吉卫指挥使司印"印文

印面九叠篆文"禾屯吉卫指挥使司印"。

阿什哈达摩崖遗址

摩崖位于今吉林省吉林市郊区江南乡阿什村，濒临松花江的山崖石壁上，刻有两处摩崖文字，记载明代官兵自永乐十八年（1420年）至宣德七年（1432年）间，三次来此地制造船只的史事。明朝于此制造船只，用以前往奴儿干都司，对当地的女真人进行管辖。

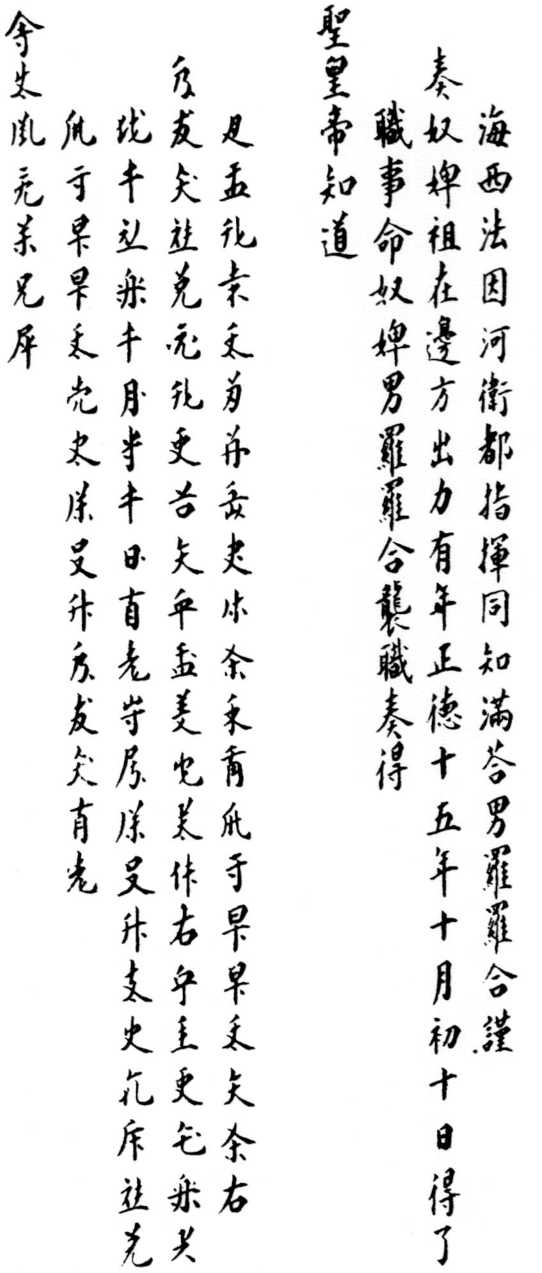

《海西女真袭职奏文》

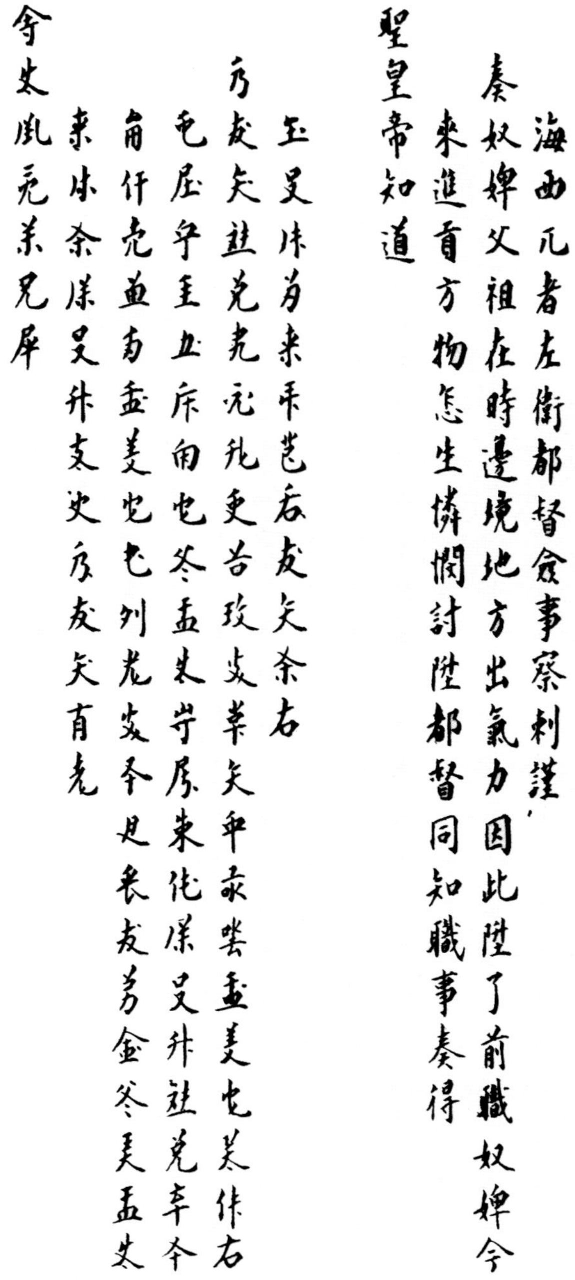

《海西女真请求晋升奏文》

明代海西女真使用金朝创制的女真字，作为其正式公文的行文文字，凡是向中央王朝请求官职与赏赐，都用女真文。法因河卫都指挥同知满答男罗罗合承袭其职上奏明朝皇帝。罗福成集德国人格鲁伯编的《女真译语》中转录了这则奏文。图中左为女真文，右为汉译文。

海西女真兀者左卫都督佥事察剌趁进贡之机，请求晋升为都督同知，奏请明朝皇帝钦准。罗福成集德国人格鲁伯编的《女真译语》中转录了这则奏文。图中左为女真文，右为汉译文。

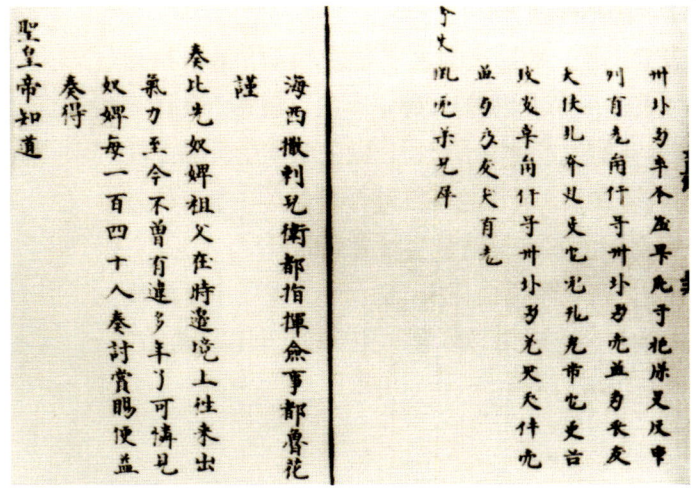

《海西女真请赏奏文》

撒剌儿卫都指挥同知为奏请明朝的赏赐，而上书皇帝。明朝四夷馆编的《女真译语》中"来文"部分保留了这则奏文。图中右为女真文，左为汉译文。

《辽东都司差人护送海西女真赴京残档》

原档案著录为《驿站伴送海西夷人赴京马事》。辽宁省档案馆藏。

"塔山左卫之印"印文

明正统十一年（1446年），明廷从塔山卫分出塔山左卫，次年即颁印授予该卫首领官。海西女真的哈达部、乌拉部皆出自此卫，受卫首领管理约束。

明制，每年十月初一日至十一月底，辽东都司陆续护送女真各卫首领进京朝贡。此奏文记载海西女真首领赴京，辽东都司所差人员、所用马匹、以及护送所到的驿站，反映了明廷对海西女真实施有效的管辖，以及海西女真向明廷朝贡的历史关系。此图是明代弘治（1488—1505年）年间的残档。

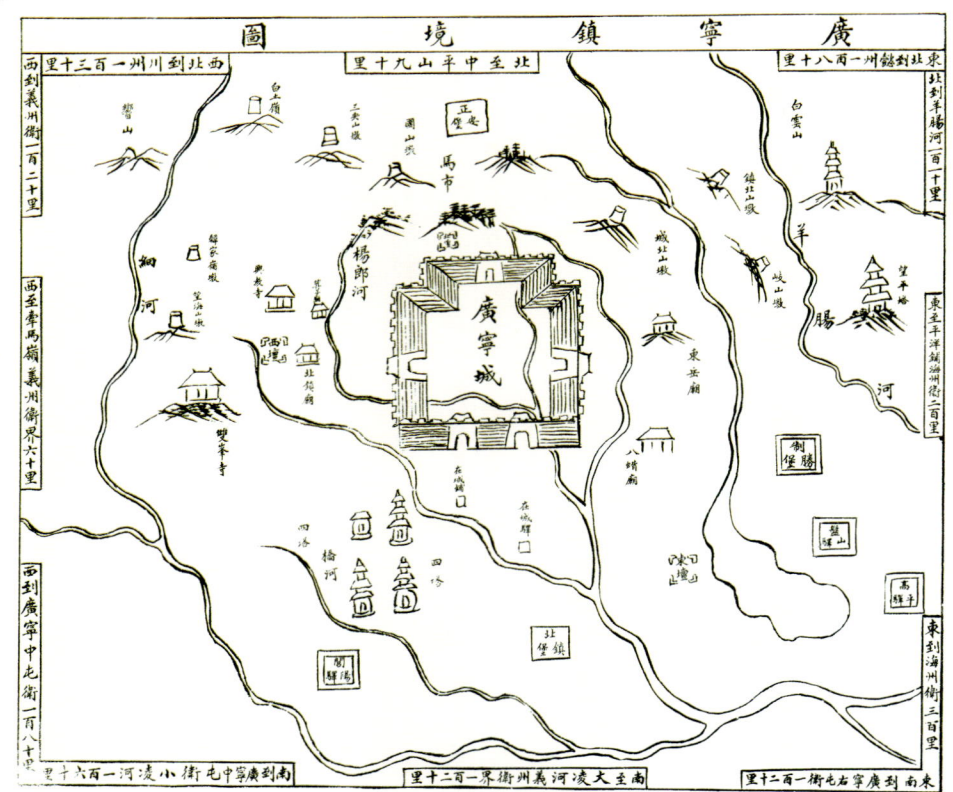

《全辽志·明代广宁镇境图》

明嘉靖四十四年（1565年）李辅撰。

明广宁镇即今辽宁北宁。从这幅《广宁镇境图》中，可见当时马市的位置。

张学颜李成梁巡防题名碑旧照

明广宁马市遗址

明万历五年（1577年），辽东镇巡抚张学颜、总兵李成梁检查新修的长城椴木冲台时，在宁前（今辽宁绥中）留下了这块《椴木冲楼题名记》，记载了修建"敌台"的委官人员姓名。

广宁马市位于今辽宁北宁马市堡乡。这片荒凉早已湮没了当年买卖交换、人声鼎沸的场景。马市交易在这里成为一段凝固的历史。

明广宁城鼓楼（正面）

广宁城鼓楼建于明洪武二十五年（1392年），其建筑形式为一过街楼。正面额书"幽州重镇"四字。李成梁镇守辽东时，曾以此为点将台。为镇守辽东，总兵官李成梁多次在此征召官兵，奔赴前线。

明广宁城鼓楼（背面）

匾额"冀北严疆"、"化险为夷"，都在向人们昭示这里曾具有重要的战略地位。

明广宁城巡按衙门石照壁旧照

明代辽东都司巡抚衙门曾设在广宁城。衙门屋宇早已不复存在，而门前的这座石照壁，20世纪70年代还依然伫立在这片废墟上，静寂凄凉，往日的荣耀都记载在斑驳的琉璃花纹上。

李成梁石坊

石坊位于今辽宁北宁城内鼓楼前，明万历八年（1580年）建。明神宗为表彰李成梁镇守辽东的军功，特命辽东巡抚周咏建立石坊，以彰显李成梁的勋绩，其上横额刻"天朝诰券"及"镇守辽东总兵官兼太子太保宁远伯李成梁"、纵刻"世爵"等字。李成梁（1526—1615年），字汝契，铁岭人，为明隆庆、万历间镇守辽东大将，先后任险山参将、辽阳副总兵、辽东总兵。因其保塞有功，万历七年被封为宁远伯，万历十九年解任，万历二十九年复任辽东总兵。他在镇守辽东期间，曾多次打败蒙古贵族与女真贵族对辽东汉族聚居地的侵扰，为明朝对东北地区实行有效管辖作出了贡献。

广宁右卫后千户所百户之印

铜质，板钮。长7.2厘米，宽7.1厘米，高6.5厘米。辽宁省博物馆藏。

"广宁右卫后千户所百户之印"印文

印面九叠篆文"广宁右卫后千户所百户之印"。

广宁右卫是明代广宁五卫之一，衙署在广宁城的西北。此印为明建文四年（洪武三十五年，1402年）十二月制造，颁发给百户官理政使用。

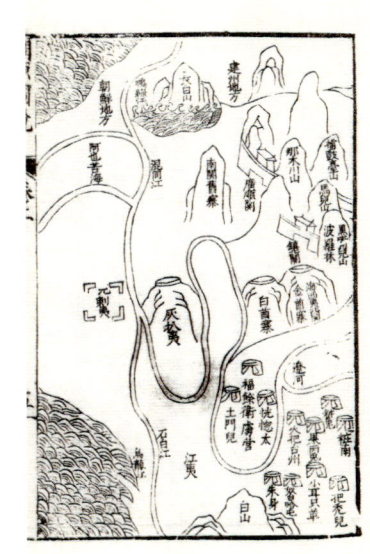 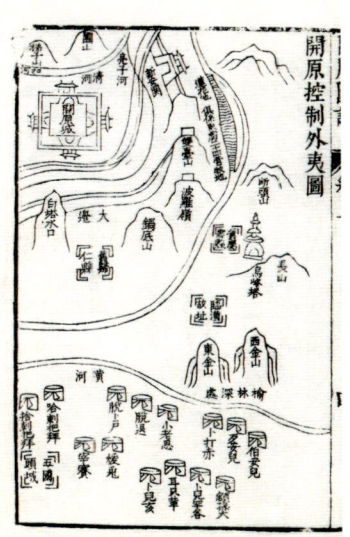

《全辽志·开原控制外夷图》

明嘉靖四十四年（1565年）李辅撰。

明代开原城位于今辽宁开原城北老城，在辽东地区控制少数民族方面占有极为重要的地位。既是辽东镇通向奴儿干都司的交通枢纽，又是辽东马市的贸易重地。明开原设有备御都司、三万卫、辽海卫等管理机构。以此城为中心设有三个关市，即镇北关、广顺关、新安关。此种关市既是市易之地，又是入京朝贡验放敕书的地方。镇北关与广顺关接待海西女真，新安关接待蒙古福余卫来市者。《全辽志》中绘制的这幅图，采用上南下北的方式标示出兀剌夷（乌拉）、灰扒夷（辉发）、叶赫的白酋寨（即布扬古所居的西城）与金酋寨（即金台石所居的东城）、建州，以及镇北关、广顺关、新安关，还有蒙古部落的牧地。

三万卫前千户所百户印

铜质，板钮。长7.1厘米，宽7.1厘米，通高8厘米。吉林省博物馆藏。

辽海卫中千户所百户印

铜质，板钮。沈阳故宫博物院藏。

"三万卫前千户所百户印"印文

印面九叠篆文"弍万卫前千户所百户印"。

"辽海卫中千户所百户印"印文

印面九叠篆文"辽海卫中千户所百户印"。

三万卫设在开原城，其职责专在"控带外夷"，明洪武二十年（1387年）设置三万卫，当年十二月即制造了该印。颁印授职，以加强管理。

持有该印的百户官，作为辽海卫的下属，在开原城内处理公务，是明廷在开原实行有效统治的一环。这是明洪武二十三年（1390年）铸造的印信。

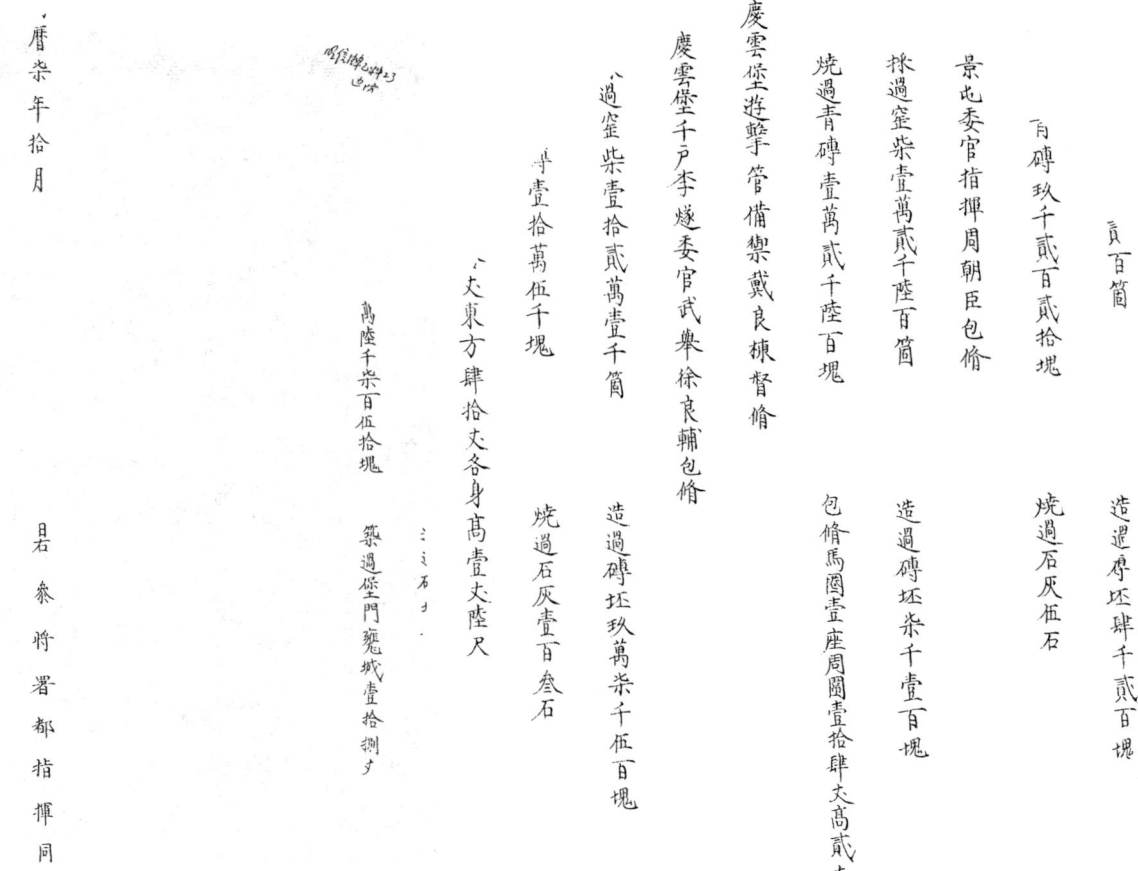

《明修筑开原等地城台工程册残档》

原档案著录为《某指挥同知呈报开原等地包修城台工程数目清册》。辽宁省档案馆藏。

此残存的档案记载了修筑开原等地城台时督修官员、督修部位及用料等情况。这是明万历七年（1579年）十月《某指挥同知呈报开原等地包修城台工程数目清册》的局部。

庆云堡遗址旧照

庆云堡位于今辽宁开原老城西庆云堡乡，是明廷控扼塞外少数民族的一处重要堡垒。其东墙残长4米，高1.8米，岁月沧桑，今日只能见到这样的一段残垣断壁而已。

一換貨物抽銀壹拾叁兩叁錢叁分
馬拾壹匹抽銀柒兩柒錢　參貳百捌拾貳斤抽銀貳兩
貂皮伍拾張抽銀壹兩貳錢伍分　麅皮貳張抽銀壹分　鹿[illegible]
珠子叁顆抽銀壹兩伍錢　狐皮叁張抽銀叁分
同日壹起新安關進入買賣夷人矮台九吉孫等捌名到市與買賣人劉漢等
馬匹抽銀肆兩叁錢
一入市布
一易換馬叁匹抽銀叁兩肆錢　牛叁隻抽銀玖錢
貳拾伍日壹起鎮北關進入買賣夷人都督逞加奴等壹千壹百捌拾名到
全大紀等易換馬匹等

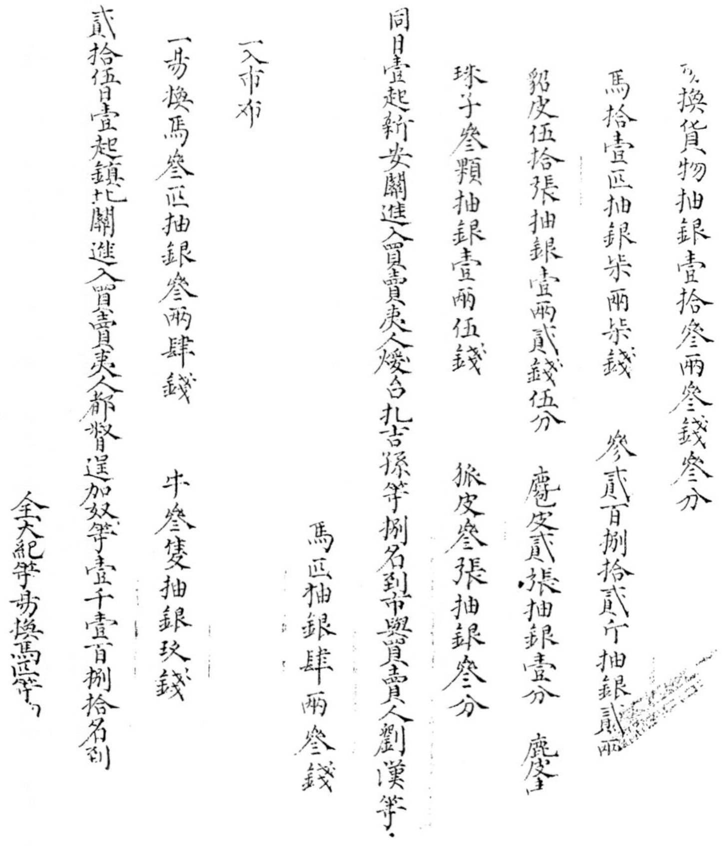

《逞家奴等进入镇北关马市抽分清册残档》

原档案著录为《马市抽分与抚赏“夷人”用银清册》。辽宁省档案馆藏。

逞家奴（清佳努）为海西女真叶赫部首领之一。这件档案记载此次逞家奴率1100名人众入市，势焰强炽。这是明万历十二年（1584年）三月《马市抽分与抚赏“夷人”用银清册》的局部。

一換貨物抽銀貳拾貳兩捌錢叁分捌釐
馬拾匹抽銀柒兩　珠子壹顆抽銀貳錢　馬尾捌斤抽銀捌分
狼皮貳張抽銀肆分　貂皮貳百捌拾肆張抽銀柒兩壹錢　狐皮捌拾伍張抽
參伍百捌拾壹斤抽銀伍兩捌錢壹分　羊皮叁百陸拾玖張抽銀柒錢叁分
麅皮[illegible]叁錢壹分　木耳肆拾伍斤抽銀肆分伍釐　豹皮貳張抽
鹿皮柒張抽銀壹錢肆分　蘑菇叁百叁拾柒斤半抽銀貳錢貳分伍釐
毡貳塊抽銀壹分　騅皮柒張抽銀柒分
貳拾壹日壹起鎮北關進入北關寨那林孛羅差易八里兀太等柒百玖拾名到市與
李九燕等易換貂皮等物抽銀叁拾陸兩
一入市貨物抽銀玖兩陸錢肆分伍釐
段捌疋半抽銀捌錢伍分　襖子拾玖件抽銀貳兩捌錢伍分

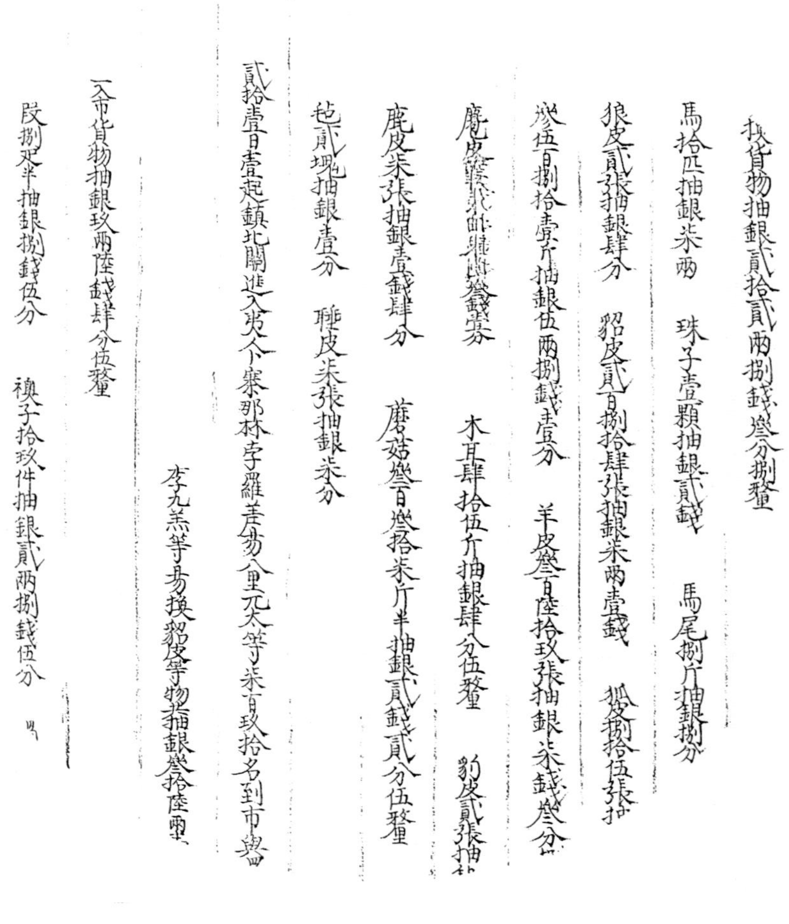

《那林孛罗等进入镇北关马市抽分清册残档》

原档案著录为《马市抽分与抚赏“夷人”用银清册》。辽宁省档案馆藏。

那林孛罗（纳林布禄）为叶赫部首领杨吉努之子。明万历十二年（1584年）三月，那林孛罗率790名“夷人”到镇北关进行贸易，实力强劲。这是《马市抽分与抚赏“夷人”用银清册》的局部。

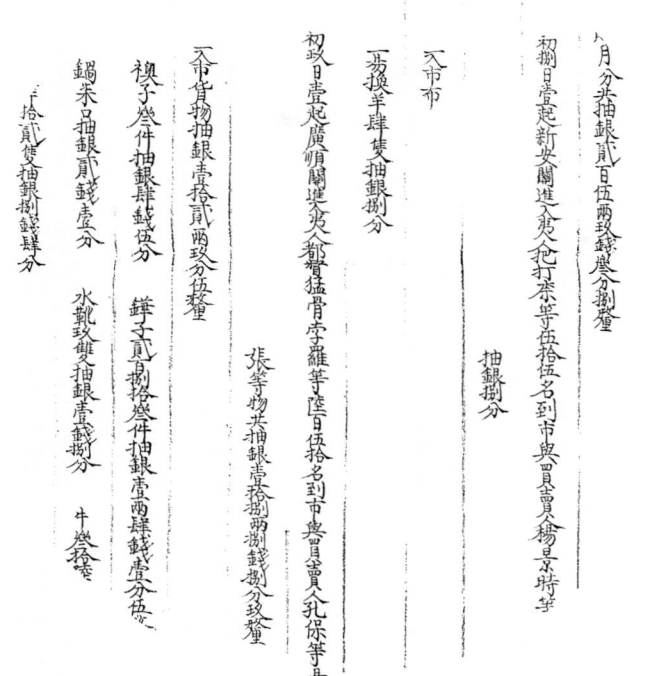

《猛骨孛罗等进入广顺关马市抽分清册残档》

原档案著录为《马市抽分与抚赏"夷人"用银清册》。辽宁省档案馆藏。

猛骨孛罗（孟格布禄、蒙格布禄）为海西女真哈达部首领，此档案记载猛骨孛罗率650人入市。明正统年间设塔山左卫管理此部，万历初传至王台领卫事时，此部势力达到鼎盛时期。猛骨孛罗为王台第五子。这是明万历十二年（1584年）三月《马市抽分与抚赏"夷人"用银清册》的局部。

《明抚赏进入镇北关仰家奴等用银物清册残档》

原档案著录为《马市抽分与抚赏"夷人"用银清册》。辽宁省档案馆藏。

仰家奴（杨吉努）为叶赫部首领之一。此档案记载明一次抚赏仰家奴一伙人即达950名，势力也相当庞大。这是明万历十二年（1584年）三月《马市抽分与抚赏"夷人"用银清册》的局部。

《明抚赏进入广顺关歹商等用银物清册残档》

原档案著录为《马市抽分与抚赏"夷人"用银清册》。辽宁省档案馆藏。

歹商（戴善）为哈达部首领王台长子扈尔干之子。王台死后，其子孙内讧，明政府采取支持歹商政策，寄希望于歹商亲明廷，联建州，控叶赫。歹商入广顺关贸易后，得到明廷丰厚的赏赐。这是明万历十二年（1584年）三月《马市抽分与抚赏"夷人"用银清册》的局部。

三 女真归一

明廷对女真各部曾采取分而治之的政策,但到16世纪末,女真族打破了以部为卫而治的固有统辖状态,过渡到部落联盟阶段,民族统一趋势初显。由于各种因素,统一女真族的历史使命最终落在了建州女真首领努尔哈赤身上。

明万历十一年(1583年)辽东总兵李成梁剿杀势力强盛的建州女真苏克素浒部首领阿台时,努尔哈赤父祖二人蒙难被杀。同年五月,他为父祖复仇而起兵,攻下图伦城。随后努尔哈赤采取"顺者以德服,逆者以兵临"的策略,至万历十七年,建州女真各部归于统一,努尔哈赤成为号令建州女真各部的首领。建州统一,综合实力增强,但威胁到海西女真利益。已经称霸海西的叶赫部,率先向努尔哈赤挑衅,企图消灭努尔哈赤,进而统一女真。万历二十一年,叶赫纠合哈达、乌拉、辉发及蒙古等部组成九部联军,进攻努尔哈赤,双方鏖战于古勒山。建州大获全胜,由此揭开了努尔哈赤统一海西女真的序幕。他采取先弱后强,由近及远的策略,至万历二十七年攻破哈达城,两年后,彻底灭亡哈达部。万历三十五年覆亡辉发部。两征乌拉部,万历四十一年该部灭亡。万历四十七年征服叶赫部。自此,海西女真扈伦四部全归努尔哈赤统辖之下。

对"野人"女真,努尔哈赤采取了分阶段招抚与征服并用的策略。天命建元前主要招抚东海女真,此后直至皇太极时期,通过军事征服,最后把原属于明朝奴儿干都司所辖区域的黑龙江女真,全部置于其统治之下。一个新的民族共同体满洲族终于形成。

（一）整合建州

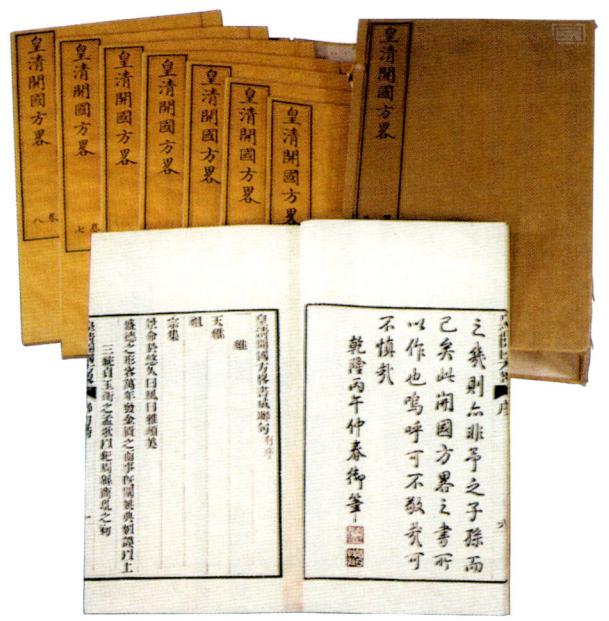

《皇清开国方略》

（清）阿桂等撰。乾隆五十一年（1786年）成书，武英殿刻本。故宫博物院藏。

由阿桂、梁国治奉敕修纂的这部清代编年体史书，主要内容为太祖、太宗朝开国史事。从远古传说，到民族勃兴，数年南征北伐，迁都定鼎，展示出满洲族兴旺蓬勃，宏然立国的雄伟画卷。

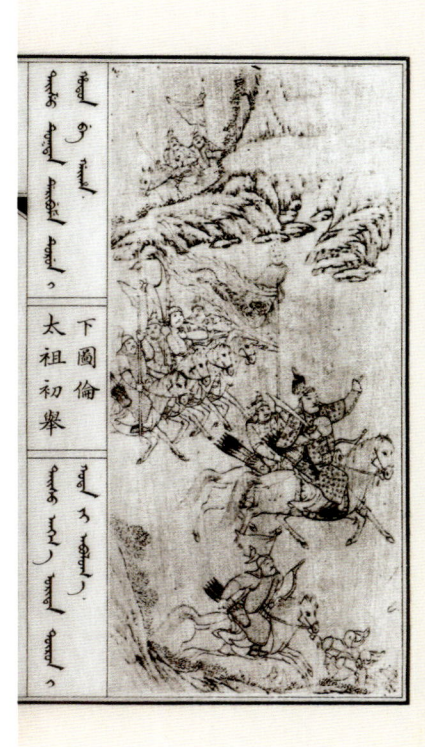

《满洲实录·初战图伦城图》

明崇祯八年（1635年，天聪九年）成书，满、汉、蒙三种文体。

努尔哈赤父祖死于李成梁进攻阿台的战事。努尔哈赤认为，是尼堪外兰唆使明军杀死其父祖。明万历十一年（1583年）五月，他借为父祖报仇为名，以其父"遗甲十三副"起兵，进攻建州女真苏克素浒部尼堪外兰的住地图伦城，尼堪外兰外逃。努尔哈赤攻破图伦城，由此揭开了统一建州女真的序幕。《满洲实录》图绘努尔哈赤于阵后挥臂，指挥兵士城下射击或树起云梯登城的场面。

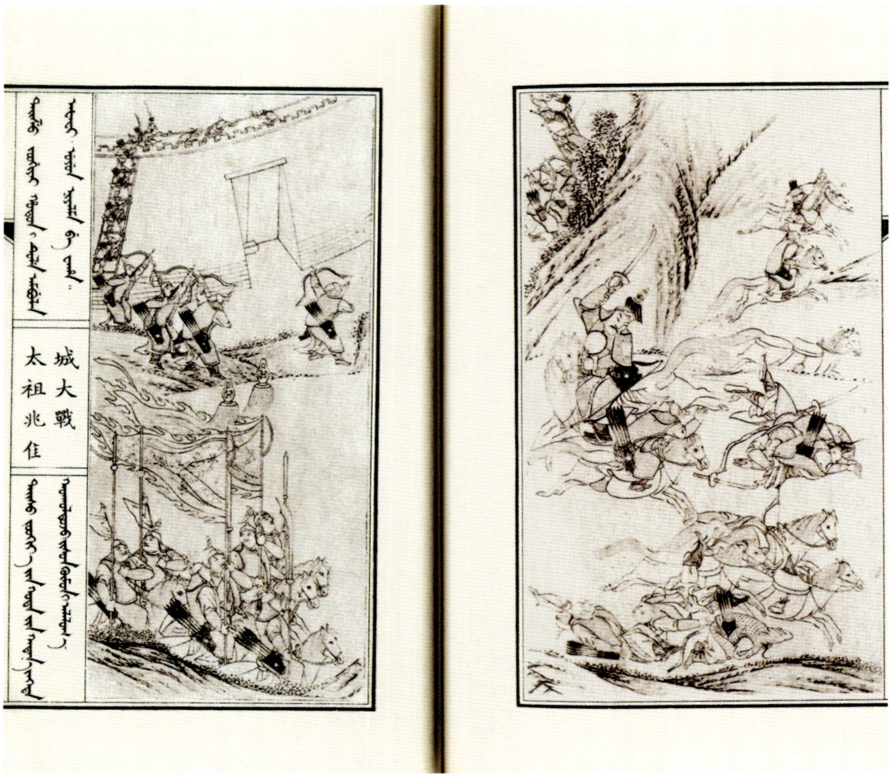

《满洲实录·大战兆佳城图》

努尔哈赤攻占图伦城后，继续扩大战果，进攻附近城寨。明万历十二年（1584年）正月，努尔哈赤设伏兵围攻兆佳城，获其城主李岱。《满洲实录》图绘努尔哈赤舞动锋刃，劈砍敌人；其他兵士勇攀云梯登城，以及从城外向城墙上敌军射击的激烈拼杀场面。

《满洲实录·大战马尔墩图》

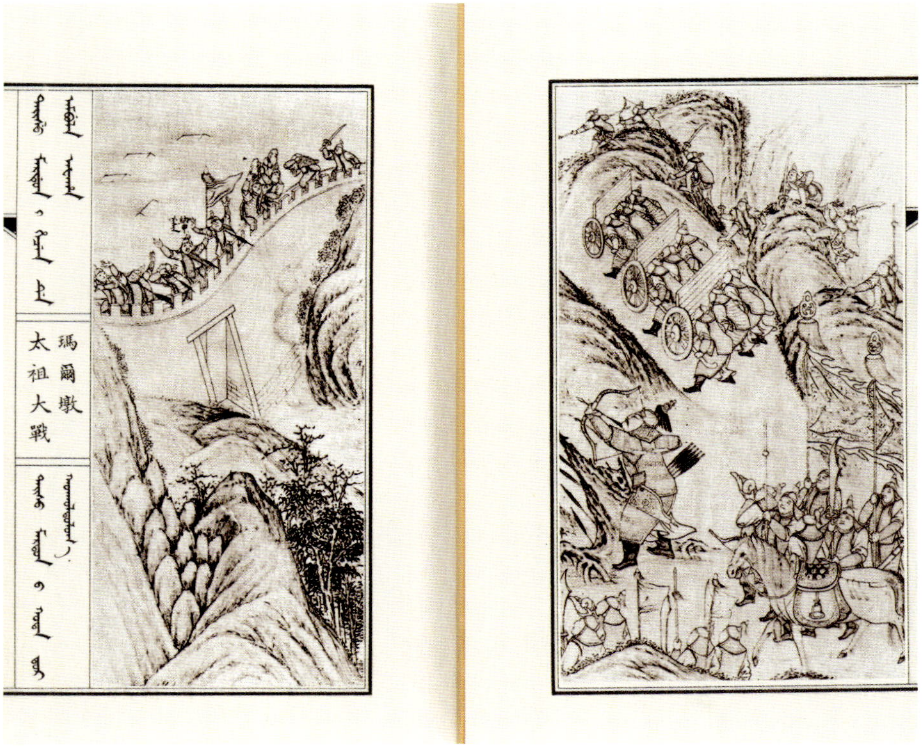

努尔哈赤攻兆佳城，伐李岱获胜后，于明万历十二年（1584年）六月伐萨木占，攻马尔墩寨。《满洲实录》描绘努尔哈赤弯弓劲射的情景。

马尔墩岭上满文残碑

马尔墩寨位于今辽宁新宾上夹河乡马尔墩村。马尔墩之战,努尔哈赤取胜。后在此地刻满文石碑,以资纪念。

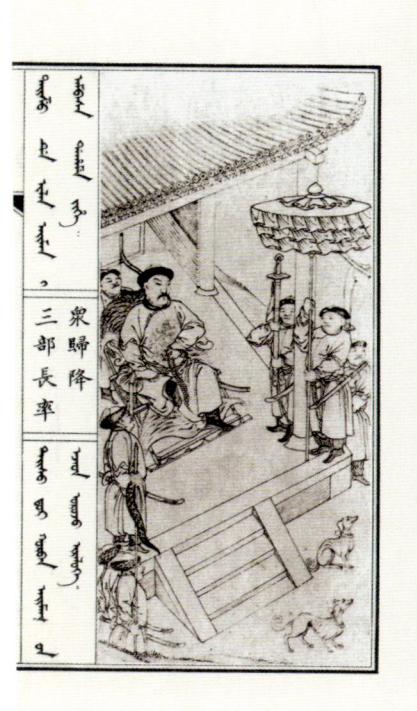

《满洲实录·三部长归顺图》
　　明崇祯八年(1635年,天聪九年)成书,满、汉、蒙三种文体。

随着努尔哈赤对建州女真的步步征服,一些部落首领见努尔哈赤如日中升之势,于是主动归附。《满洲实录》图绘明万历十六年(1588年),苏完部长索尔果及其子费英东、董鄂部长克辙巴颜之孙何和里、雅尔古寨扈拉瑚及其子扈尔汉,跪拜于努尔哈赤座前,倾心称降。各部人马绕过山梁鱼贯前行,靠拢佛阿拉城,归顺努尔哈赤。

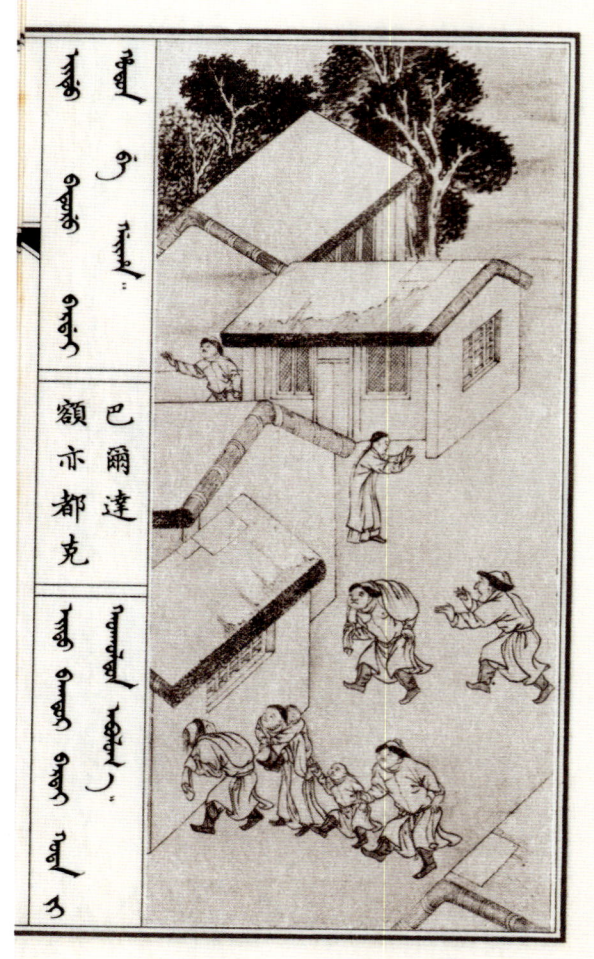

《满洲实录·额亦都攻克巴尔达城图》

明万历十三年（1585年），努尔哈赤开始征战苏克素浒部的左邻哲陈部，浑河之役以少胜多，取得胜利。两年后，努尔哈赤再命额亦都往征哲陈部的巴尔达城。破城，灭哲陈部。《满洲实录》描绘额亦都已登上巴尔达城墙，弯弓下射，城内居民挈妻携子躲灾避难。额亦都（1562——1621年），又名额宜都，钮祜禄氏。跟随努尔哈赤在统一女真与对抗明朝中屡建战功，为后金五大臣之一，明天启元年（1621年，天命六年）病死。

《额亦都妻和硕公主墓碑》拓片

碑原在北京市朝阳区大屯村。

额亦都跟随努尔哈赤在东征西讨的戎马生涯中，功勋卓著，获"巴图鲁"（满语，意为勇士）称号。努尔哈赤以第四女穆库什嫁给额亦都，故又称其为巴图鲁姑父。额亦都病死在关外，葬在沈阳郊区。和硕公主穆库什随清廷入关，死后葬于今北京市朝阳区大屯村。此碑为康熙八年（1669年），其子遏必隆立。

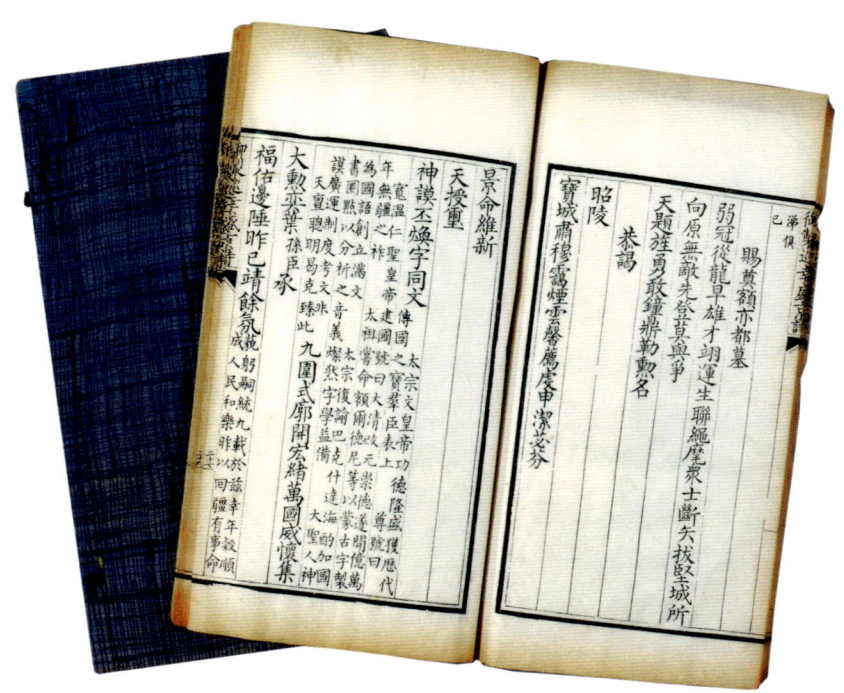

《道光帝御制诗集·赐奠额亦都墓诗》

入关后的清代皇帝康熙、乾隆、嘉庆、道光诸帝都曾东巡清朝的发祥地，祭奠先祖及缅怀功臣开创大清基业的丰功伟绩。道光帝巡谒额亦都墓，赋诗以寄托景仰之情怀。

何和礼碑

顺治十三年(1656年)刻。高300厘米，宽90厘米。辽宁辽阳博物馆藏。

何和礼（1561——1624年），又名何和里、何和理，董鄂氏。本为董鄂部长，明万历十六年（1588年）率众归附努尔哈赤。努尔哈赤以长女嫁之，尊称为董鄂额驸。何和礼从努尔哈赤南征北战，屡建功勋，为满洲正白旗固山额真，一等大臣，后金五大臣之一。明天启四年（1624年，天命九年）卒。此碑原立于今辽宁灯塔公安堡东阿（董鄂）氏墓园，1978年移存辽宁辽阳博物馆。

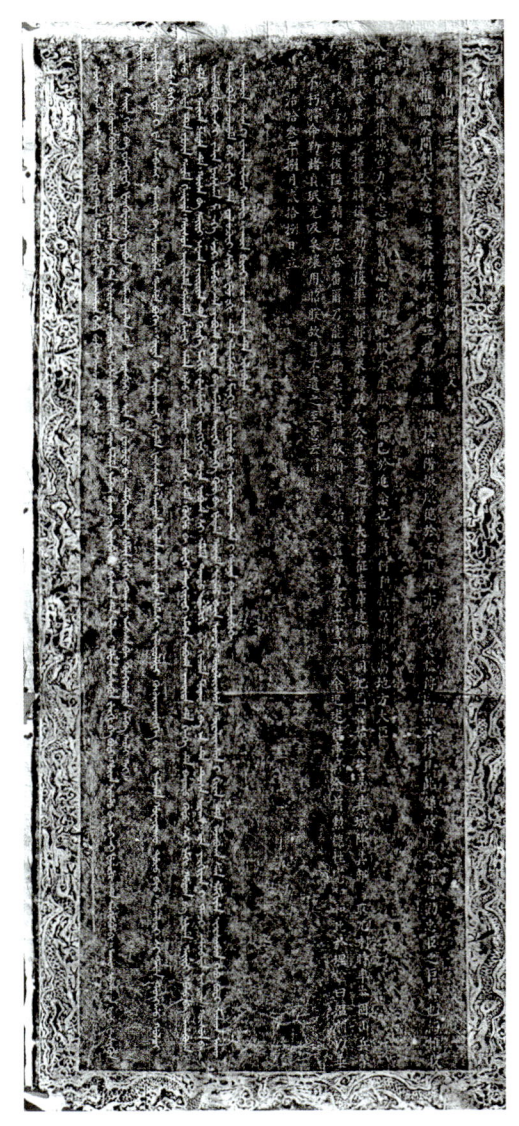

《何和礼碑》拓片

该碑文满汉合璧，左为满文，右为汉文。

端庄固伦公主碑

康熙五十五年（1716年）刻。碑高430厘米，宽121厘米。辽宁辽阳博物馆藏。

端庄固伦公主即努尔哈赤长女，生于明万历元年（1573年），名东果格格，嫁与何和礼。康熙五十四年（1715年），其曾孙齐锡奏请追赐公主端庄号，并请赐碑文。此碑原立于今辽宁灯塔公安堡东阿（董鄂）氏墓园，1978年移存辽宁辽阳博物馆。图中高大者为端庄固伦公主碑。

《端庄固伦公主碑》局部拓片

碑文为满汉文合璧，额篆"敕建"二字。碑已断裂，下部碑文已泐。

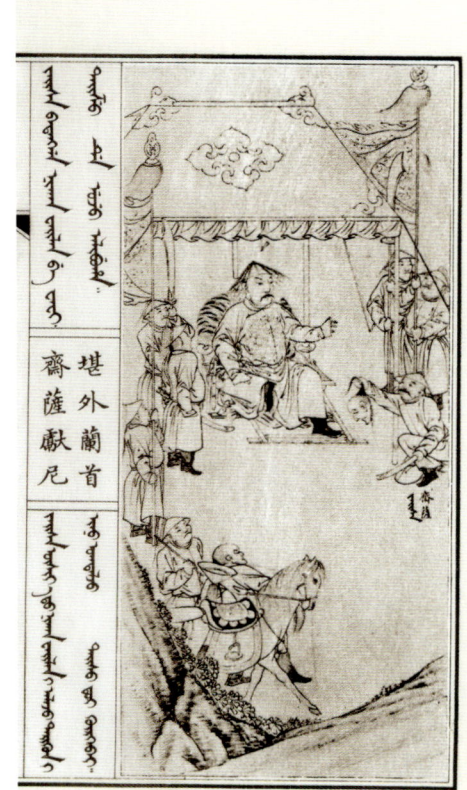

《满洲实录·斋萨献尼堪外兰首图》
明崇祯八年(1635年，天聪九年)成书，满、汉、蒙三种文体。

努尔哈赤攻破图伦城之际，尼堪外兰出逃。但努尔哈赤定要杀死仇人尼堪外兰。明万历十四年（1586年）七月，努尔哈赤率兵再攻尼堪外兰新住地鹅尔浑城。尼堪外兰逃入明"边墙"内。然而明朝对已无利用价值的尼堪外兰不再庇护，边官把他交给努尔哈赤派来索取其首级的斋萨。斋萨斩杀尼堪外兰并献其首级给努尔哈赤。尼堪外兰被斩，标志着努尔哈赤统一建州女真的战争已取得决定性的胜利。《满洲实录》图绘了斋萨手提尼堪外兰的首级，向努尔哈赤奏报。

（二）统一海西女真与"野人"女真

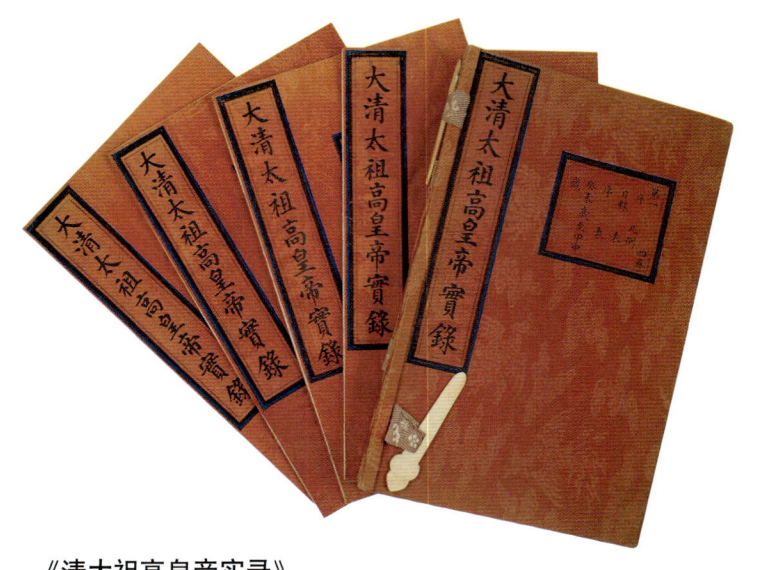

《清太祖高皇帝实录》
乾隆四年（1739年）武英殿刻本。故宫博物院藏。

《清太祖实录》始修于太宗朝，康熙二十五年（1686年）由大学士勒德洪与明珠等最后撰成，乾隆四年（1739年）大学士鄂尔泰与徐元梦进行最后改定。此书以编年的形式，记载努尔哈赤创业之初及天命朝的历史。努尔哈赤一生能征惯战，为大清王朝建立奠定了不朽的丰功，死后初上谥号"武"，后改为"高"，庙号"太祖"。

《清太祖高皇帝实录·叶赫挑衅》

努尔哈赤统一建州，强势初显，海西女真各部首领倍感威胁，迫使他们重新聚散分合，并调整与建州的关系。称霸海西并想进而征服女真的叶赫部，首先开始发难，向努尔哈赤提出非分要求。明万历十九年（1591年）正月，叶赫先派使者到佛阿拉，令建州分出两个城寨与叶赫，遭到努尔哈赤的断然拒绝；之后叶赫部又联合海西其他三部共同遣使到建州，极尽挑衅气焰，希冀兵指建州，以削弱其实力。

清太祖努尔哈赤御用剑

剑身钢质，鞘木质，外裹鲨鱼皮。剑全长80.5厘米，剑身长58.3厘米，宽3厘米。沈阳故宫博物院藏。

努尔哈赤起兵的时代，女真族处于冷兵器阶段，刀剑与弓箭是最主要的武器。努尔哈赤挥动这种利剑，不知击杀了多少敌人。此剑柄、鞘外饰以铜片，有日月鲤鱼及天官赐福、松鹤延年等吉祥图案。原附带皮签，上有满汉文合璧书"太祖高皇帝御用剑一把，原在盛京尊藏"。

明万历二十一年（1593年）六月，为了试探建州的军事实力，叶赫部联合哈达、乌拉、辉发三部劫略建州的一个城寨户布察寨。努尔哈赤奋起迎战，追击至哈达部富尔佳齐寨并获胜，揭开了古勒山之战序幕，也向海西扈伦四部宣示出军事实力。《满洲实录》描绘努尔哈赤令兵前行设伏，自己殿后以诱敌至伏兵处之时，敌兵追及，一骑驰至其前，努尔哈赤射中这一追兵后，又射中哈达部首领蒙格布禄战马，其家人泰穆布禄把自乘马交与其主。

《满洲实录·努尔哈赤大战富尔佳齐图》
明崇祯八年（1635年，天聪九年）成书，满、汉、蒙三种文体。

明万历二十一年（1593年）九月，叶赫部再次纠合海西扈伦三部、长白山二部、蒙古科尔沁部等九部联军进兵建州佛阿拉城。《满洲实录》图绘努尔哈赤率亲军上古勒山，居高凭险劲射顽敌，诸将各率兵士分阵冲击，杀死叶赫部贝勒布寨，俘虏乌拉部贝勒满泰之弟布占泰，同来诸部军兵皆丧胆逃散，蒙古科尔沁明安贝勒战马落入水中，丢弃鞍子赤身逃脱。此役努尔哈赤获得大胜，改变了建州女真与海西女真的力量对比，明代女真的重心由海西转向建州。努尔哈赤利用古勒山战役获胜的有利形势，采取远交近攻、先弱后强的兼并策略，对海西扈伦四部逐个击破，逐渐全面统一女真。古勒山之战成为努尔哈赤统一海西女真战争的历史转折点。

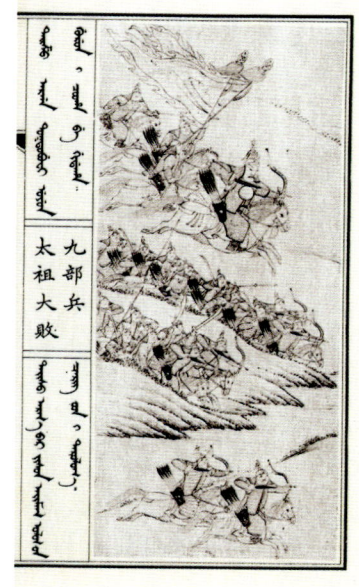

《满洲实录·古勒山大战图》

《满洲实录·生擒哈达部首领图》

海西女真哈达部首领王台死后,其子蒙格布禄袭职。由于内部争斗不休与外部叶赫的攻略,日渐走向衰落。努尔哈赤乘机对其发动进攻,明万历二十七年(1599年),亲征该部,生擒蒙格布禄,将其带回佛阿拉监养,哈达部民全被招抚。然而明廷谕令努尔哈赤保存哈达城寨。两年后努尔哈赤最终消灭哈达部,海西扈伦四部被打开一个缺口,明廷由此失去南关。明朝希冀支持哈达左控叶赫,右制建州的政策遭到破灭。《满洲实录》图绘生擒蒙格禄布的大将杨古利,令一兵卒揪着蒙格布禄,命其跪拜在努尔哈赤的殿下。

《满洲实录·灭亡辉发部图》

辉发又称灰扒、回波、晦发,为海西扈伦四部之一,因居辉发河而得名。辉发部介于哈达、叶赫、乌拉及建州女真之间,势力不及上述四部,在政治上采取中立之策,因而得罪叶赫与建州两强,失去保护。明万历三十五年(1607年),努尔哈赤以其部首领拜音达里兵助叶赫与背约不娶为由,亲自统兵攻打辉发山城。辉发山城三面环河,易守难攻。于是努尔哈赤先期遣人乔装打扮成商人潜入辉发城内。九月努尔哈赤率军兵临城下,内外夹击,攻破山城,俘杀拜音达里父子,屠兵迁民,灭亡该部。《满洲实录》勾勒出努尔哈赤面带胜券在握之像,策马前行,众军士从山下抬运云梯准备登城的场面。

《满洲实录·代善击溃乌拉兵图》

乌拉（兀剌）部，因居乌拉河而得名，在扈伦四部中距建州最远。努尔哈赤在统一海西女真战争中采取远交近攻之策，初对该部和而不伐，当攻灭哈达与辉发部后，则把矛头指向实力不及叶赫的乌拉部。明万历三十五年（1607年）正月，建州与乌拉发生乌碣岩大战。《满洲实录》描绘努尔哈赤次子代善手捉乌拉主将博克多头盔，挥刀砍去；建州兵追杀，乌拉兵溃逃的激战情形。此战获胜，努尔哈赤强势益显。万历四十年、四十一年，努尔哈赤率莽古尔泰、皇太极亲征乌拉，城破俘众，消灭此部，其首领布占泰逃往叶赫。

乌拉王城遗址

　　乌拉部散布于乌拉河流域，其治城建于明嘉靖年间(1522--1566年)，位于今吉林永吉乌拉街镇北，是海西扈伦四部中最大之城。现存残垣可见三重夯土层，残高3--5米，外城仅存数段；中城四面各开一门，四角有椭圆形角楼土基，东北墙外有护壕；内城南开一门，四角有角楼残迹，城外三面有护壕。内城中部有一夯土台基，面积1300平方米左右，南部尚可见石阶，应是乌拉贝勒所居"宫殿"。图中的高岗处即为东城墙残墙。

叶赫山城南门遗址

叶赫部传至首领杨吉努、清佳努时，分建东西二城。东城在今吉林梨树叶赫满族镇叶赫村西，城为四重，城垣土木杂筑；西城在今吉林梨树叶赫满族镇张家村大窝堡屯东南，依山兴筑，故又称为叶赫山城，分为内外二城，城垣亦为土木杂筑，南北各有一门。此处为西城南门遗址。

南岭遗址

遗址位于今吉林梨树叶赫满族镇叶赫村西，是一道东西走向的山岗，当地称为南岭。明万历四十七年（1619年，天命四年）努尔哈赤攻灭叶赫部时，在此山岗上指挥，岗下平原即为当年的古战场。

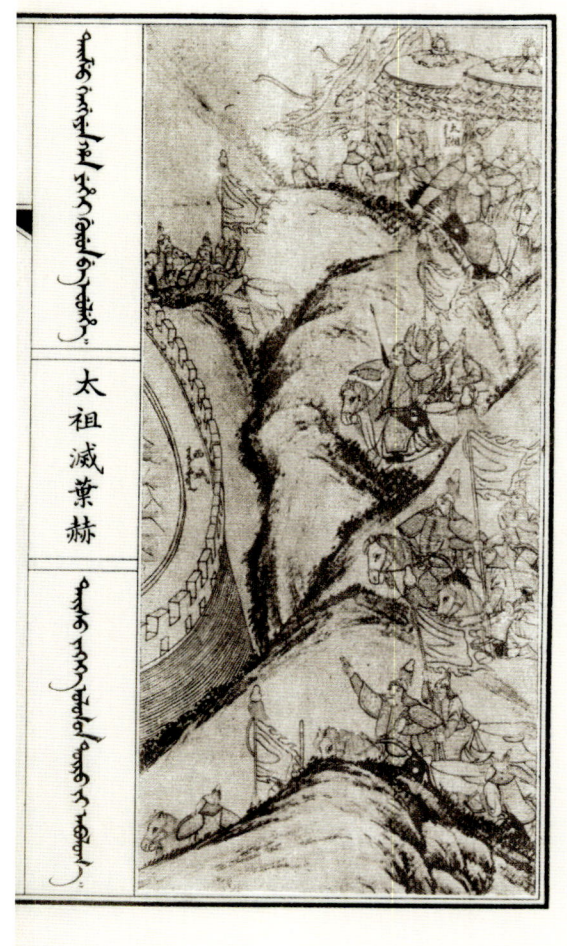 

《满洲实录·灭亡叶赫部图》

明崇祯八年（1635年，天聪九年）成书，满、汉、蒙三种文体。

努尔哈赤吞并海西扈伦四部中的三部后，明朝开始支持叶赫部与建州抗衡，期望通过叶赫牵制建州势力，并割断建州与蒙古的联系。努尔哈赤为解除进攻明朝的后顾之忧，也为了洗雪告天"七大恨"中有关叶赫的各种愤恨，明万历四十七年（1619年，天命四年）一月，亲率大军进攻叶赫。由于叶赫得到明军的支援，努尔哈赤未能一举攻下叶赫两城，只是焚毁其他大小城寨20余处，俘获大量人畜、财物。然而，不久明金萨尔浒之战，改变了双方在辽东的力量对比，明朝在失去抚顺、清河、开原、铁岭后，已无力支援孤悬开原以北的叶赫，而此时努尔哈赤则已积蓄了足以征服叶赫的力量。八月，努尔哈赤派代善、阿敏、莽古尔泰、皇太极诸子侄统兵攻取叶赫西城，自己亲自率军攻打叶赫东城。东城破，西城降。叶赫人众全部被"收养"，成为后金国民。灭亡叶赫，标志着努尔哈赤基本上统一了女真，明廷企图使女真各部分而治之的政策遭到彻底失败。《满洲实录》描绘后金兵布满山岗，冲向东西二城。攻打东城的兵士或徒手登城，或挖凿城墙，奋勇争先，努尔哈赤登高指挥若定。

《三朝辽事实录·北关陷》

（明）王在晋撰。

这部书记载了叶赫部被努尔哈赤攻陷的情形。

叶赫城遗址

强盛一时的叶赫部被努尔哈赤灭亡后，叶赫城化为一片废墟，今日还能在这里拣拾到当年的锋镝。

穆尔哈齐与达尔察墓

穆尔哈齐（1561——1621年），努尔哈赤异母弟，骁勇善战，征服海西与"野人"女真中，拼死厮杀，屡立战功，以功封为青巴图鲁（满语，意为诚毅）。达尔察为穆尔哈齐三子。父子死后葬于今辽宁辽阳市郊积庆山的东京陵，墓门前的石碑为康熙十年（1671年）立。

褚英墓

褚英墓位于今辽宁省辽阳市郊积庆山的东京陵。褚英（1580——1615年），努尔哈赤长子。少年褚英即奉父命出征瓦尔喀，攻取噶嘉路。明万历二十六年（1598年）随其叔巴雅喇统兵进攻东海女真安楚拉库路。万历三十五年再与叔父舒尔哈齐及弟代善，领兵击败乌拉兵。因其年轻有为，骁勇善战，万历四十年曾被努尔哈赤委以重任。但因施政不公并焚表诅咒其父汗努尔哈赤及诸弟，先被幽禁，万历四十三年被处死。

《满洲实录·东海女真王格 张格来贡图》
明崇祯八年（1635年，天聪九年）成书，满、汉、蒙三种文体。

明万历二十七年（1599年）正月，东海女真渥集部虎尔哈路路长王格、张格归附努尔哈赤，贡纳其部重要特产黑、白、红三色狐皮和黑、白二色貂皮。《满洲实录》描绘王格、张格率领族人抬着狐皮、貂皮进呈，等待努尔哈赤允准收纳。自此，东海女真渥集部虎尔哈路每岁交纳贡献，努尔哈赤又将建州女真大臣之女嫁给率先归附的部长，进一步巩固了建州女真与东海女真的关系。

大石桥

大石桥位于今黑龙江宁安，明崇祯七年（1634年，天聪八年），后金始建，初为木结构，名长板桥。皇太极即位后，凭借收服东海女真余部之威，继续对黑龙江等地进行招抚与征服。该年十二月，皇太极决计派兵远征。搭建桥梁，是为军事行动作准备。

《恰喀拉人画像》

清人绘。

恰喀拉（奇雅喀拉）人为赫哲族的一支，居住于乌苏里江以东濒海一带，属于清初东海女真渥集部。明万历四十四年（1616年，天命元年），努尔哈赤发兵招抚使犬部，此即其中一部。恰喀拉人男女都在鼻旁穿环，缀一寸左右的银铜人，其风俗很是特别。乾隆朝宫廷画家创作的《皇清职贡图》描绘了清代恰喀拉人的形象。

《费雅喀人画像》

清人绘。

《皇清职贡图卷·鄂伦春人》

（清）丁观鹏等绘。绢本，设色。全卷纵33.6厘米，横1941.3厘米。故宫博物院藏。

费雅喀亦为赫哲族的一支，又写作费亚喀、非雅喀、飞牙喀等，居住于黑龙江口与库页岛北部，为黑龙江女真之一。乾隆朝宫廷画家创作的《皇清职贡图》图绘其形象，并记其"男女俱衣犬皮，夏日则用鱼皮为之。……岁入貂皮。"明万历四十四年（1616年，天命元年），努尔哈赤开始招抚该部。

鄂伦春清代写作鄂伦绰，分为使马、使鹿、使犬的不同部落。乾隆朝宫廷画家创作的《皇清职贡图》描绘了使鹿鄂伦春人的形象：其男女披发跣足，以养鹿捕鱼为生。归附努尔哈赤后，每岁贡献貂皮。

《东鞑纪行·进贡图》

[日本] 间宫林藏撰。

嘉庆十三年（1808年），日本人间宫林藏前往库页岛野外探险，以其所见写成《东鞑纪行》，书中明确反映了清廷对这一地区的有效管理，并图绘了这幅聚居黑龙江流域的土著人向清代官吏进献貂皮的情形。这是皇太极对黑龙江地区征服后所行政策的延续。

《清太宗文皇帝实录·改称女真为满洲上谕》

随着后金对辽东地区各女真部落的征服，民族共同体开始逐渐形成。明崇祯八年（1635年，天聪九年）十月，清太宗皇太极发布上谕，将其族名"女真"改为"满洲"，标志着满洲族共同体的最终形成。

战事篇

清太祖努尔哈赤、清太宗皇太极两朝在完成女真族内部统一事业后,与明朝在辽东争夺人口,抢劫粮食,蚕食土地,进而进军关内,向中央王朝问鼎。后金——清与明朝之间展开了激烈的争夺战。

明万历四十六年(1618年,天命三年),努尔哈赤以奇谋妙计轻取明朝距后金最近的抚顺城,揭开后金与明战争的序幕。万历四十七年,明廷派杨镐为辽东经略,指挥四路大军压向后金的都城赫图阿拉,企图一举捣毁努尔哈赤的老巢。双方在萨尔浒(今辽宁抚顺东60里萨尔浒村南)展开激战,终以后金取胜告终。从此,明与后金的战略形势发生了改变,双方进攻与防御的地位转换。次年后金又攻克辽东重镇开原、铁岭。

辽东兵败城破,明廷将杨镐逮捕下狱,派富有军事经验的熊廷弼出任辽东经略。熊廷弼重整辽东防务。然而明末腐败的政治导致熊廷弼被罢黜,这为后金进攻沈阳、辽阳创造了机会。明天启元年(1621年,天命六年)三月间,后金发动对沈阳、辽阳的军事攻势。结果明朝在辽东最后两座重镇,仅十日间即被攻克。天启二年,努尔哈赤采取打援策反的战术,四日内攻下广宁城。再次被起用防守广宁的熊廷弼成了替罪羊,被逮入狱直至传首九边。明朝自毁长城的历史悲剧开始上演,此后经略辽东的孙承宗、袁崇焕先后成为系列悲剧的主角。

广宁之战后,明廷派孙承宗经略辽东四年,颇有成效。但功高望重的孙承宗遭阉党嫉恨而去职。天启六年,后金13万大军进攻宁远城。主持宁远防务的袁崇焕,凭坚城,发火炮,誓死抵抗后金进攻。后金军惯于野战,抵不住火炮轰击,最后以失败告终。此战明廷称为宁远大捷。

宁远之败的当年努尔哈赤死去。其第八子皇太极继承汗位,继续与明廷展开拉锯战。

天启七年(1627年,天聪元年),皇太极率军进攻宁远、锦州。明军总结宁远大捷"凭坚城,以用大炮"的经验,死守城池,以炮卫城,坚垒不动。后金军野战的优势无法发挥,再次惨败。明朝方面则称之为宁锦大捷。

两次惨败的教训,促使皇太极重新考虑对明战略。他决定绕过坚城宁、锦,突破明长城的关隘,深入到明朝内地,围攻京畿,残破州县,消耗明朝的实力。后金先后在明崇祯二年(1629年,天聪三年)、崇祯七年、崇祯九年、崇祯十一年、崇祯十五年奔袭明朝内地,攻克城池,俘获人畜、金银、财物。

皇太极多次对明朝内地实施远程奔袭,获得的仅是战利品而已,并未能占领明朝内地的一州一县。山海关成为清对明内地实行有效占领的巨大障碍,关外辖区不能与关内所克州县连在一起。崇祯十四年正月,清军发动对明山海关的前沿锦州之战,在松山擒获援救锦州的主帅洪承畴,彻底切断明朝援军。锦州城守将祖大寿被困已极,终于投降清廷。

一　激战萨尔浒

　　后金在吞并海西女真扈伦四部中的三部以及东海女真以后，部众迅速增加，人畜之需随之也出现困难。对农业经济高度发达的明朝辽东辖区进行掠夺，是后金政权快速解决困难最直接有效的手段。明万历四十六年（1618年，天命三年）四月十三日，努尔哈赤以"七大恨"告天，誓师伐明，进攻抚顺，初战告捷，由此打开进入辽河流域的门户。七月再次攻克清河堡。

　　抚顺、清河失陷后，明廷调兵遣将，以杨镐经略辽东。万历四十七年（1619年，天命四年）三月，杨镐发起围攻后金都城赫图阿拉之战，企图一举消灭后金。他坐镇辽阳，分别以杜松、马林、李如柏、刘綎为主将，组织兵力十万余人，兵分四路，准备四面包抄赫图阿拉。但杨镐轻率寡谋，妒能任亲；各路主将之间互相猜疑，既有畏敌不前者，又有按兵不动者；明朝兵卒斗志低靡；征调的叶赫、朝鲜等军团纯属乌合之众；明廷不切实际地催进促战。这一切均削弱了明军的战斗力。而后金面对大敌压境，民族处于生死存亡关头，只有背水一战，方能挽救灭顶之灾。努尔哈赤指挥八旗铁骑，采取集中优势兵力，各个击破的战术迎战明朝四路大军。两军首先会战于萨尔浒，杜松统率的一路明军率先溃败，随后其他几路也均失败。这次战役成为金明双方力量对比的转折点，后金开始真正与明朝分庭抗礼，明朝由进攻转为防御，后金由防御转为进攻。

《清太祖努尔哈赤朝服画像》轴

　　清代宫廷画家绘。绢本，设色。纵83厘米，横53厘米。故宫博物院藏。

　　努尔哈赤，姓爱新觉罗氏，明嘉靖三十八年（1559年）生。初袭父之职为明建州左卫指挥使。以为父祖报仇为名起兵，统一女真各部，势力逐渐强大，开始以"七大恨"为由，向明朝中央权威挑战，奠定了女真建国、统辖辽东的基础，是满洲族历史上雄才大略的伟大人物。

《明神宗朱翊钧朝服画像》轴
台北故宫博物院藏。

明神宗万历帝朱翊钧,嘉靖四十二年(1563年)生,1572—1619年在位。御政后期,竟然20多年不临朝主事,致使整个朝廷主昏臣庸。万历四十七年(1619年,天命四年),当开原、铁岭失守之时,万历帝病亡,结束了身在帝位,不理朝政的昏庸一生。

清太祖努尔哈赤盔甲
红闪缎质,嵌铁叶。通身长111厘米。故宫博物院藏。

冷兵器时代,作战时的防护装备主要是头盔与甲服。努尔哈赤身着此种盔甲,冲锋陷阵。这件红闪缎铁叶甲胄,是乾隆朝依照努尔哈赤的甲胄遗物重制。

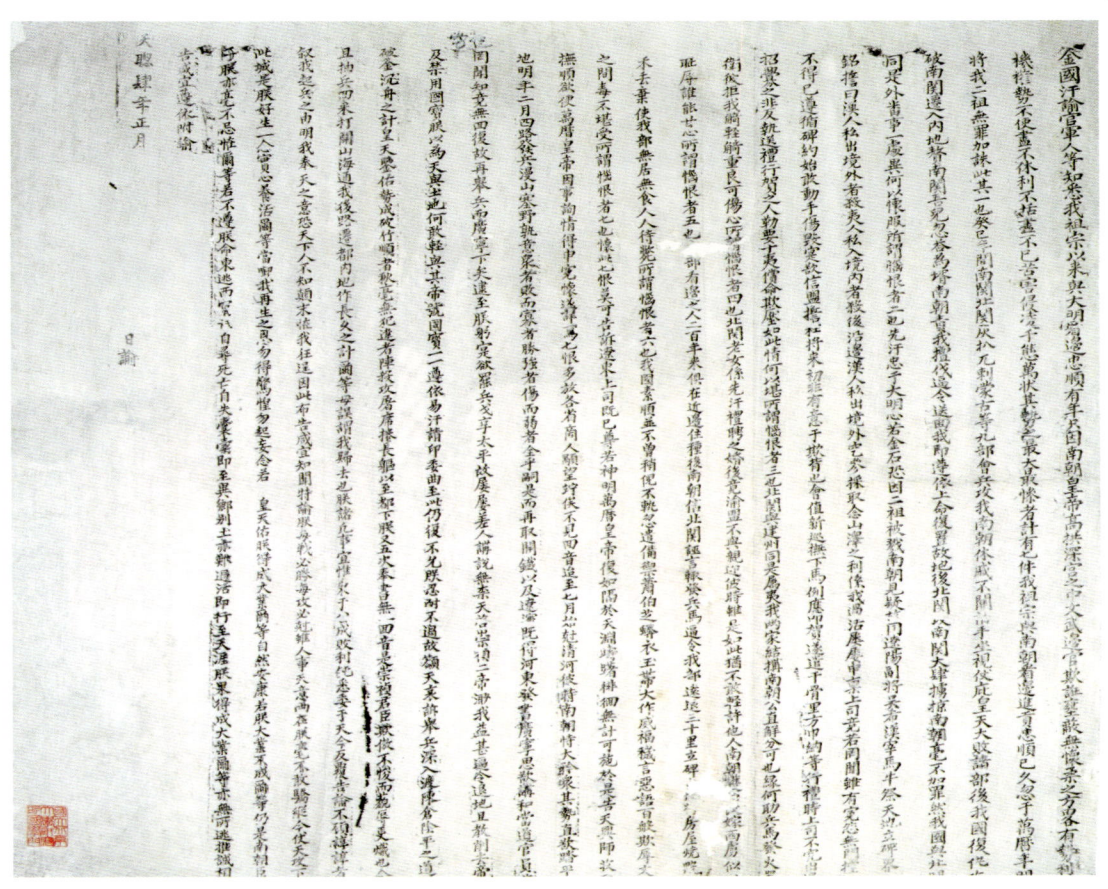

《"七大恨"木刻揭榜》

原档案著录为《后金汗攻永平誓师安民谕》。中国第一历史档案馆藏。

告天"七大恨"为努尔哈赤进攻明朝的宣言书。第一恨，明军杀害努尔哈赤父祖；第二恨，明朝对待建州与海西扈伦四部不公；第三恨，明朝地方官不守界约；第四恨，明朝偏袒叶赫，压抑建州；第五恨，叶赫老女毁约改聘，乃为建州耻辱；第六恨，明朝强占建州土地；第七恨，明朝地方官百般欺辱建州。努尔哈赤以此激起全体女真族部民对明朝的仇恨。自努尔哈赤至皇太极，每次用兵明朝，均散发此种文告，向汉人宣示其用兵是被压迫所致。这是明崇祯三年（1630年，天聪四年），皇太极进攻永平（今河北卢龙）时对当地汉人进行宣谕的木刻揭榜。

堂子旧照

堂子为满洲族祭神祭天之所。努尔哈赤在出兵之前均要到堂子祭祀先祖，求得保佑；宣告出兵缘由，并申明军纪。此后清代诸帝凡要用兵征伐，均先到堂子行礼。努尔哈赤与明军激战萨尔浒之前，先到堂子祭祀。这是兴京赫图阿拉（今辽宁新宾永陵镇）的堂子在20世纪初的残破情形。

二道关遗址

二道关，位于赫图阿拉城西50里左右处。努尔哈赤对女真各部及明战争必经三个关隘，这是其中之一。三个关隘关城均依峡谷险要地势而建。明朝要进剿努尔哈赤亦要经过这些关口，杨镐在萨尔浒之战中确立的分路合击计划，四路大军会合地点即约定在二道关。

三道关遗址

三道关位于今辽宁新宾苇子峪乡三道关村，又称鸦鹘（满语豹之意）关。该关城借助峡谷险要地势而建，两端与山相连，形成"凹"字形关城。现在只能见到其残垣断壁。

《满洲实录·克抚顺城降李永芳图》

明崇祯八年（1635年，天聪九年）成书，满、汉、蒙三种文体。

李永芳为明朝辽东抚顺所游击官。明万历四十六年（1618年，天命三年）四月十三日，努尔哈赤誓师伐明，先期遣人骗告李永芳，四月十五日将有3000人赴市。届时城内商民与兵士均出城市易，努尔哈赤领兵乘隙而入，里应外和攻城，迫使李永芳投降。这是努尔哈赤第一次与明正式交战，并第一次俘获明朝降官。抚顺为明辽东都司沈阳卫抚顺千户所的治城，是明朝控制建州女真的前哨，也是后金出入辽东的门户。攻取抚顺，意味着后金打开了进攻辽东的一扇大门。《满洲实录》描绘了固山额真阿敦引领李永芳下马匍匐于地，拜谒努尔哈赤，努尔哈赤于马上还礼的情形。

驸马府遗址

即李永芳府，位于赫图阿拉城外城，在辽宁新宾永陵镇。李永芳投降后金，努尔哈赤给予厚待，把他树立成招降纳叛的一面旗帜，因此令第七子阿巴泰长女嫁给李永芳，尊称其为"抚顺额驸"，在赫图阿拉外城建府邸安置。

《三朝辽事实录·抚顺陷》

（明）王在晋撰。

《三朝辽事实录》中，记载努尔哈赤计袭抚顺城，李永芳投降的史事。

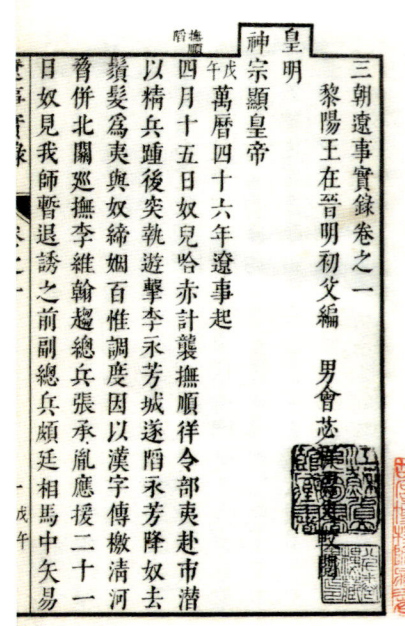

万历四十六年（1618年，天命三年）四月，后金攻下抚顺后，并未引起明廷的强烈反映。于是，努尔哈赤决定进攻距赫图阿拉城最近的边堡——清河堡（今辽宁本溪清河城乡）。七月二十一日，努尔哈赤派兵包围清河堡，后金兵冒死强攻，死伤惨重。后改为远围，派军队用楯板车掩护挖城墙，至二十二日下午城破。努尔哈赤攻下清河，屠戮全城军民5万余人。《满洲实录》勾勒出明守军正从城上向城下后金军投掷滚木与礌石，以及城墙下散落的滚木与礌石；后金军用云梯登城及挖凿城墙的情形。

《满洲实录·攻克清河堡图》

明崇祯八年（1635年，天聪九年）成书，满、汉、蒙三种文体。

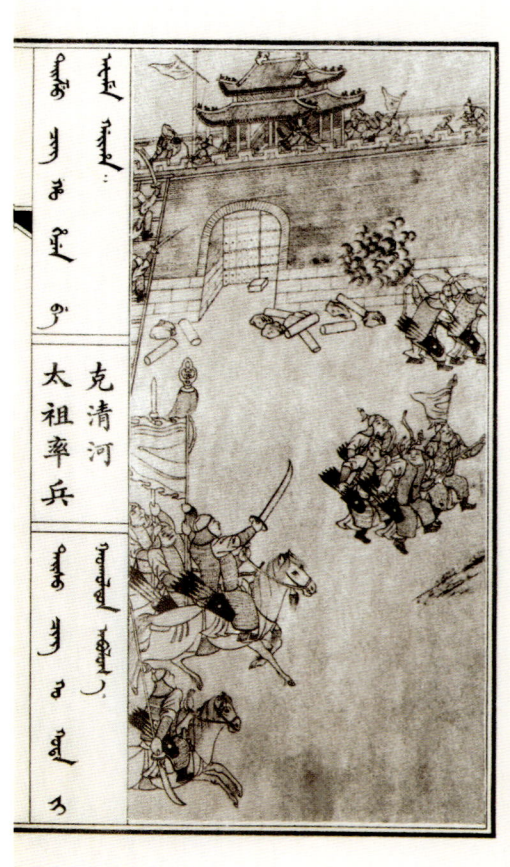

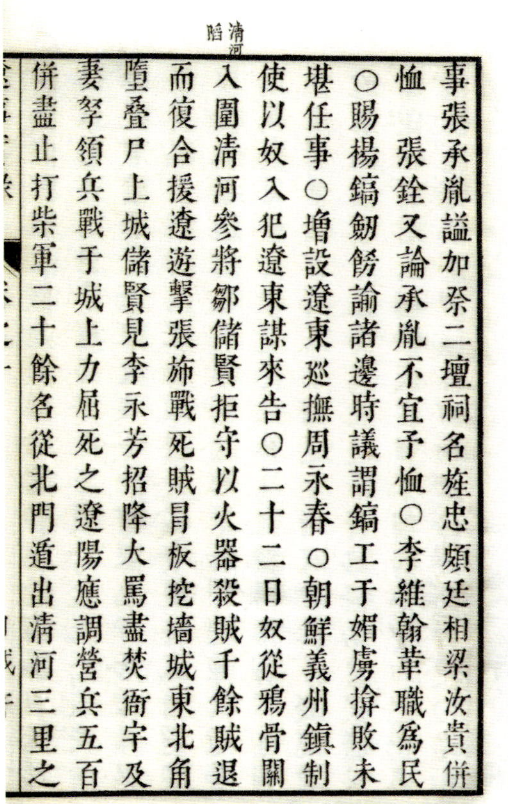

清河陷

事張承胤謚加祭二壇祠名旌忠頒廷相梁汝貴併恤　張銓又論承胤不宜予恤○李維翰葦職爲民○賜楊鎬劍餝諭諸邊時議謂鎬工于媢虜拚敗未堪任事○增設遼東巡撫周永春○朝鮮義州鎮制使以奴入犯遼東諜來告○二十二日奴從鴉骨關入圍清河參將鄒儲賢拒守以火器殺賊千餘賊退而復合援遼遊擊張旆戰死賊冒板挖墻城東北角墮叠尸上城儲賢見李永芳招降大罵盡焚衙宇及妻孥領兵戰于城上力屈死之遼陽應調營兵五百併盡止打柴軍二十餘名從北門遁出清河三里之

《三朝辽事实录·清河陷》

（明）王在晋撰。

《三朝辽事实录》中，记载努尔哈赤进攻清河堡时，参将邹储贤率军顽强据守，以火器攻杀后金兵。当后金兵挖破城东北角后，叠尸上城。城破后，邹储贤尽焚衙宇及家眷，力战城上而死的惨烈情形。

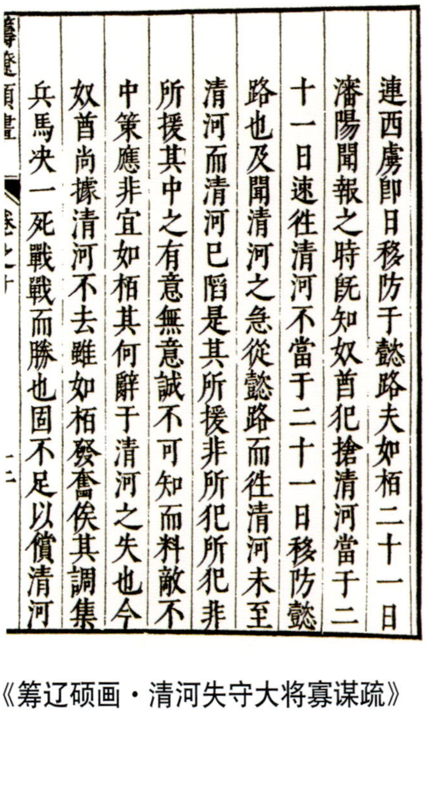

連西虜即日移防于懿路夫如栢二十一日瀋陽聞報之時既知奴首犯搶清河當于二十一日速往清河不當于二十一日移防懿路也及聞清河之急從懿路而往清河未至清河而清河已陷是其所援非所犯所犯非所援其中之有意無意誠不可知而料敵不中策應非宜如栢其何辭于清河之失也今奴酋尚據清河不去雖如栢發奮俟其調集兵馬决一死戰戰而勝也固不足以償清河

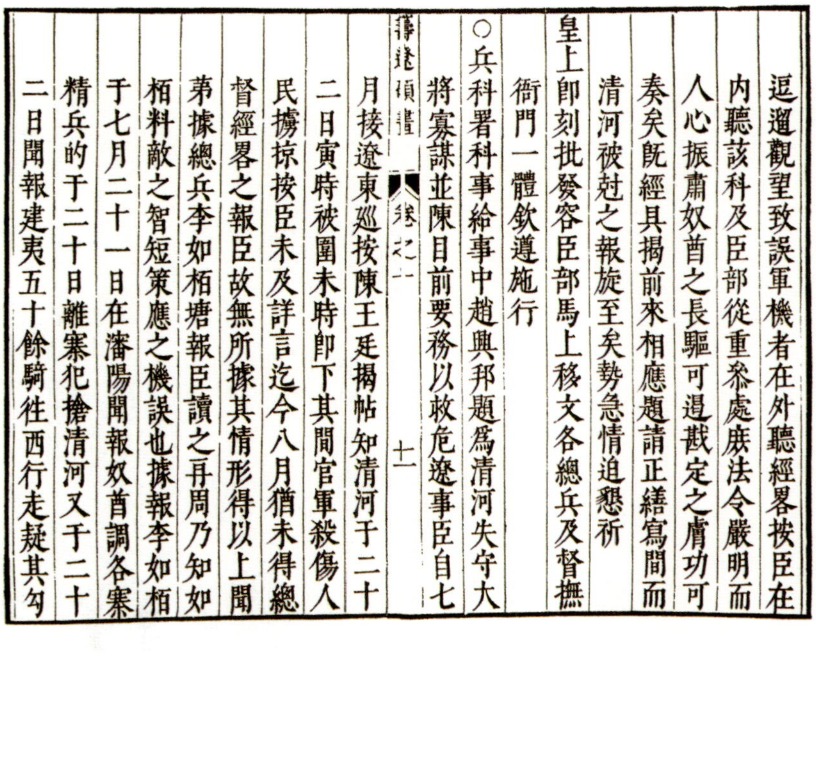

逗遛觀望致誤軍機者在外聽經略按臣在內聽該科及臣部從重叅處庶法令嚴明而人心振肅奴酋之長驅可遏戡定之膚功可奏矣既經具揭前來相應題請正繕寫間而清河被尅之報旋至矣勢急情迫懇祈

皇上即刻批發容臣部馬上移文各總兵及督撫衙門一體欽遵施行

○兵科署科事給事中趙興邦題爲清河失守大將寡謀並陳目前要務以救危遼事臣自七月接遼東巡按陳王廷揭帖知清河于二十二日寅時被圍未時即下其間官軍殺傷人民擄掠按臣未及詳言迄今八月猶未得總督經畧之報臣故無所據其情形得以上聞第據總兵李如栢塘報臣讀之再周乃知如栢料敵之智短策應之機誤也據報李如栢于七月二十一日在瀋陽聞報奴酋調各寨精兵的于二十日離寨犯搶清河又于二十二日聞報建夷五十餘騎往西行走疑其匀

《筹辽硕画·清河失守大将寡谋疏》

清河失守，兵科给事中赵兴邦上疏明廷，参奏总兵李如柏料敌短智寡谋，对努尔哈赤用兵清河之势判断失误，援救不当。

一堵墙堡遗址旧照

努尔哈赤攻下清河堡后，一堵墙堡（今辽宁本溪北甸子乡马城子村）与碱场堡（今辽宁本溪碱场堡乡）官民弃城逃走，努尔哈赤命八旗兵拆毁二堡，使明朝防御建州女真略边的边墙缺口更加扩大。一堵墙堡建于明嘉靖二十五年（1546年），现在所见仅有残垣断壁而已。

《幸存录·努尔哈赤战术》

（明）夏允彝撰。

《幸存录》中，记载了努尔哈赤在萨尔浒之战所采用的战术。面对大军压境的明兵，他采取了集中优势兵力，各个歼灭的作战部署，"凭尔几路来，我只一路去"，最终赢得萨尔浒之战的胜利。

江蘇國學圖書館傳鈔本　第八葉

尤世功功平倫禦徐成名加銜都司李克秦原任遊擊吳貢卿
于守志張昌胤等隸之以分守倫參議閻鳴泰監以督推官鄭
之范贊理此可以攻奴酋之南面從此而東南以寬奠為一路
自凉馬佃出邊以總兵劉綎為主將管寬奠遊擊事都司祖天
定南京六營都司姚國輔山東都司周文原任副摠兵江萬化
鐵雲守備徐九思浙江營守禦周翼明等隸之以海蓋兵備副
使康應乾監督以同知黃宗周贊理而朝鮮兵馬分路並進又
監之以管鎮江遊擊事都司喬一琦此可以攻奴酋之東面若
清河之東鐵阳之西尚有一路亦可以通賊但山險路狹林木
蔽虛止可輕兵出奇張疑設伏听臨時相機調用乃兵馬雖分

神宗萬曆實錄卷五百七十九　八

四路出邊之時須令哨探聲息相聞脉絡相通各道名為監軍
而催儹粮草紀籍功罪招收降人皆其職事又遼阳廣寧係根
本重地則以原任摠兵前府僉書官秉忠與遼東都司張承基
駐遼阳以新參摠兵李光榮駐廣寧各領兵馬以備不虞又以
管屯都司王紹勛摠管運各路粮草分派既定復誓諸神至若
懸賞規格題奉　欽依已經榜示昭然中外耳目且傳檔夷地
矣復將罰約備款榜示者又行明白宣告使共听聞一各路信
地距奴賊寨計道里遠近定出兵日期如違日期者明係逗遛
大將以下領兵皆斬一本雖殺賊收兵見別路為賊所乘不即
救免者明係觀望主將以下領兵官皆斬一主將與將領千把

四九二字

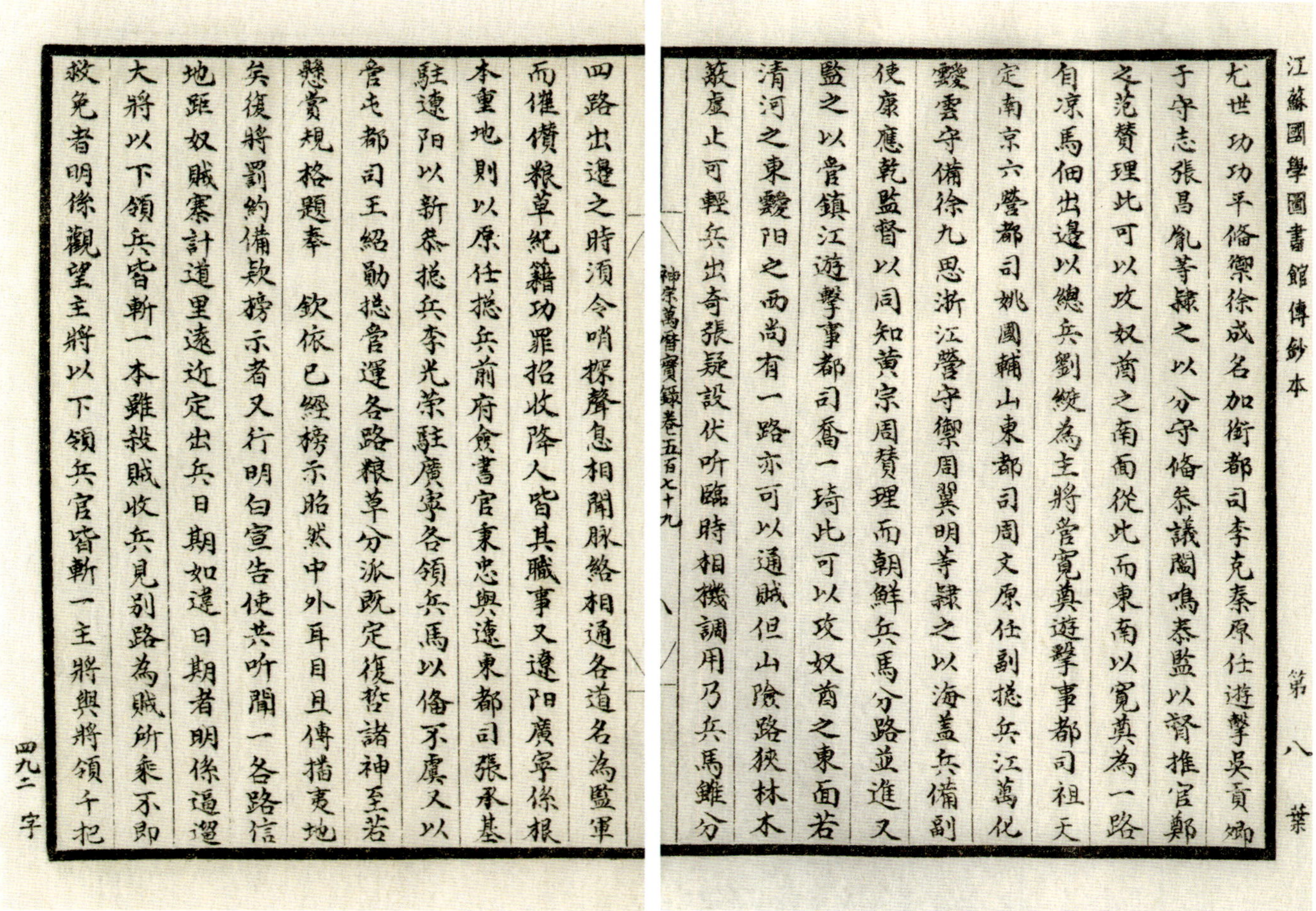

《明实录·杨镐战术》

明经略杨镐对努尔哈赤采取兵分四路，再合营进剿的作战部署，要求各路兵马“出边之时，合探会哨，声息相闻，脉络相通”，令各路军于万历四十七年（1619年，天命四年）三月初二日统一到达二道关会师，然后合营一起向赫图阿拉进军。但这一计划纯属纸上谈兵，东西两路相距达135公里之遥，根本无法信息相通。当杜松军三月二日在萨尔浒激战时，其他三路军还在行军的路上，没有达到预定的集结地点。

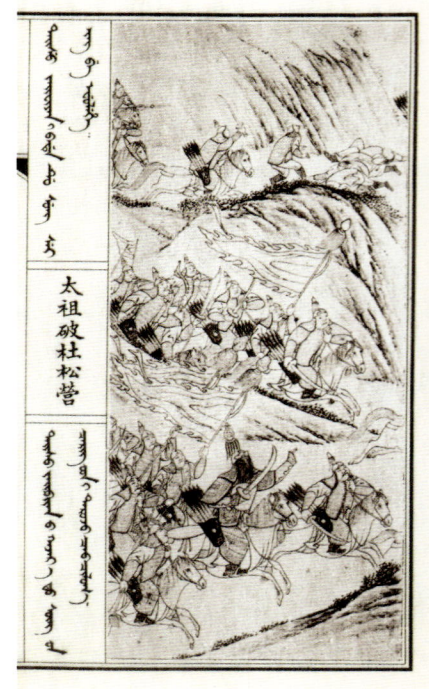

《满洲实录·攻破杜松营图》
　　崇祯八年（1635年，天聪九年）成书，满、汉、蒙三种文体。

　　西路抚顺路主将杜松率兵2万余人，万历四十七年（1619年，天命四年）二十八日由沈阳出抚顺关，从西面进攻赫图阿拉城。此前，努尔哈赤已侦知明军主力必先从西面而来，事先筑堤拦截苏子河水，以备明军渡河时，开堤放水，分割明军。三月一日，杜松军从苏子河西萨尔浒地方无舟徒涉时，金军掘坝放水，把杜松军一分为二。《满洲实录》图绘努尔哈赤亲统3万大军从萨尔浒山上冲向明军大营，围歼未能渡河的明军，明军死尸遍地，余众溃败。三月二日，后金军集中兵力围歼主力军杜松营，杀死杜松及明朝官兵万余人。这次战役及后金军战败明朝的另外三路军的战役总称为萨尔浒之战。

《杜松石刻像》拓片
　　道光七年（1827年）刻，为《沧浪亭五百名贤像》之一。石在江苏苏州。孔继尧绘，谭松坡镌刻。

　　杜松，陕西榆林人，曾是西陲名将，在抵御北元势力方面颇多战功。萨尔浒之战，杜松被任命为山海关总兵。像旁石韫玉所书赞语为"有明故将，辽阳尽节，圣世褒忠，不遗其烈"。

《满洲实录·攻破马林营图》
　　天聪九年（1635年）成书，满、汉、蒙三种文体。

　　北路开原路主将马林，率军3万人，并增调叶赫兵2000人助战，由靖安堡逼近开原、铁岭，从北面进攻赫图阿拉城。但马林庸懦畏敌，不肯快速行军。明万历四十七年（1619年，天命四年）三月初二日，马林闻知杜松军已覆没，便停止前行，率近万兵卒立营尚间崖（今辽宁抚顺哈达乡），另分出潘宗颜营以及杜松另部龚念遂营两路对抗后金军。后金军则分别向三营进击，龚念遂营覆没，马林逃跑，只有潘宗颜继续战至兵败而死。《满洲实录》描绘了努尔哈赤率骑兵冲向明军，马林营兵只顾逃跑，丢弃许多火炮的场面。

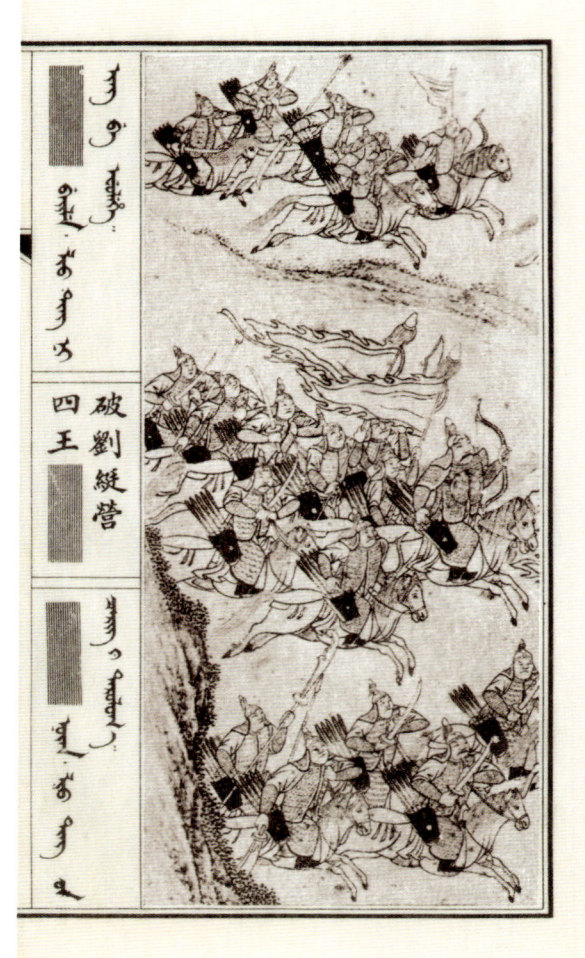 

《满洲实录·攻破刘𬘩营图》

　　东路宽甸路主将是以忠勇著称的刘𬘩，但明统帅杨镐心胸狭隘，处处为难刘𬘩，不等其亲军集结，就下令其率一万余人的疲弱之师，由凉马甸会合由姜弘立率领的朝鲜军13000人，从东面进攻赫图阿拉城。朝鲜军以军粮不济为由，延误军期。刘𬘩进军途中又受到努尔哈赤设伏阻击。明万历四十七年（1619年，天命四年）三月初四日，努尔哈赤派人到刘𬘩营中，诈报杜松军已如期到达赫图阿拉，敦促刘𬘩快速进军。刘𬘩不知是计，急催将卒火速行军，都进入后金在阿布达里岗（辽宁新宾榆树乡嘎巴赛村南七里处）布下的包围圈。《满洲实录》描绘四贝勒皇太极率后金军凭险围攻刘𬘩营，刘𬘩身中数箭，面颊被砍，力竭而死，明军大败。

萨尔浒之战遗址

当年激战的萨尔浒古战场,现已淹没在大伙房水库中。

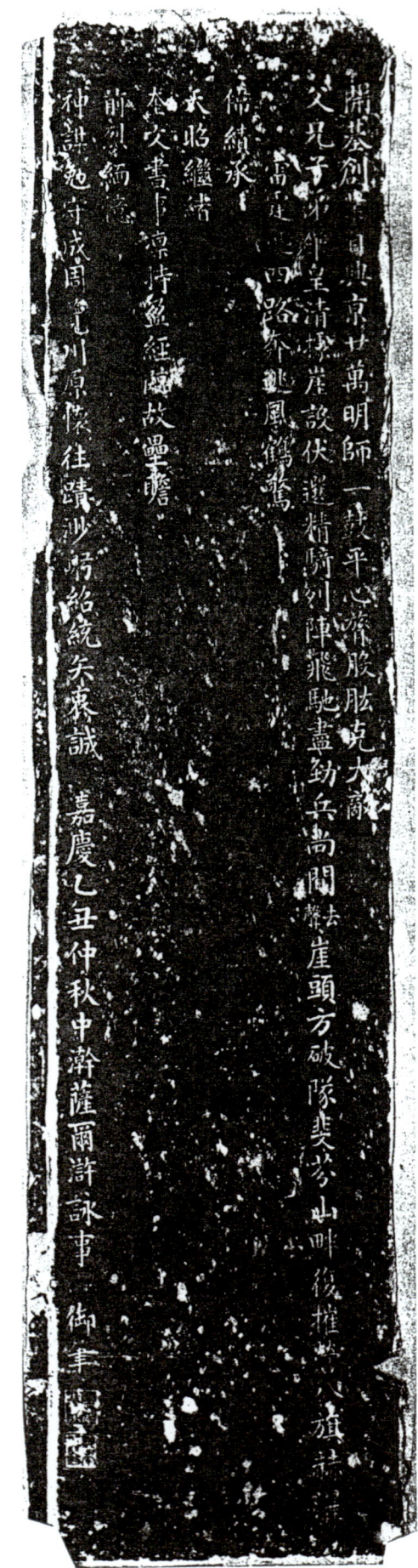

萨尔浒之战书事碑

碑高152厘米，座高80厘米，宽217厘米，厚32厘米。碑阳刻汉文，碑阴刻满文。沈阳故宫博物院藏。

乾隆帝为纪念其先祖在萨尔浒之战的光辉业绩，于乾隆四十一年（1776年）在辽宁抚顺东60里萨尔浒村南古战场立碑，并建碑亭。乾隆帝在碑文中，追述此次战役全过程，盛赞其先祖努尔哈赤英勇善战。萨尔浒古战场被大伙房水库淹没前，碑移存沈阳故宫博物院。

《嘉庆帝咏萨尔浒之战御制诗刻》拓片

嘉庆帝颙琰撰文并书，嘉庆十年（1805年）八月刻于萨尔浒之战碑侧，诗中颂扬了先祖创业的丰功伟绩。

《太祖大破明师于萨尔浒山之战书事》

（清）弘历撰。嘉庆朝武英殿满汉合璧刻本。故宫博物院藏。

嘉庆朝以满、汉两种文字，刻印了乾隆皇帝弘历对萨尔浒之战所撰的文章，以此作为后世君臣缅怀祖先创业维艰的读本。

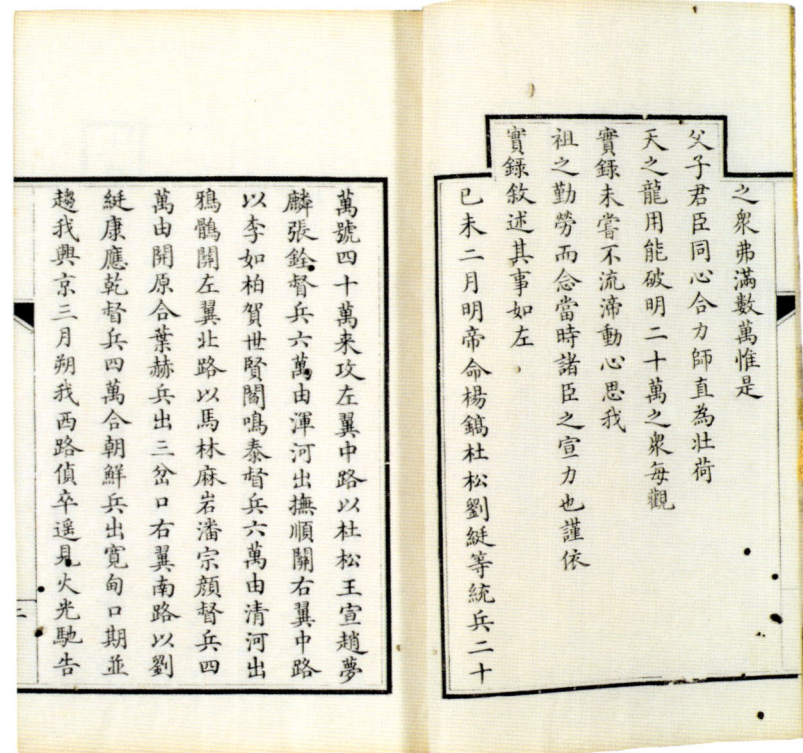

二　进军辽沈

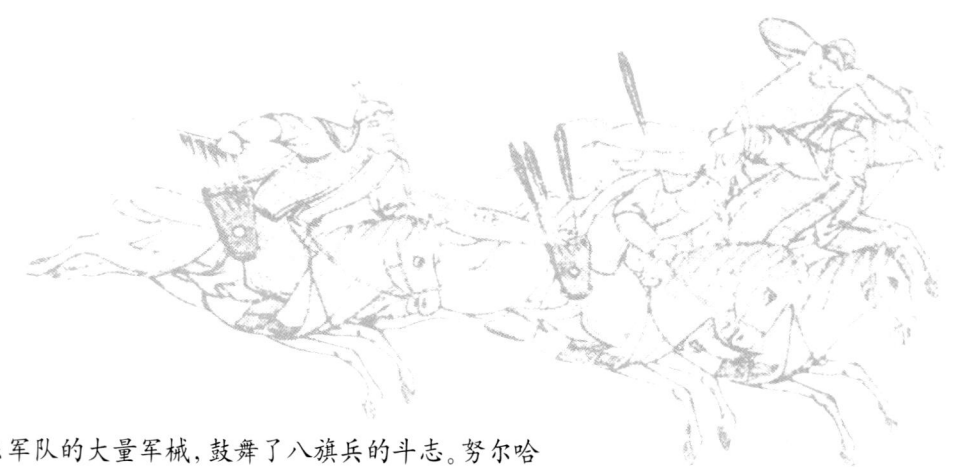

　　萨尔浒之战使后金军获得明朝辽东军队的大量军械，鼓舞了八旗兵的斗志。努尔哈赤为进一步扩大战果，明万历四十七年（1619年，天命四年）六月，率兵进攻明辽东重镇开原。萨尔浒之战败将马林负责戍守开原，不积极备战，该城很快即被攻破。在侦知铁岭防守空虚后，七月，努尔哈赤率军围攻铁岭，他采取攻城与攻心双管齐下的战术，不日铁岭城破。

　　两镇陷落，明廷震惊，遂派熊廷弼经略辽东防务。他任职一年多，采取了一系列措施，辽东防务有了极大改观。熊廷弼正待大举复辽，却陷入朋党之争被罢黜。这为努尔哈赤进攻沈阳、辽阳提供了契机。明天启元年（1621年，天命六年）三月十日，后金倾全国之兵，顺浑河而下，步骑并进，十二日开始围攻沈阳。努尔哈赤没有强攻熊廷弼营治的坚城，而是先以羸兵诈败，诱守军出城，再以重兵四面包围。沈阳守将贺世贤落入圈套，两日之间，沈阳城破。后金军乘胜于三月十九日包围明辽东首府——辽阳。努尔哈赤率兵佯攻山海关，假作直逼京师之势。明辽东经略袁应泰亦未能识破努尔哈赤计谋，而是督兵五万出城西五里处集结，以备追击。努尔哈赤迅速回军以骑兵实施野战，城外明军被击溃。后金军随即集中兵力，分作两翼，从东西向夹击辽阳城。激战三日，辽阳城破。努尔哈赤攻下沈阳、辽阳两城，由此占领了除辽南四卫而外的明辽河以东汉区，后金国的发展进入一个崭新的历史时期。

《徐光启画像》轴
明人绘。

徐光启（1562—1633年），字玄扈，上海人。萨尔浒之战，杨镐四路丧师，京师大震。徐光启多次上奏，主张练兵以靖难报国，被破格提升为少詹事兼河南道御史后，在通州练兵。但是魏忠贤阉党多方掣肘，朝廷也不给予有力支持，历时两年，无所成就。至熹宗即位，其练兵报国之志仍不得施展，无奈以疾病为由，告归乡里。辽阳城破，徐光启约请西洋人多铸大炮，令边将固守城池。至崇祯朝再次申述练兵之说。这位科学先驱，以忧国忧民之心，屡申报国尽忠之志，却始终得不到朝廷的首肯。明朝之败，不在敌方，而在自己！

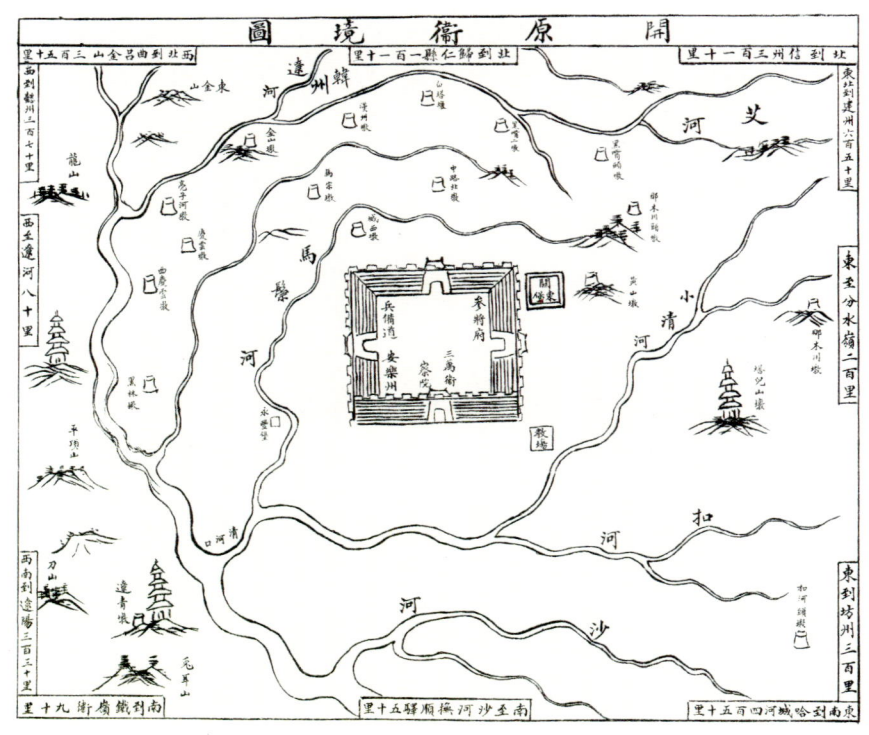

《全辽志·开原卫境图》
明嘉靖四十四年（1565年）李辅撰。

开原城是明朝在辽东北部的要冲，与广宁、辽阳同为东北三大重镇。其城东、西、北三面为女真与兀良哈蒙古包围，明廷以此地为控制各外"夷"的重镇。当努尔哈赤攻克该城时，表明明廷不仅是对一个开原城的管理失控，而且是对包括开原以北大面积地域的控制瘫痪。

《满洲实录·攻克开原城图》

明崇祯八年（1635年，天聪九年）成书，满、汉、蒙三种文体。

明万历四十七年（1619年，天命四年）六月初十日，努尔哈赤率兵4万人向明开原城进发。守城官马林既胆小如鼠，又不认真设防，而是把希望寄托在西部蒙古人的增援上。当后金军兵临开原城时，马林未据城墙固守，反而把兵士布列在城门以外。这种野战的部署非常适合后金发挥八旗铁骑纵马冲锋的特长，马林以己之短攻敌之长。《满洲实录》描绘后金军在开原城下勇猛冲杀，城门外对抗的明军不堪一击，或中箭而仆，或拔腿逃跑；对马林防守失去信心的城中居民挈妻携子出逃。

明开原城遗址旧照

在今辽宁开原老城，20世纪70年代见到的当年开原城如此残破的遗址。

《三朝辽事实录·开原陷》

（明）王在晋撰。

《三朝辽事实录》记载明万历四十七年（1619年，天命四年）六月十五日，努尔哈赤率数万骑兵从静安堡趋开原境，乘虚直薄开原城下。王在晋在书中记述开原城防空虚，当后金军突然围城时，已猝不及防。开原城守将马林及游击官于守志、于化龙等明军将领十余人均遭死难。

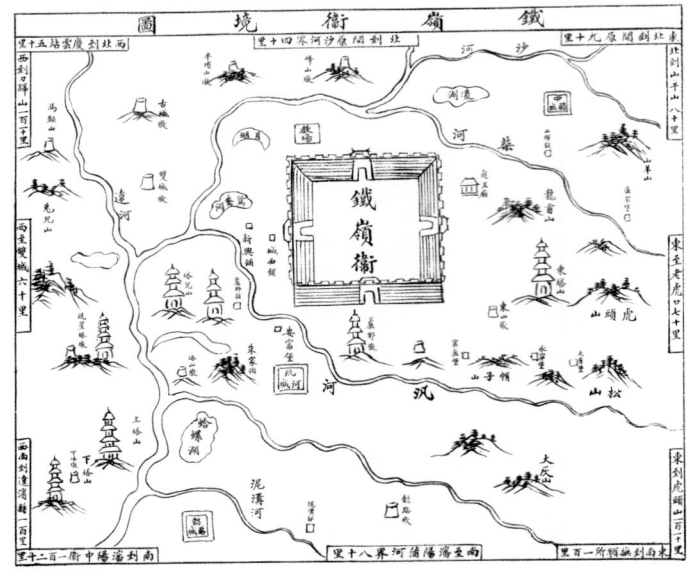

《全辽志·铁岭卫境图》

明嘉靖四十四年（1565年）李辅撰。

该图绘制了明代铁岭卫城及其周围的山川形胜。

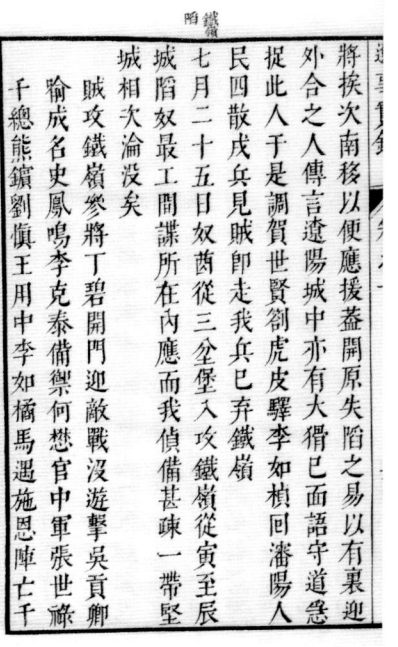

《满洲实录·攻克铁岭图》

明崇祯八年（1635年，天聪九年）成书，满、汉、蒙三种文体。

《三朝辽事实录·铁岭陷》

（明）王在晋撰。

开原失陷，辽东只剩下铁岭、沈阳、辽阳三座互不相邻的孤城。努尔哈赤侦知铁岭城守空虚，而沈阳、辽阳城固兵众，决定乘胜先进攻铁岭。明万历四十七年（1619年，天命四年）七月二十五日，后金兵进攻铁岭。铁岭守将请求驻守沈阳的总兵官李如桢增援，但李如桢按兵不动。金军竖云梯强攻，明守军顽强抵抗，城破后，双方进行了激烈的巷战，战斗十分惨烈。明驻守兵士战死4000余人，铁岭城陷落。《满洲实录》图绘后金兵利用云梯登城，以及城内进行巷战的情形。

《三朝辽事实录》中记载，后金利用内奸收买守城参将丁碧，使其开门迎接后金八旗军队，铁岭遂陷落。

《熊廷弼画像》
明人绘。

熊廷弼（1569—1625年），字飞白，湖广江夏（今湖北武昌）人，明万历二十六年（1598年）进士。他有胆有识，为人刚直不阿，为事严明不怠。萨尔浒惨败后，明廷再失开原、铁岭，以熊廷弼代杨镐为辽东经略。熊廷弼就职辽东后，亲自巡历战地形势，整肃军纪；筹措粮饷，招募流亡；修整军械，缮治城池；布兵固守，相机进征；任用本地军官，联合朝鲜，利用蒙古势力，辽东防务从此有了极大改观。使努尔哈赤不敢对沈阳、辽阳轻举妄动。由于明廷党争，熊廷弼被排挤下台。辽东经略易为不谙兵事的袁应泰，这对努尔哈赤来说，有如天赐良机。明天启元年（1621年，天命六年），沈阳、辽阳失守后，再次任用熊廷弼经略辽东，但受到广宁巡抚王化贞的掣肘，复辽计划难以实施。广宁失守，明廷把罪责都加在他的头上，三年后被冤杀，并传首九边。

《按辽疏稿》
（明）熊廷弼撰。

熊廷弼为挽救辽东局势，不断向朝廷疏陈拯救辽东危局的方略，后汇编成书，共6卷，论及用人、抚赏、防务、粮马、屯田等诸多方面。熊廷弼为恢复辽东，可谓呕心沥血。

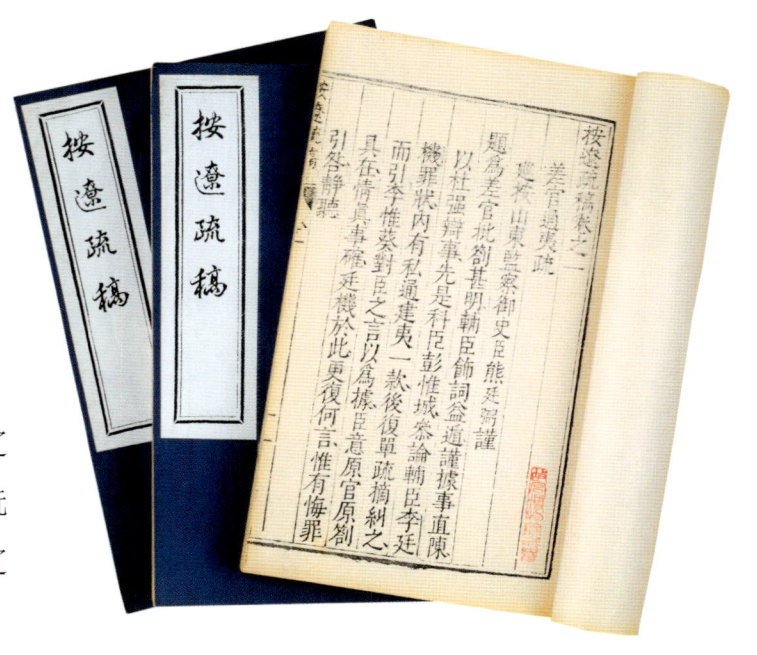

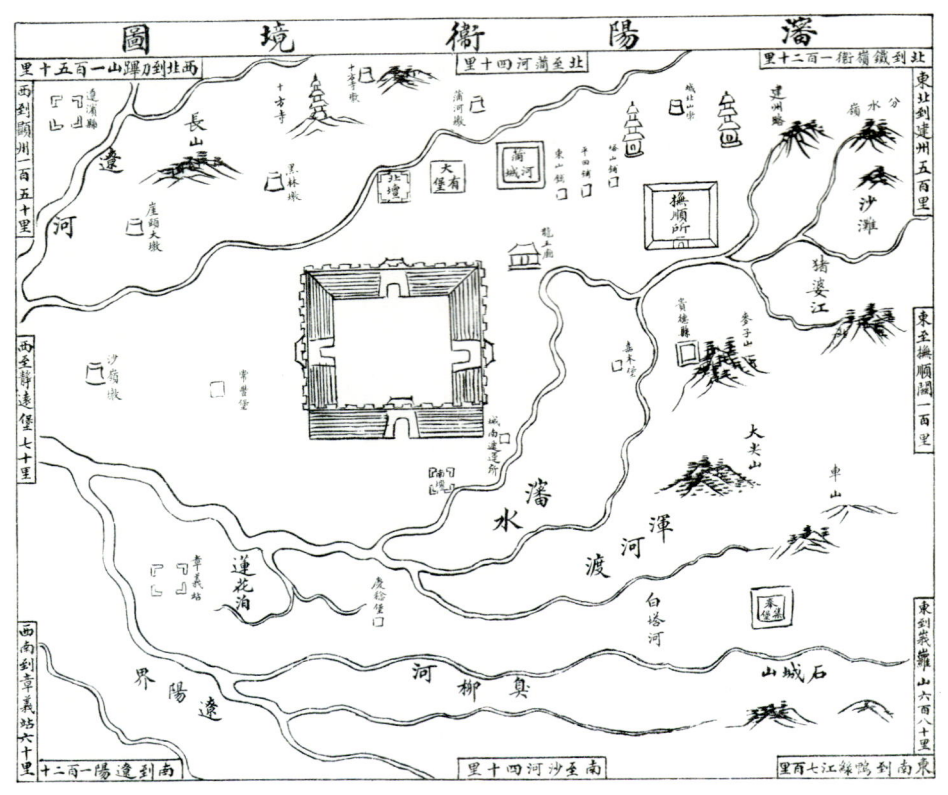

从《沈阳卫境图》可见,奉集堡(今辽宁沈阳苏家屯区陈相乡奉集堡村)、虎皮驿、沈阳三镇互为犄角。熊廷弼经略辽东,于虎皮驿设防,以扼辽、沈。明天启元年(1621年,天命六年)二月十日,努尔哈赤率数万骑兵,由萨尔浒城出发,掠奉集堡,至武靖营(今辽宁沈阳苏家屯区八一乡武靖营村)而归。十六日又掠虎皮驿,作进攻沈阳的试探性行动。若前两处失陷,沈阳即孤。

《全辽志·沈阳卫境图》

明嘉靖四十四年(1565年)李辅撰。

沈阳中卫中左千户所百户印

铜质,板钮。长7.2厘米,宽7.2厘米,高6.9厘米。辽宁省博物馆藏。

"沈阳中卫中左千户所百户印"印文

印面九叠篆"沈阳中卫中左千户所百户印"。

沈阳中卫即今辽宁沈阳,为明辽东25卫之一。这方印是明正统二年(1437年)制造,颁发给百户官执掌的印信,是明廷对辽东进行有效统治的权柄之一。

太祖太宗朝

《满洲实录·攻克沈阳图》
　　明崇祯八年（1635年，天聪九年）成书，满、汉、蒙三种文体。

　　明天启元年（1621年，天命六年）三月十二日，努尔哈赤率八旗兵临沈阳东城下。面对沈阳坚城，努尔哈赤未敢贸然强攻。而明守城总兵官贺世贤轻敌无谋，率家丁千余人出城野战。努尔哈赤采取以羸兵诈败，诱敌轻进，然后再以重兵围攻的策略，终至贺世贤军败绩。城内的蒙古降卒借机哗变，助金兵入城，城中又有内应，沈阳城破。明朝正副总兵官贺世贤、尤世功等多名将领战死。《满洲实录》图绘的是后金兵在城外射杀明军的场面。

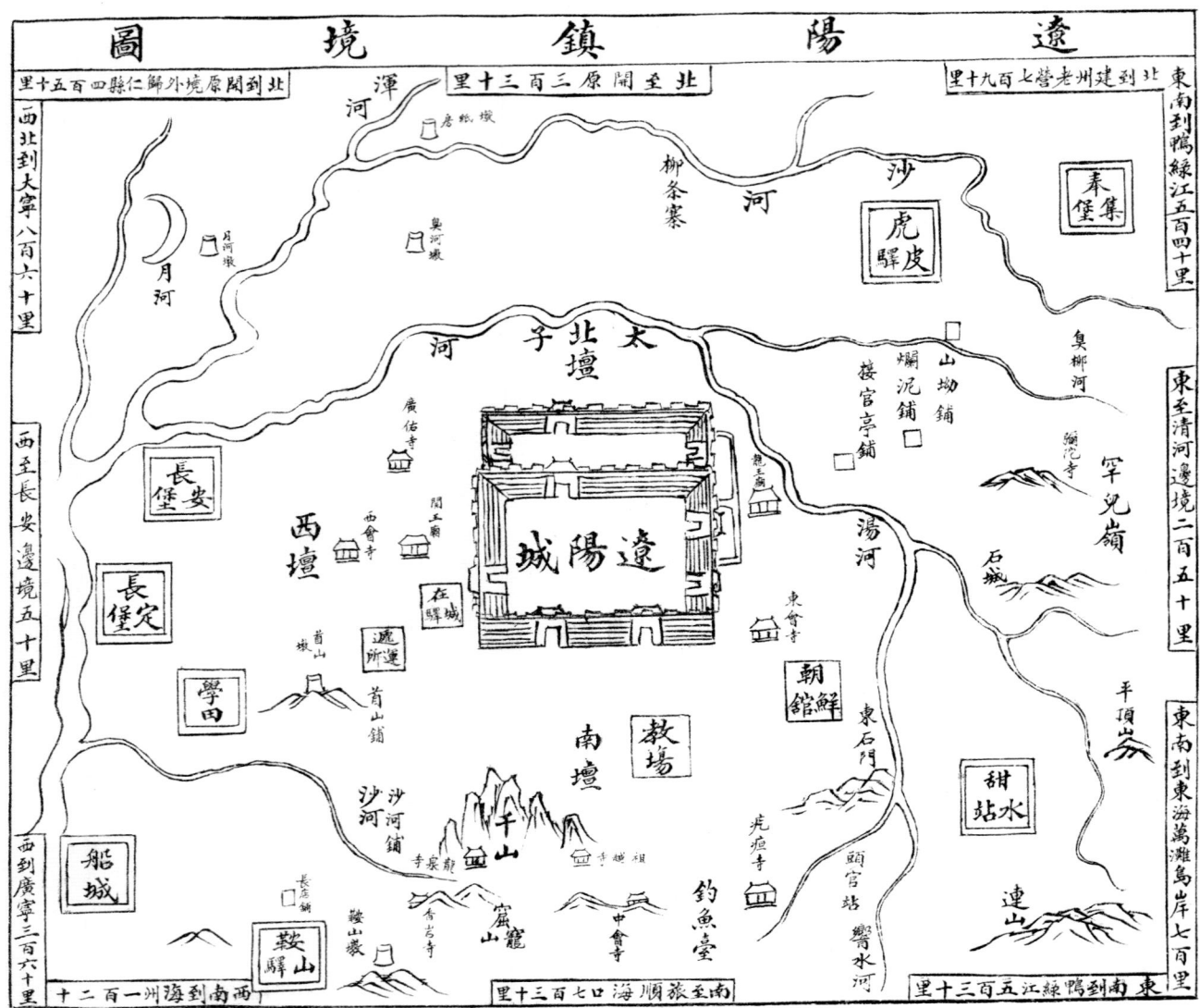

《全辽志·辽阳镇境图》

明嘉靖四十四年（1565年）李辅撰。

太子河绕经辽阳城，从西北至东南蜿蜒而过，是辽阳城的一道天然屏障。

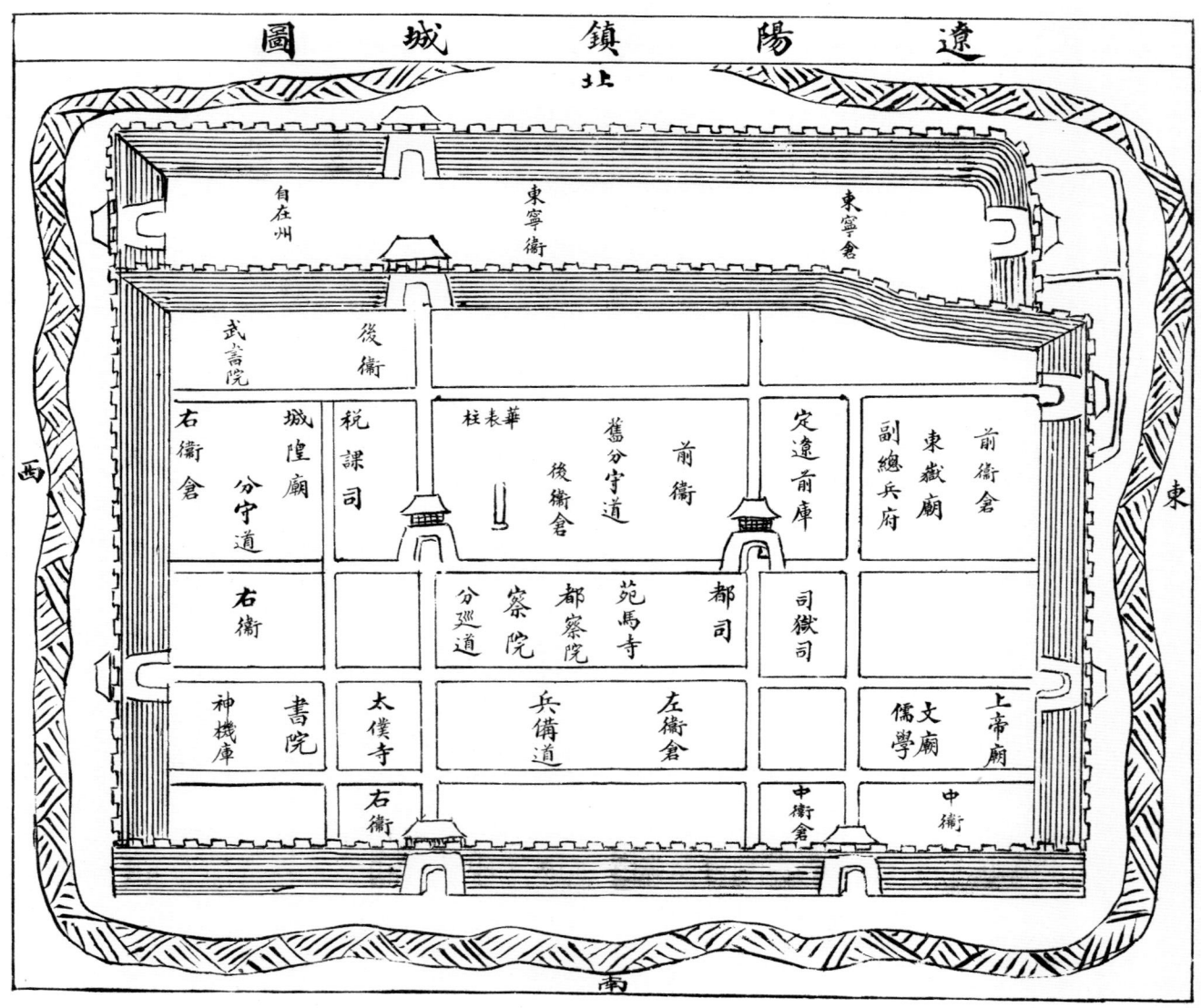

《全辽志·辽阳镇城图》

明嘉靖四十四年（1565年）李辅撰。

《辽阳镇城图》中，标注出明廷在辽东设置的各种衙署，它们是统辖整个辽东地区的总机关。从图上可见绕城一周的护城河，是该城城防的重要设施。当后金的铁骑冲向辽阳时，护城河的防御作用显得微乎其微，根本不堪飞踏。

定辽左卫镇抚印

　　铜质，板钮。长7.6厘米，宽7.6厘米，通高9.4厘米。1982年辽宁本溪出土。辽宁本溪博物馆藏。

"定辽左卫镇抚印"印文

　　印面九叠篆文"定辽左卫镇抚印"。

　　定辽左卫为明代定辽五卫之一，治所在今辽宁辽阳。明代卫所制度中，卫指挥使司内设镇抚司。该印明万历七年（1579年）十一月制造。

 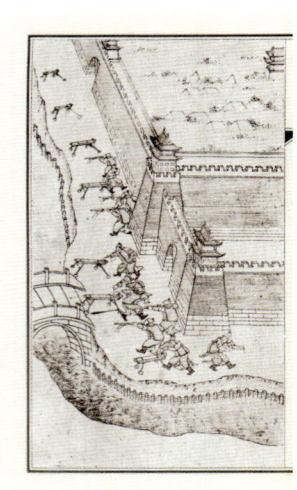  

《满洲实录·攻克辽阳图》

　　明崇祯八年（1635年，天聪九年）成书，满、汉、蒙三种文体。

　　明天启元年（1621年，天命六年）三月十八日，后金军开始向辽阳城挺进。明辽东经略袁应泰与巡按御史张铨组织13万人守城，以辽阳城西北武靖门一带的太子河为屏障，堵截后金兵渡河，并引太子河水灌满护城河，在城外环列火炮。努尔哈赤回避强攻硬拼，十九日，佯装率兵出山海关，进攻京师。袁应泰未能识破努尔哈赤之计，派大兵追击努尔哈赤。金兵铁骑回击，野战中明军大败。当晚，后金兵逼近辽阳城，以左右两翼分别进攻西、东城。次日，袁应泰出东城牵制金军，在东山攻打金军，野战中袁应泰再次惨败。傍晚，西城火药起火，守军溃乱，努尔哈赤乘机入城。袁应泰与张铨虽在东城继续顽强抵抗，但终未能扭转战局，袁应泰在东城镇远楼自焚，张铨回到巡按衙门被俘，不屈而死。明朝辽东的统治中心辽阳城的失陷，是明朝在辽东的最大损失。《满洲实录》图绘的是后金军与明军在城外护城河一带激战的情形。

明辽阳镇城北门城墙遗址旧照

明代辽东镇城墙为砖石包砌。经过后金与明激战损毁,以及300多年岁月的自然侵蚀,城墙已成这等残垣断壁。北门处尚存的墙基,高9米,底基宽6米,由此可以想象当年辽阳城的规制。

《清太祖高皇帝实录·张铨不屈》

辽阳之战,明金经过激烈争夺,西城首先被攻破。三月二十一日,袁应泰与巡按御史张铨组织残部在东城继续抵抗。败局已定,无可挽回之际,袁应泰在东城镇远楼自杀殉职,张铨回巡按衙署被俘。李永芳、皇太极、努尔哈赤等人轮番劝降,试图使张铨归附后金,投靠效命,但张铨严词拒绝,自缢殉国。

《藤阴杂记·京师三忠祠》

〔清〕戴璐撰。

《藤阴杂记》中记载，张铨家乡父老在京师建三忠祠，以祭奠捐躯辽东的山西籍将领张铨等人。三忠祠位于今北京宣武区骡马市大街三晋会馆内。

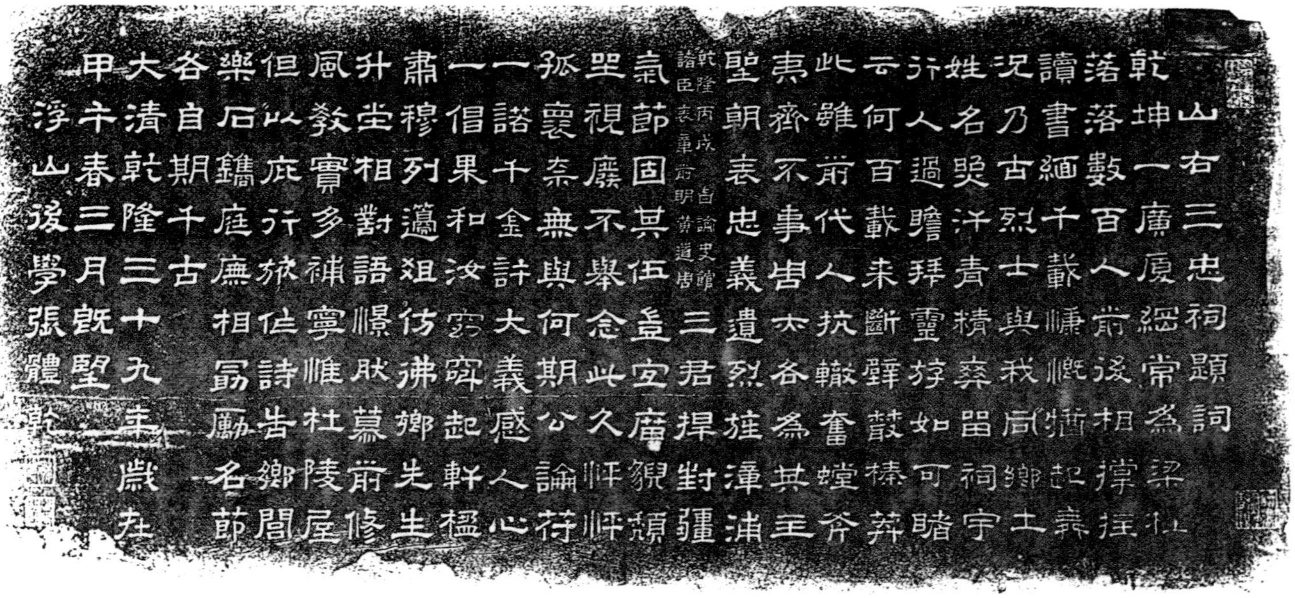

《山右三忠祠题词》拓片

乾隆三十九年（1774年）三月十六日刻。张体乾撰并隶书。题词为五言诗。

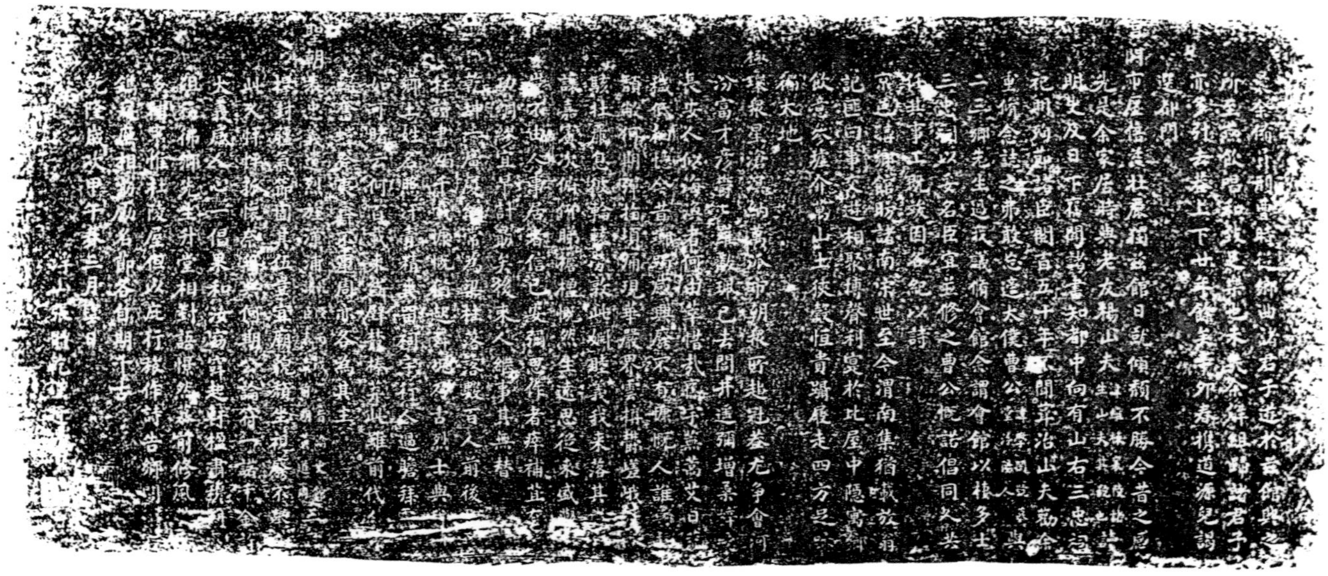

《三忠祠诗并记碑》拓片

乾隆三十九年（1774年）三月十五日刻。张体乾撰并隶书，追记三忠祠堂的由来。

三 辽西争战

后金攻下沈阳、辽阳后,在辽东立稳足跟,开始进一步向辽西扩大战果,兵锋指向广宁。

辽、沈失陷后,明廷为确保辽西屏障广宁城,只好重新起用熊廷弼经略辽东军务。熊廷弼主张实行"三方布置策",即陆上以广宁为中心,集中主要兵力对抗后金军主力;再从海上牵制后金;并动员各种力量,扰乱金国后方,乘势反攻。但有便宜行事之权的广宁巡抚王化贞对熊廷弼进行多方掣肘。努尔哈赤侦知广宁经抚不合,于明天启二年(1622年,天命七年)率军进攻广宁。王化贞拒不执行熊廷弼的以重兵镇守广宁城的防御安排,弃守广宁坚城,以全部兵力野战,大败。游击官孙得功叛明投金,献出广宁城。

辽东危机急需良将,孙承宗、袁崇焕先后自荐戍辽获准。二人莅任后,重振辽西防务,图谋大举复辽。但不肯交结阉党的孙承宗再遭罢黜,由比附阉党的高第代替。高第尽撤关外兵马,退守山海关,惟有宁远城守将袁崇焕拒撤。

明天启六年,后金军进围宁远城,以身披双重铁甲的"铁头子"军为先锋,在楯车掩护下挖凿城墙。袁崇焕指挥明军凭坚城施火炮轰击后金军。努尔哈赤遭到惨败,被迫撤军,回兵途中袭击了明军屯粮城觉华岛(今辽宁兴城菊花岛乡)。宁远城惨败,使努尔哈赤终于在郁闷中结束了戎马一生;也使八旗兵对明军产生了畏惧心理,促使新汗皇太极重新审视后金与明朝军事实力的对比,策划新的战略。

《全辽志·广宁镇城图》

明嘉靖四十四年（1565年）李辅撰。

明代广宁城曾是辽东总兵官、辽东镇守太监、辽东巡抚等衙署所在地。凡在兀良哈蒙古及女真各部设置羁縻卫所，以及其首领职官的升黜、承袭，敕书的发放，朝贡事宜的监管与上奏，均在此城办理。

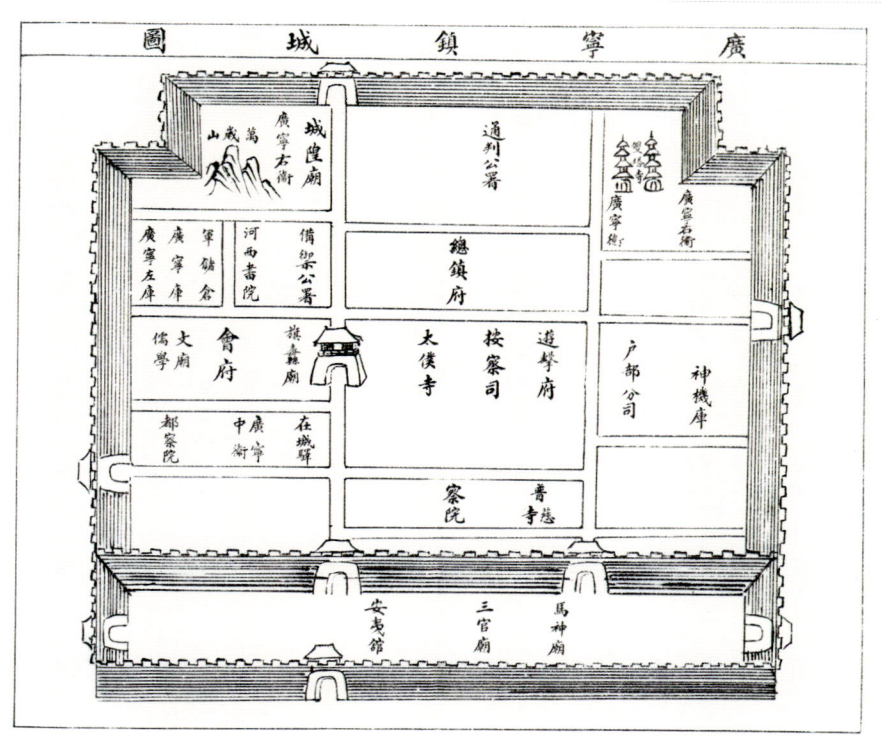

《满洲实录·广宁官生出城纳降图》

明崇祯八年（1635年，天聪九年）成书，满、汉、蒙三种文体。

努尔哈赤在侦知明辽东经抚不合，广宁战守不定后，决定乘机西渡辽河，进攻广宁。明天启二年（1622年，天命七年）正月十八日，努尔哈赤率军向重镇广宁进发，两天后包围辽河西岸的广宁城前沿西平堡。努尔哈赤一面堵截明援军，一面急攻西平堡。王化贞拒不执行熊廷弼的以重兵镇守广宁城的防御安排，轻信游击官孙得功的建议，弃守广宁坚城，以全部兵力救援远离广宁城，而与西平堡毗邻的镇武堡，野战大败。孙得功叛明投金，献出广宁城。二十四日，努尔哈赤率军进入广宁城。《满洲实录》图绘广宁城内官生居民，执旗张盖，抬龙亭，奏鼓乐，叩首迎谒努尔哈赤率领八旗军入城。此次归降的有广宁城附近40余城堡的官员与属民。后金占领广宁城可谓兵不血刃，唾手而得。

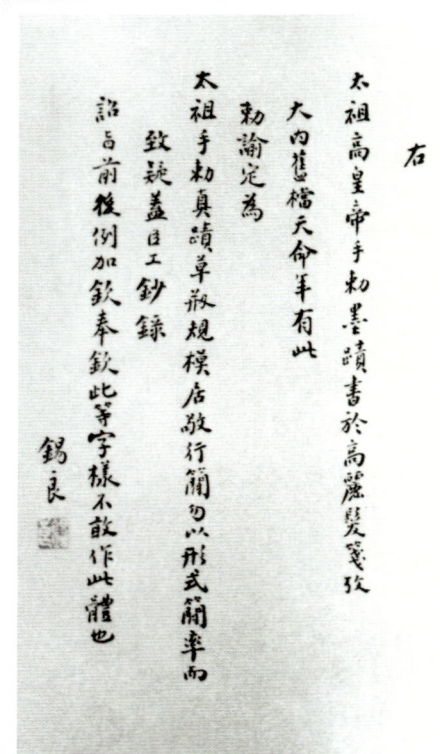
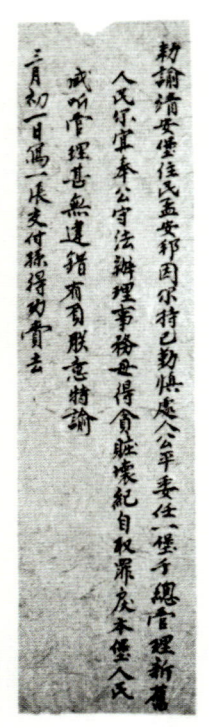

《清太祖努尔哈赤给孙得功的敕谕》
沈阳故宫博物院藏。

孙得功投降努尔哈赤后,被授予游击官,令其管辖降众,努尔哈赤任命孟安邦为靖安堡千总官的敕谕,由孙得功前往宣示。

广宁城在今辽宁北宁。明广宁城洪武二十五年(1392年)建成后,经过多次修葺与增建。清初基本仍旧,乾隆间再次修葺,此后固定未变。这段城墙是乾隆时城墙残存,共长380米。

广宁城遗址

《王在晋石刻像》拓片

道光七年（1827）刻。为《沧浪亭五百名贤像》之一，石在江苏苏州。孔继尧绘，谭松坡镌刻。

王在晋，字明初，江苏太仓人，明万历二十年（1592年）进士。广宁失陷，明廷将王化贞逮捕，熊廷弼革职听勘，以王在晋为兵部尚书兼都察院右副都御史经略辽东。但王在晋对辽西局势悲观失望，不信任辽东旧将，只想依赖蒙古兵对抗后金兵，并且采取退缩的方针，拟弃守宁远（今辽宁兴城）与前屯（今辽宁绥中），在山海关外八里处再筑一座关城派重兵把守，以御山海关城，戍卫京师。由于计划遭到多数人的反对，迟迟无法实施，于是陷入进守不定的状态，以至于戍辽半载，庸碌无为。石刻像旁石韫玉所书赞语，不足以改变他戍守辽西无功的历史。

《三朝辽事实录》

（明）王在晋撰。

这部编年体史书，记事起于明神宗万历四十六年（1618年，天命三年）四月，迄于天启七年（1627年，天聪元年）十二月，共历万历、泰昌、天启三朝十年间有关辽东战事，17卷，附《总略》1卷。王在晋在该书《凡例》中称，以亲身所历著述较之馆臣所著国史更为可靠，并正有关辽事的各种争论之视听。书中虽有意夸大他个人在经略辽东时的功绩而诋毁孙承宗，但其中收集、保存了大量史料，而为研究此段历史的案头书。

《孙承宗像》册页

　　孙承宗（1563—1638年），字稚绳，高阳（今河北保定）人，明万历朝进士，天启二年（1622年，天命七年）任兵部尚书。一向关注辽东局势，曾出关实地考察，认为只有守住关外才是上策。孙承宗奏报王在晋不堪任，自请督师，得到朝廷的旨准，被派往经略辽东。他对辽东的战略部署为：固守宁远城与觉华岛，屯以重兵，储备粮草；再有效利用附近的山势地形，遏制后金军于山海关以外200多里，终极目标为恢复整个辽东。他重用辽东旧将，令其屯田驻守；编练营伍，积储粮草；整治军械，并把山海关的守战器械东移到前屯卫城与宁远卫城；任用袁崇焕、满桂、祖大寿加固与守卫宁远城。孙承宗经营辽东四年，修建城堡数十，初步完成了关外防御体系。正待恢复辽东，却因他不阿附权阉魏忠贤之党而遭到弹劾去职，复辽计划夭折。明崇祯二年（1629年，天聪三年），后金军突破大安口进入关内，明廷再次起用他防守通州，镇守山海关，陆续收复永平（今河北卢龙县）、迁安、滦州（今河北滦县）、遵化等地，崇祯四年又一次罢职归乡。崇祯十一年（1637年，崇德二年）清兵奔袭关内，绕过长城入京师，进攻其家乡高阳，他率全家拒战，城破自杀殉国。

《车阵扣答合编》

（明）孙承宗撰。

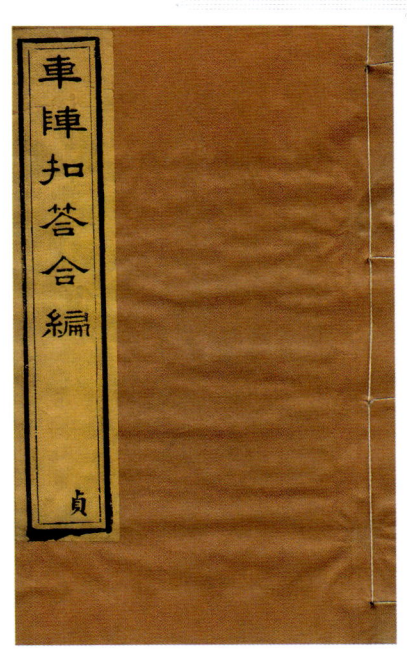

《车阵》与《扣答》原为两书，均是孙承宗督师辽东时所撰，同治朝把两书合编一起，分为元、亨、利、贞四册。《车阵》即各种战车阵势，《扣答》为108则问答，由孙承宗拟设各种军事问题，孙承宗的参佐幕僚鹿善承、茅元仪、杜应芳等人回答采用何种制敌战术。参与此书校对的也是当时军事将领，即孙承宗任用的前左中右后部总兵官尤世威、马世龙、王世钦、赵率教。孙承宗作为一名军事家，精熟于军事布阵与营伍建设。他在关外四年，训练了诸如车营、水营、火营、前锋后劲营等兵种。有关各种营阵在这一书中多有记述，可见其精于韬略。然而由于明朝的腐败，却未能在恢复辽东时付诸实践。

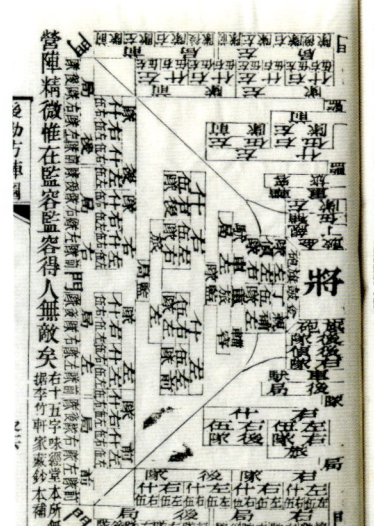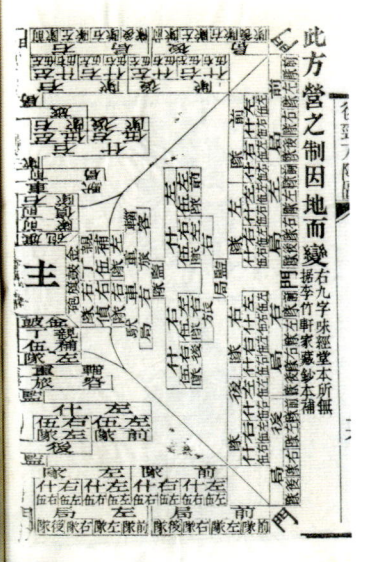

《车阵扣答合编·后劲方阵图》

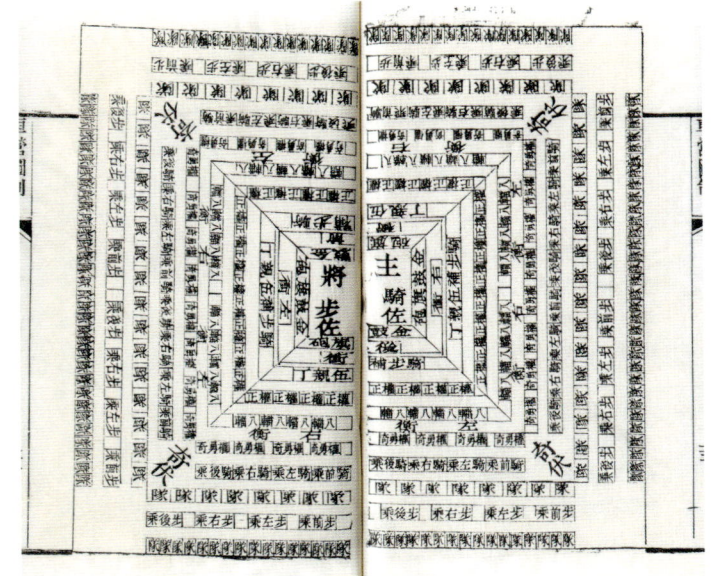

《车阵扣答合编·骑兵配合车阵图》

《袁崇焕画像》轴

袁崇焕（1584—1630年），字元素，广西藤县（祖籍广东东莞）人。明万历四十七年（1619年，天命四年）进士，授为福建邵武知县。但他一向关注辽东局势，明天启二年（1622，天命七年），趁赴京大计之机，单骑出塞外，巡阅关外形势，回京后请缨出关守辽。明廷破格提升为兵部职方司主事，不久又升为山东按察司佥事山海关监军。孙承宗经略辽东后，任其督军民加固宁远城，使一度荒凉凋敝的宁远城成为明朝的边外重镇坚城，在抵御后金南进途中成为不可逾越的屏障。当侦知后金军将要进攻宁远城，他作了周密安排：以重兵1万多人固守宁远坚城，配备火炮为主的各种火器；运军粮屯储于觉华岛，派水师4大营守卫，并沿岛凿碎冰层7.5公里，以防后金军履冰上岛。他刺血为书，激励将士誓死守城；尽焚城外民居，清野以待敌军。全城兵士誓死决战，终以凭坚城，用红衣（夷）大炮击溃来犯的后金军，获得宁远大捷，后又取得宁锦大捷与保卫京师之捷。

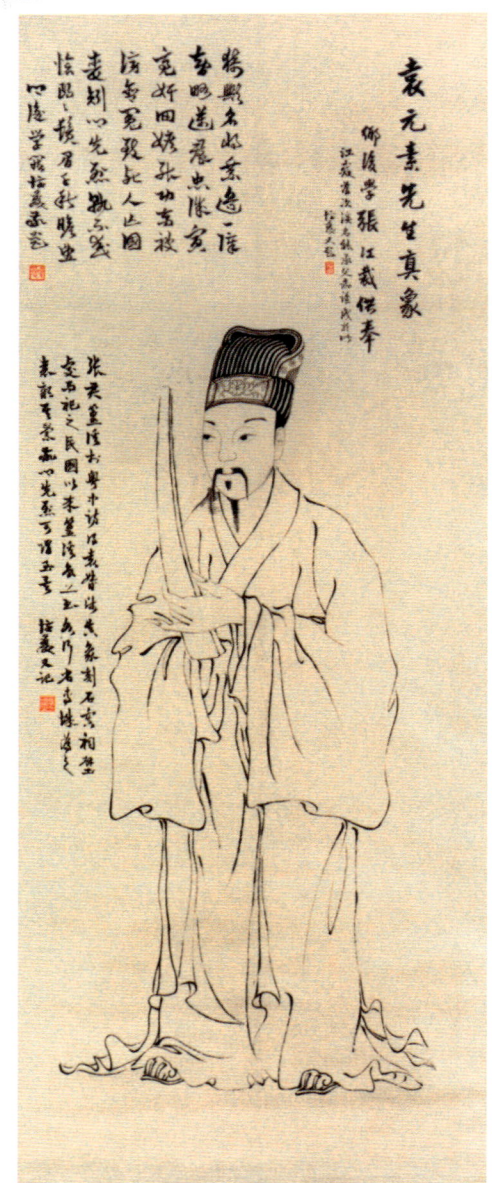

聚奎塔

袁崇焕题写的聚奎塔匾额

袁崇焕在福建邵武任知县时，为该县聚奎塔题写了匾额"聚奎塔"三字，高悬其上，这是后世罕见的袁崇焕书迹之一。

位于今福建邵武和平镇天符山上，是当时袁崇焕聚会奎英、报效国家的实物见证。

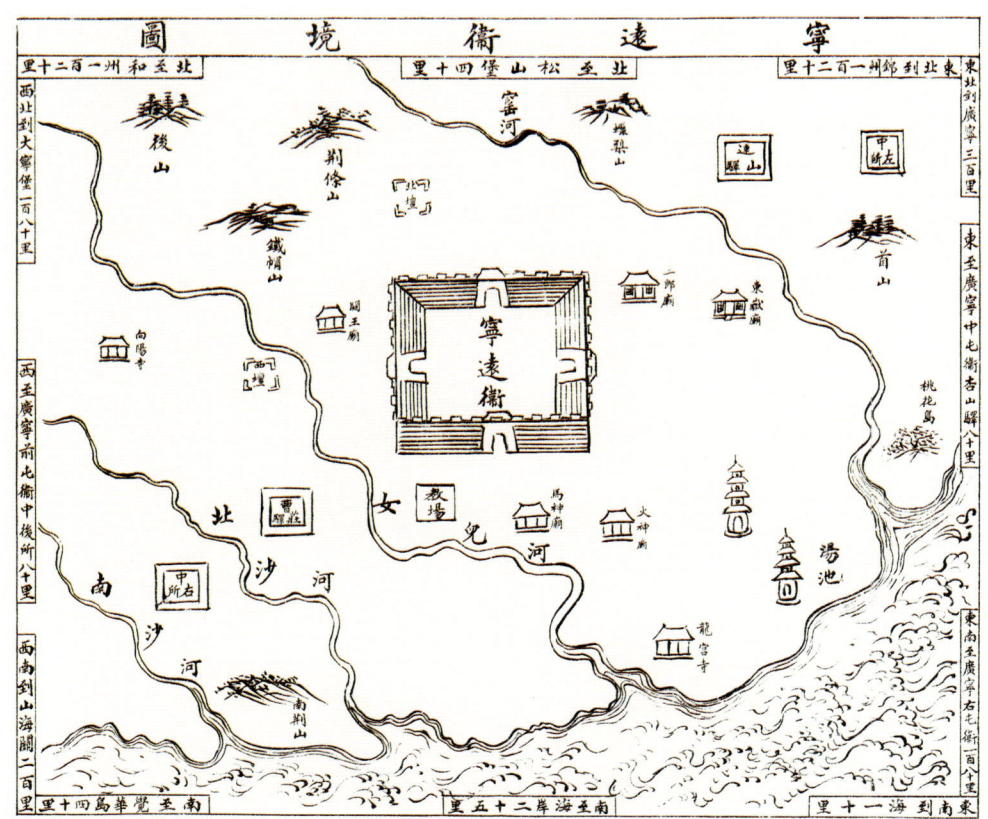

《全辽志·宁远卫境图》

明嘉靖四十四年（1565年）李辅撰。

宁远卫城是山海关外最重要的屏障之一，南距海10公里。宁远卫城在今辽宁兴城。

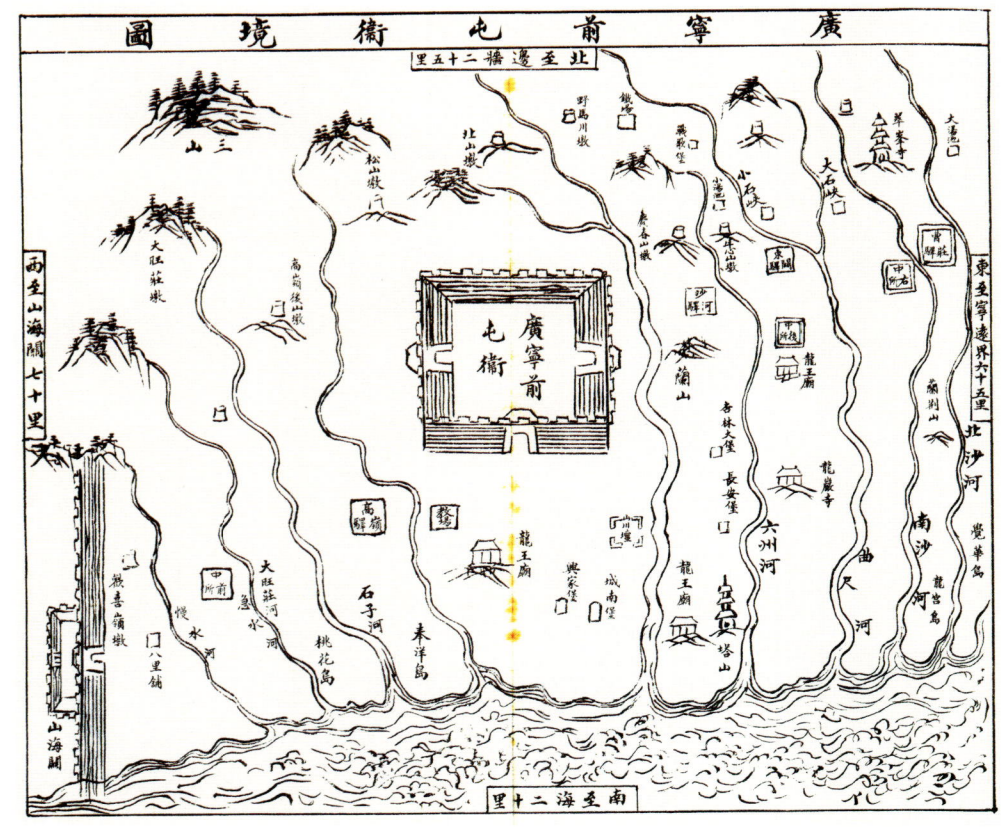

《全辽志·广宁前屯卫境图》

明嘉靖四十四年（1565年）李辅撰。

广宁前屯卫在今辽宁绥中境内，是距山海关最近的关外一所卫城，亦即山海关外的最后一道防线。

前屯卫中前所城瓮城旧照

卫城、所城都是以军事防御为其主要功能,每座城池在城门处建有瓮城。20世纪70年代尚能见到前屯卫中左所城的瓮城墙体,可见当年营建得十分坚固。

《满洲实录·进攻宁远图》
明崇祯八年(1635年,天聪九年)成书,满、汉、蒙三种文体。

明天启六年(1626年,天命十一年)正月十四日,努尔哈赤率大军向明宁远城进发,二十三日兵临城下,次日后金兵开始进行强攻。宁远城守将袁崇焕命令将士凭藉坚城,施放火炮,兼用柴、棉蘸油并掺火药,以铁绳悬到城下烧炸凿城的后金军楯车及兵士。《满洲实录》图绘后金兵在楯车掩护下,仍抵挡不住城墙上明军火炮的猛烈轰击,有些金兵已身负重伤,正被护送脱离火线。努尔哈赤自25岁兴兵以来,战无不胜,攻无不克,唯在宁远城战败,悻悻而去。

宁远城东门

后金兵强攻宁远城，由李永芳、佟养性攻打东门春和门。该门建于明宣德（1426—1435年）年间，是宁远城四门之一，门外设瓮城，明天启三年（1623年，天命八年），袁崇焕率兵进行加固。清乾隆四十六年（1781年）再度重修。1949年后又进行了修复。

宁远城钟鼓楼

钟鼓楼位于宁远城的正中心，居四座城门形成的十字街的交叉口上，是该城的制高点。后金兵攻宁远城，袁崇焕坐阵钟鼓楼上，统率全局，督军固守，宁远城得以保全。

祖氏旌功石坊

宁远城内延辉街有两座石坊,居南者为兄祖大寿石坊,上刻有"忠贞胆智"等字;居北者为其弟祖大乐石坊,上刻有"登坛俊烈"等字。祖氏兄弟二人在宁远保卫战中颇有战绩。明崇祯二年(1629年,天聪三年),大寿率部会合孙承宗等人收复永平(今河北卢龙)等四城失地,使京东转危为安。崇祯四年与十一年,分别在其家乡建立石坊,以标榜祖氏兄弟尽忠保主之功。

《满洲实录·进攻觉华岛图》

明崇祯八年（1635年，天聪九年）成书，满、汉、蒙三种文体。

明天启六年（1626年，天命十一年）正月二十四日，努尔哈赤征战明宁远城失利，后金兵受到重创。二十六日回兵时，他命蒙古族猛将武讷格率蒙古八旗和800满洲兵，前往攻打距宁远城12.5公里的明军囤积军粮的重地觉华岛。袁崇焕事先得知努尔哈赤来攻宁远城，为防范后金兵进攻觉华岛屯粮城，令守城兵丁凿冰7.5公里，以断绝后金入岛之路。然而，严冬酷寒，冰面凿而复封。武讷格率领的后金兵履冰上岛，与明军经过鏖战，焚毁明军船只2000余艘，烧毁粮草1000余堆，尽屠守岛将士及商民。后金虽败于宁远城，但却在觉华岛获胜。《满洲实录》图绘后金军奋力冲杀，明守军丢弃战车，落荒而逃之状。

觉华岛明屯粮城北门遗址

屯粮城位于今辽宁兴城菊花岛乡。城呈矩形，墙高约10米，底宽约6米。北墙设一门，南墙设二门，东西墙不设门以便于防守。

觉华岛明屯粮城城垣遗址

四　与明议和

后金军在宁远失败,使新即位的后金国汗皇太极认识到,明朝仍有一定的军事实力,而后金的军事潜力几乎挖掘殆尽;同时努尔哈赤晚期的一些政策亟需调整,皇太极遂暂时休战议和。此时明朝也出现了新的形势。明崇祯帝朱由检即位后,本想整肃阉党,重整旗鼓,恢复辽东失地;但又面临李自成农民军新危机。于是明廷试图先稳定辽东局势,全力镇压农民军,然后再对抗后金军。为避免两线作战,明廷也迫切需要与后金议和。

或明或暗的议和活动在不同的官阶层次上进行,既有后金国与明朝地方官之间的议和活动,又有与中央朝廷之间的秘密接触。最初的议和是明天启六年(1626年,天命十一年)十月在皇太极与宁远袁崇焕之间进行;明崇祯七年(1634年,天聪八年)皇太极在进攻明宣府、大同时,同宣府巡抚也进行了议和活动;崇祯十一年(1638年,崇德三年)至十五年之间,在明帝的授意下,兵部尚书杨嗣昌主动与后金秘密议和,但此事泄露后即遭到众多官员的强烈反对。

由于议和双方为各自的利益,不断变更条件;并以议和为掩饰而积极备战,后金准备征伐朝鲜,明赶筑大凌河防御工事筹备反攻。议和不过是双方拖延下一次对垒的时间而已。这种了无诚意的议和,必然毫无结果。

《清太宗皇太极致袁崇焕书》

明宁远守将袁崇焕以吊唁先帝与庆贺新君即位为名，派使团到盛京（今沈阳）试探后金新汗是否有议和的意向。其目的很明确：与后金议和，以便争取时间构筑宁锦防线，再发动对后金的反攻。宁远战败后，朝鲜公开支援明军，后金面临的形势更加严峻。皇太极只得先进攻朝鲜，除去后顾之忧，方可再与明争战。双方虽然各有打算，但都急需稳定后方，积蓄力量，以图再战。明天启六年（1626年，天命十一年）十一月十四日，皇太极致书袁崇焕，既然明使李喇嘛前来示好，后金国亦要礼尚往来，并表明凡事要讲诚意。文末在"天命丙寅年十一月十四日"上钤有老满文官印，似为"天命金国汗之宝"。

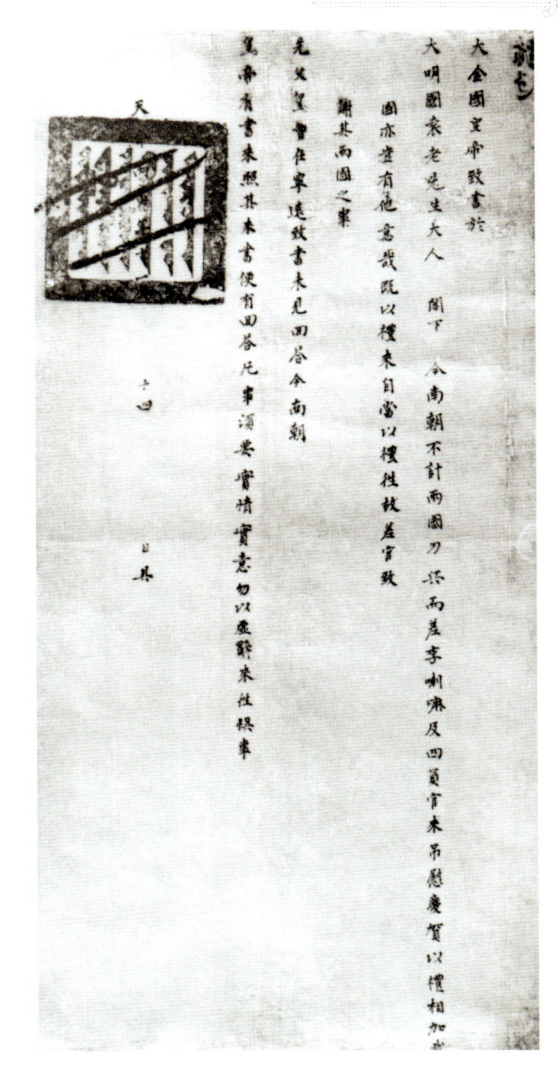

《清太宗文皇帝实录·明金议和》

明天启六年（1626年，天命十一年）十月乙丑（十六日），后金遣还袁崇焕派来的李喇嘛，并派方纳吉、温塔什等七人与明使李喇嘛一起前往宁远城，向袁崇焕递交皇太极有关议和的"国书"。

《清太宗文皇帝实录·后金议和条件》

后金指出，之所以对明兴兵，是因明廷欺凌太甚所致，双方交战，责任在明。明应给予后金黄金十万两，白金（银）百万两，缎百万匹，布千万匹，作为和好之礼。和好以后，后金每年给明廷东珠十颗，貂皮千张，人参千斤；明廷给后金黄金一万两，白金十万两，缎十万匹，布三十万匹，作为双方的互聘礼。

《高鸿中关于议和奏文》

台湾历史语言研究所藏。

高鸿中，辽阳人，明天启二年（1622年，天命七年）在广宁归降后金，明崇祯二年（1629年，天聪三年）入文馆，成为清太宗朝的重要谋士。他在天聪年间呈递奏文，为后金政权分析了各种议和的策略与条件：明若诚心讲和，后金可以比照朝鲜，请封王位，从正朔；若彼此称帝，明以索地索人为条件，后金则不能同意。若明不肯讲和，则兵临北京，或围或攻；若因后金攻困之急而派人讲和，则不属讲和，而是求和，此时后金可以许之，以黄河或山海关为界，彼此称帝。奏文中丝毫不见归从顺服的意向。

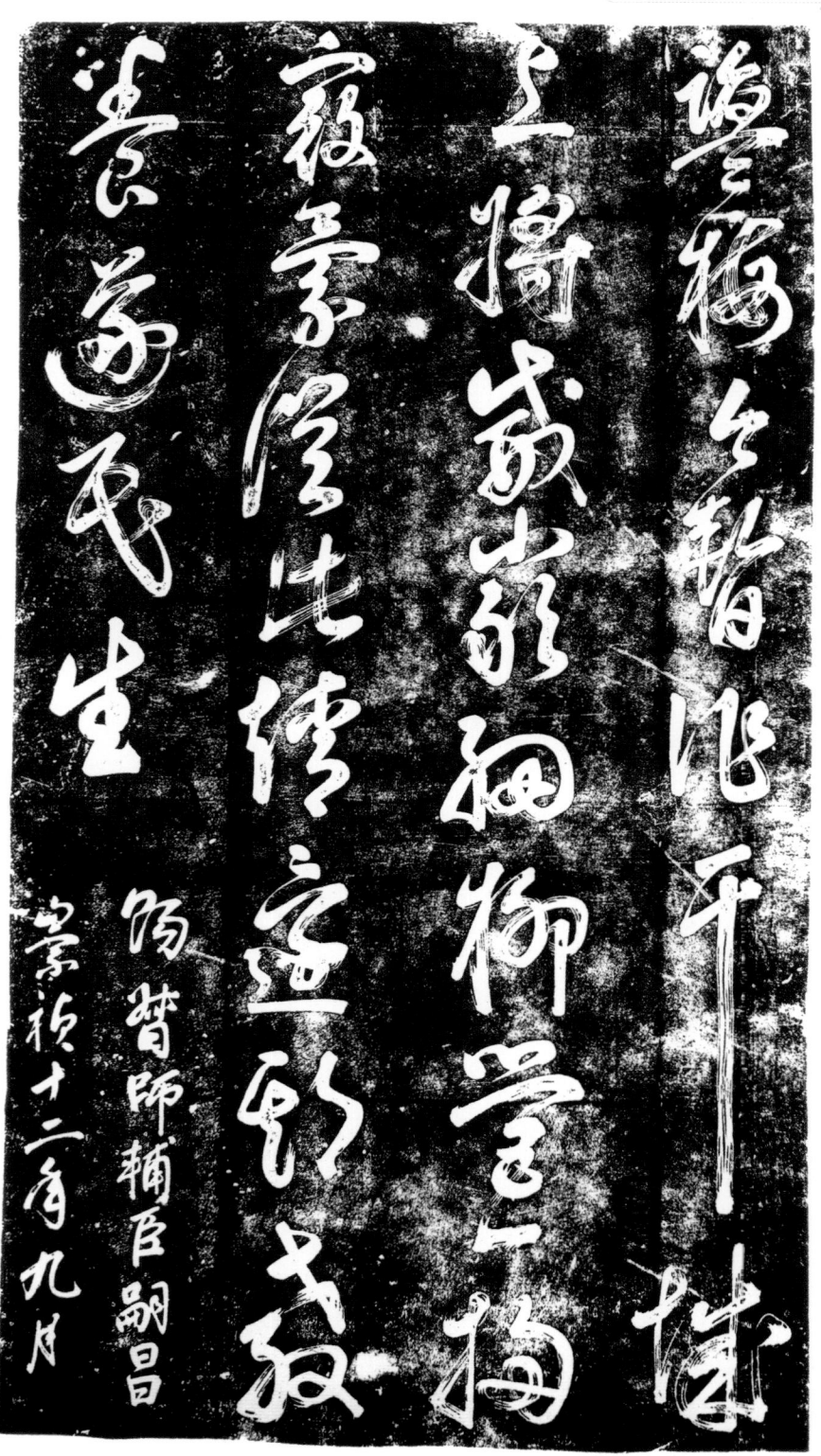

《崇祯帝赐杨嗣昌诗刻》拓片

刻石在湖北襄阳。明崇祯十三年（1640年，崇德五年）刻。

杨嗣昌（1588——1641年），字文弱，湖广武陵（今湖南常德）人，明万历朝进士。崇祯十年（1637年，崇德二年）任兵部尚书，崇祯帝倚为心腹。面对农民军与后金兵两股势力对明廷形成的威胁，他主张加强镇压农民军，而对后金议和。该碑阳刻崇祯十二年九月崇祯帝赐诗，碑阴为唐绍尧正书并跋。

《黄道周画像》旧照

黄道周（1585——1646年），字幼平，福建漳浦人。明天启进士，崇祯时任右中允、少詹事，是极力反对议和者。曾上疏指斥兵部尚书杨嗣昌等人对清兵懦于对战，热衷主和，被贬谪戍守广西。后支持南明朝廷，自请征招军队抗清，为清兵所俘，顺治二年（1645年）被杀于南京。

黄道周《草书联语》拓片

嘉庆十二年（1807年）刻。

此系黄道周所写草书，左为穆克登布跋语。

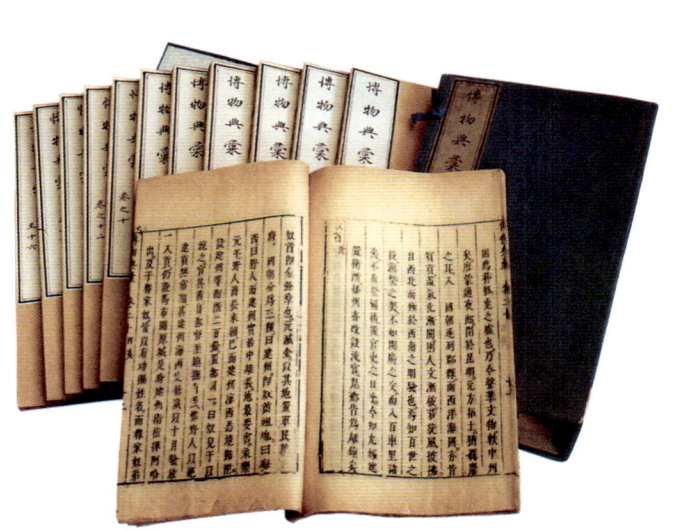

《博物典汇·四夷附奴酋》

黄道周撰。明崇祯八年（1635年，天聪九年）刻本。故宫博物院藏。

黄道周反对明廷与后金议和，是强烈的主战派。他在《博物典汇》一书《四夷》卷中，以附录形式描写努尔哈赤情形，其中表现出对女真族颇多的鄙夷。

《卢象昇画像》旧照

卢象昇（1600—1639年），字建斗，常州宜兴（今江苏）人。明天启进士，任大名知府，是坚决反对明金议和者。明崇祯二年（1629年，天聪三年）募兵入卫京师；九年清兵冲入喜峰口，再次入卫。崇祯十一年（1638年，崇德三年）十月，崇祯帝在武英殿召见卢象昇，询问方略，他明确表明主战的态度，指责杨嗣昌与清议和是重蹈历史上宋与金议和的覆辙。当年十一月，清兵大举奔袭入关，他出任各路援军督师，率军由涿州进据保定，再战于巨鹿，孤军与数倍的清军激战，阵亡殉国。

"卢象昇印"印文

印面长5.3厘米，宽5.25厘米。江苏省文物管理委员会藏。

这方印章，刻于明崇祯十一年（1638年，崇德三年），是卢象昇殉国当年制作的一件信物。

卢象昇《草书诗》轴

卢象昇书生典兵，儒雅风范，心存傲骨，终与清军战死疆场。该诗吟唱"望月敲砧何处，迎风弄笛谁家。惊起天涯以（？）梦，吹残江上蘋花。"既可见其诗文之高雅，又可见其书风之飘逸。

五 奔袭关内

清太宗皇太极在对宁远城实施报复性进攻再遭惨败后，调整了对明战争的策略，利用骑兵对明朝内地实行飘忽不定的奔袭战，掠夺人口、牲畜、粮食、金银、布帛，残破城邑，耗其国力。皇太极在明崇祯元年（1628年，天聪二年）迫使察哈尔蒙古从西喇木伦河退出后，经这一通道，绕过山海关，从长城的不同关隘攻入明朝内地。

崇祯二年后金军首次分路从龙井关、大安口等处突入塞内，直趋北京，蓟辽督师袁崇焕率军驰援京师勤王。后金军迫于明军火炮的威力，强攻不力，但运用反间计除掉其心腹大患袁崇焕。挥军东撤时，后金军又攻占永平（今河北卢龙）等4城，留兵驻守，打算作为日后入关击明的根据地，但由于留守的二贝勒阿敏失误，4城得而复失。

崇祯七年皇太极号令奔袭宣府、大同。兵锋所指，以宣、大为中心，波及今河北西北部、山西北部、中部。在50余日的时间内，攻陷明大小城堡50余座，杀掠无数。崇祯九年（1636年，崇德元年）八月，清军突入居庸关，但未围困京城，而是绕京畿攻掠一周，回师时，所获人畜财物，经过4天才通过边口。崇德三年八月至次年三月，皇太极又指挥了最大规模的一次入关奔袭战，兵分左右两翼分别于墙子岭与青山关毁边墙突入口内，绕过北京南下，攻克城池53座，归降城池8座，俘获包括有亲王、郡王、将军在内人口40多万，使明朝北方惨遭蹂躏。清军在取得松锦大捷后，为了促使明朝国力聚衰，崇德七年对明又进行了一次奔袭战，攻克3府18州67县，计88城，人口36万多，牲畜32万多，金银珠宝无数。

频繁的奔袭战，削弱了明朝的实力，迅速增加后金的财富总量，增强了与明军抗衡的实力。

清太宗皇太极腰刀

刀身钢质，柄木质。刀全长94厘米，刀身长75厘米，宽4厘米，厚0.6厘米。沈阳故宫博物院藏。

该腰刀两端为铜质饰件，中缠黄绦带。护手铜质鎏金，镂空缠枝花纹。木鞘外裹鲨鱼皮，铜鎏金箍。附皮签一，上满汉合璧墨书"太宗文皇帝御用腰刀一把　原在盛京尊藏"。

清太宗皇太极盔甲

蓝缎面，嵌铁叶。上衣长71厘米，下裳长64厘米。故宫博物院藏。

乾隆朝根据太宗皇太极的盔甲遗物，重制了这套盔甲，作为后世缅怀先祖功德之物。

清太宗皇太极马鞍

铁质。通长65厘米，鞍桥高32厘米。故宫博物院藏。

《直隶长城险要关口形势图卷·喜峰口》

光绪朝崔汝立绘。全图纵30厘米，横1344厘米。中国国家图书馆藏。

喜峰口位于今河北迁安北，是冀东与辽西山地间的重要通道。明崇祯二年（1629年，天聪三年），后金首次向关内奔袭，即突破此处关口，进入关内。光绪年间户部主事崔汝立绘制了此处的山水关隘的险峻形势。

《直隶长城险要关口形势图卷·沙坡峪罗文峪》

沙坡峪罗文峪位于今河北遵化。后金兵攻克喜峰口后，继续向前推进至罗文峪，迫使明罗文峪守将李恩礼投降，后金兵不血刃而夺关。

《直隶长城险要关口形势图卷·冷口》

冷口位于今河北迁安西，是从辽西山地进入关内的重要通道。

明"神威大将军"炮

铸铁质。明崇祯十年（1637年，崇德二年）制。避暑山庄博物馆藏。

明崇祯九年（1636年，崇德元年），清太宗皇太极派阿济格、阿巴泰等人率大军越过长城入关，攻略京畿地区，并命多尔衮、多铎等人佯攻山海关，以便牵制明军。崇祯帝敕命加强八达岭至山海关一带的防范，赶制一批铁炮，置于这一带长城沿线敌楼上，以对抗清兵。然而"神威大将军"的威力却未能抵住清朝的铁马金戈，八旗劲旅仍旧跨越长城，蹂躏了京畿地区。

明"神威大将军"炮（局部）

《明"神威大将军"炮》拓片

从拓片上可知，这门"神威大将军"炮，为督蓟辽等处兵部右侍郎吴阿衡、御马监杜勋、顺天府等处都察院御史陈祖苞等人督造，铸造时间为明崇祯十年（1637年，崇德二年）九月。

德胜门箭楼

德胜门是北京城北面的一座城门，明正统四年（1439年）始建箭楼时，即从它的防御功能上考虑，未建在中轴线上，而是建在中轴线之西，目的即为避免敌军破门后长驱直入。明崇祯二年（1629年，天聪三年），清太宗皇太极亲率10万大军突袭北京，兵锋直指德胜门。明廷调集大同总兵满桂、宣府总兵侯世禄屯兵德胜门。箭楼上现今还置放有铁炮，炮口向着来犯之敌，是明清两代将此地作为都城防御工事的见证。

何芍图碑

碑高300厘米，宽90厘米。辽宁辽阳博物馆藏。

何芍图（和硕图），为努尔哈赤称为"股肱大臣"的何和礼四子。碑文记载他在明崇祯二年（1629年，天聪三年）征明都城时，率领本旗（正红旗）军在马兰峪、卢沟桥打败明军，又率部众击败明四总镇兵。功勋卓著。顺治十二年（1655年）追谥为端恪，十三年敕建此碑。该碑原立于今辽宁灯塔市公安堡东阿（董鄂）氏墓园，1978年移至辽阳市博物馆。

《何芍图碑》拓片

碑文满汉文合璧，额上篆有"诰封"二字。

卢沟桥

卢沟桥上的石狮经受了无数战火硝烟,记忆着每一历史瞬间在这里上演过的一次次悲喜剧。明崇祯二年(1629年,天聪三年)十月,清太宗皇太极发动了首次入口之役,逼近京师。何芍图率本旗兵卒驻军土城关,在此地打败明军。

永定门旧照

永定门为北京外城南墙中间的城门,是京师南面门户,具有重要的战略地位。明崇祯二年(1638年,天聪三年)后金入口之战,从北京北面绕过京城趋南,由此处再逼北京。十二月,明金两军在此激战。十六日,明总兵满桂、孙祖寿、黑云龙、麻登云以4万兵于永定门南设栅驻守。十七日,后金军毁栅而入,何芍图与副都统阿山等人斩杀满桂、孙祖寿及副将以下30余人,生擒黑云龙、麻登云,获马6000匹。

《敕谕白养粹等稿》

台湾历史语言研究所藏。

白养粹，永平（今河北卢龙）人，本为明朝低级军官。明崇祯二年（1629年，天聪三年）清太宗皇太极率10万大军绕道蒙古，越过长城突袭北京。十二月东归时，白养粹等人望风迎降。后金授与白养粹巡抚兵道之职。为体现后金招降纳叛之意，故对降兵降将宣谕。

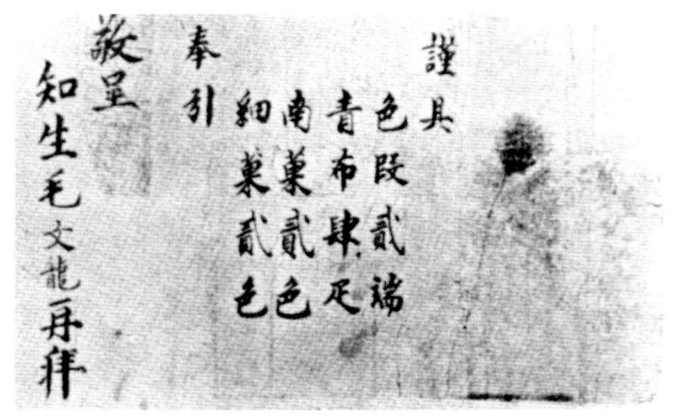

《毛文龙礼单》

毛文龙，仁和（今浙江杭州）人。乘辽东战乱之机，招募流亡，选拔精壮为兵，占据辽东东部沿海一些地方及附近岛屿。明金双方对他的这支势力都极为重视。明任命他为东江镇总兵，加都督衔，使其发挥牵制金国与监视朝鲜的作用。明天启七年（1627年，天聪元年），后金军曾对盘踞皮岛（又名椴岛，位于朝鲜铁山半岛以南的西朝鲜海湾内）的毛文龙进行袭击。明崇祯元年（1628，天聪二年），后金再派人到皮岛招抚，但无结果。毛文龙在岛上，拥兵数万，几乎成为一方割据势力。这份礼单是毛文龙赏赐郑凤寿战功所送礼物清单的局部。

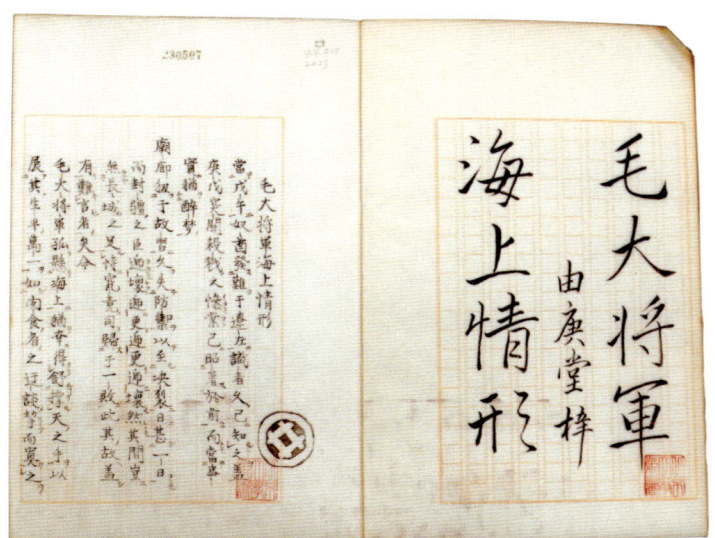

《毛大将军海上情形》

明天启癸亥年（1623年），日本天都人汪汝淳抄录了有关毛文龙在海中岛上拥兵的情形。

《幸存录·毛文龙被斩》

（明）夏允彝撰。

《幸存录》记述了毛文龙被袁崇焕斩杀的缘由及经过。

毛文龙墓碑亭

毛文龙墓位于今辽宁东港孤山镇大鹿岛村。明崇祯二年（1629年，天聪三年），袁崇焕历数毛文龙的12条当斩之罪，将其诱杀，然而却造成了严重的后果：毛文龙的部下由此瓦解，导致孔有德、耿精忠、尚可喜等人投奔后金，明朝失去海上对后金的牵制力量，而后金则增加了新的兵源与新的兵种；毛文龙的被杀，也成为袁崇焕被捕下狱的一条理由。

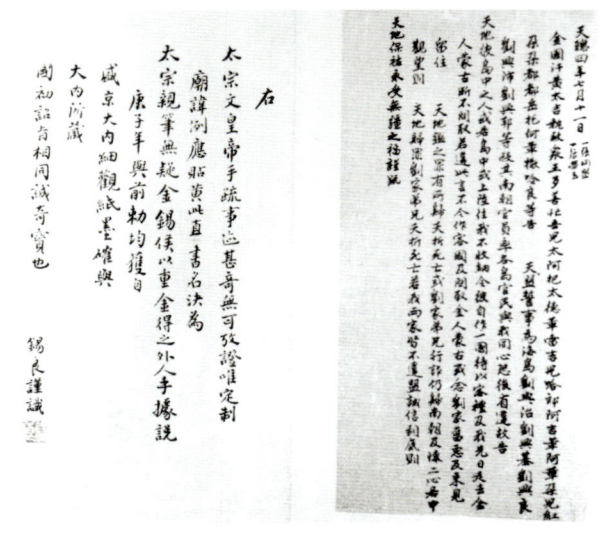

《清太宗皇太极与刘氏兄弟盟书》

明崇祯三年（1630，天聪四年）七月订立。竹纸本。纵31.5厘米，横18.5厘米。沈阳故宫博物院藏。

刘兴祚兄弟盘踞皮岛，对后金政权叛顺无常，而最终刘兴祚归附明将袁崇焕，对后金形成军事威胁。为了解决进攻明朝的这支掣肘力量，明崇祯三年（1630年，天聪四年）以清太宗皇太极为首的后金政权中各个核心人物共同与皮岛刘兴治（刘兴祚之弟）兄弟签定盟约：后金不收纳岛上人众，不索取此前逃往岛上的后金辖民，令刘氏兄弟自为"独立王国"，并待以客礼。文中参与盟誓的后金人物按现在的史家习惯称呼分别是皇太极、代善、莽古尔泰、阿巴泰、德格类、济尔哈朗、阿济格、多尔衮、多铎、杜度、岳讬、豪格、萨哈廉。从参加盟誓的后金政权的强大阵容中，可见皇太极对各种敌对势力采取瓦解的政治手段之重视。

袁崇焕墓

明崇祯二年（1629年，天聪三年），清太宗皇太极率大军兵临北京城下，时驻宁远督师的袁崇焕火速集结兵卒入援京师，与后金军激战广渠门，迫使后金军退屯南海子，袁崇焕与祖大寿勒军驻守东便门。皇太极见强攻不成，便仿效《三国演义》中《周瑜用计愚蒋干》的反间计，使人在被擒获的两个明太监身侧耳语：后金兵撤退乃是与袁崇焕有约。次日便纵放两太监。两太监告与崇祯帝前。生性疑人的崇祯帝对此前袁崇焕与后金议和的怀疑误以为得到了证实，加之朝中的派系斗争，崇祯帝作出临阵逮捕袁崇焕，次年八月以严刑处死的愚蠢决定。袁崇焕遇害后，暴尸于市。相传其部下一佘姓人氏夜窃其尸，掩埋在今北京广渠门内东花市斜街52号后院内。乾隆年间校订《清太宗文皇帝实录》时，补述了皇太极计杀袁崇焕的内幕，千古奇冤才得以大白于天下。

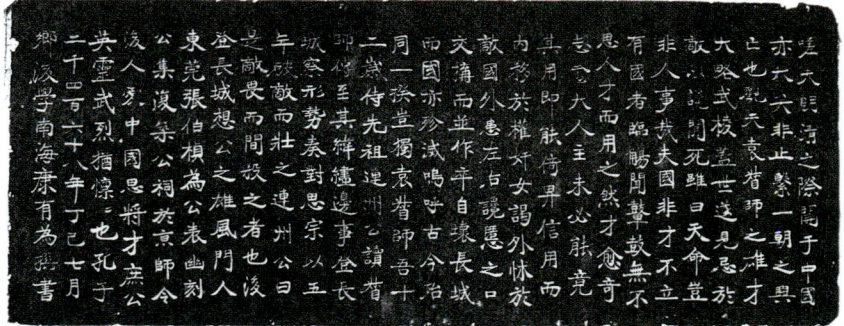

《袁公祠记》拓片

《袁崇焕墓碑》拓片

道光十一年（1831年），湖南巡抚吴荣光题写了"有明袁大将军之墓"墓碑，袁崇焕蒙冤死难，也算立碑论定。

袁公祠堂在袁崇焕墓前，建于乾隆朝公布袁崇焕被害的真相之后。墓与祠均在"文革"中遭到破坏，祠堂仅存有墙壁上的部分石刻。这部分石刻包括《袁督师庙记》、《袁崇焕遗诗》、《佘义士墓志铭》等。

袁督师庙原址

袁督师庙位于今北京左安门内龙潭湖公园东湖畔，为广东人张伯桢1917年创建。庙堂三间，坐西朝东，面向袁崇焕心系的辽东大地。庙堂中门额刻"袁督师庙"，门两旁有石对联。

袁督师庙额

"袁督师庙"四个大字,乃是康有为题写。

《袁督师庙记》拓片

康有为撰并书,民国六年(1917年)刻。

《袁公庙记》拓片

位于北京龙潭湖,民国六年(1917年)刻,康有为撰并书。

《袁崇焕石刻像》拓片

位于袁崇焕庙内的这幅石刻像,刻于民国六年(1917年),左上有袁崇焕草书。原庙内还有据说为袁崇焕所书"听雨"手迹制成的匾额,现已荡然无存。

张家口大靖门

后金军向宣大一带突进，张家口成为途中的一道屏障。

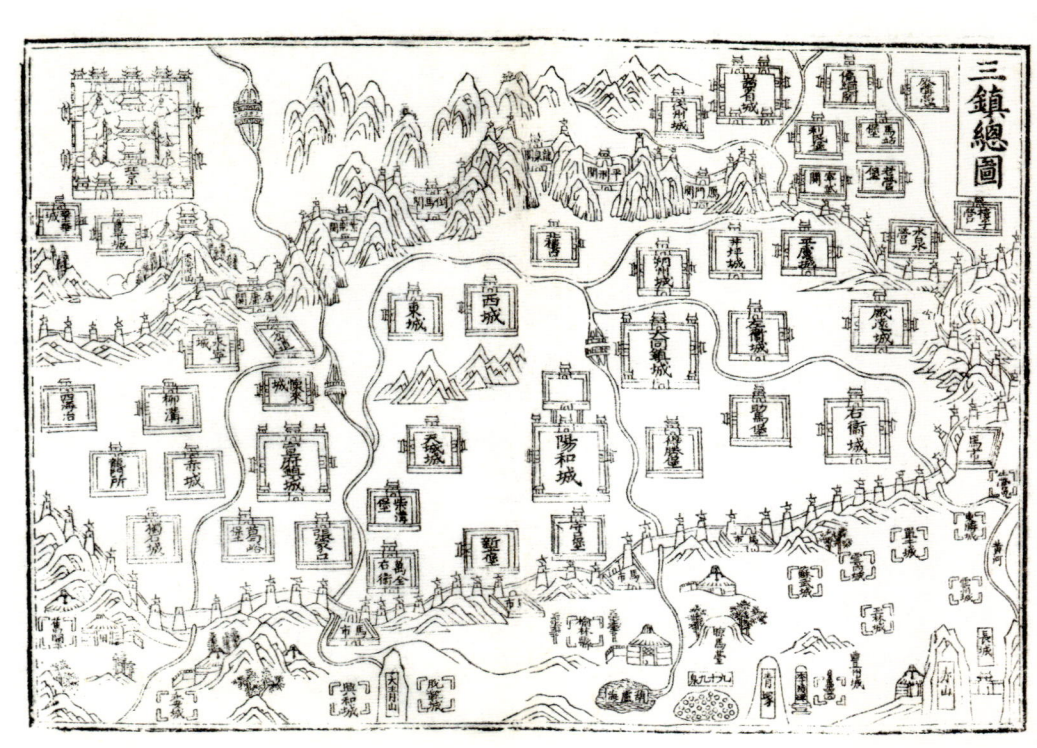

《宣大山西三镇图说·三镇总图》

（明）杨时宁编。《玄览堂丛书》所收。万历癸酉（1573年）刊本。

三镇是指宣府、大同、太原，为京师西部的重要屏障。明崇祯七年（1634年，天聪八年）清太宗皇太极率军直冲三镇中的宣府、大同，这不仅能给明京师造成直接的军事威胁，而且也足以产生动摇明朝政治统治的影响，还可以在沿途收编察哈尔来归官民，可谓一举三得。图中标示出三镇与京师，以及各关隘的位置。该图采用上南下北的坐标绘制。

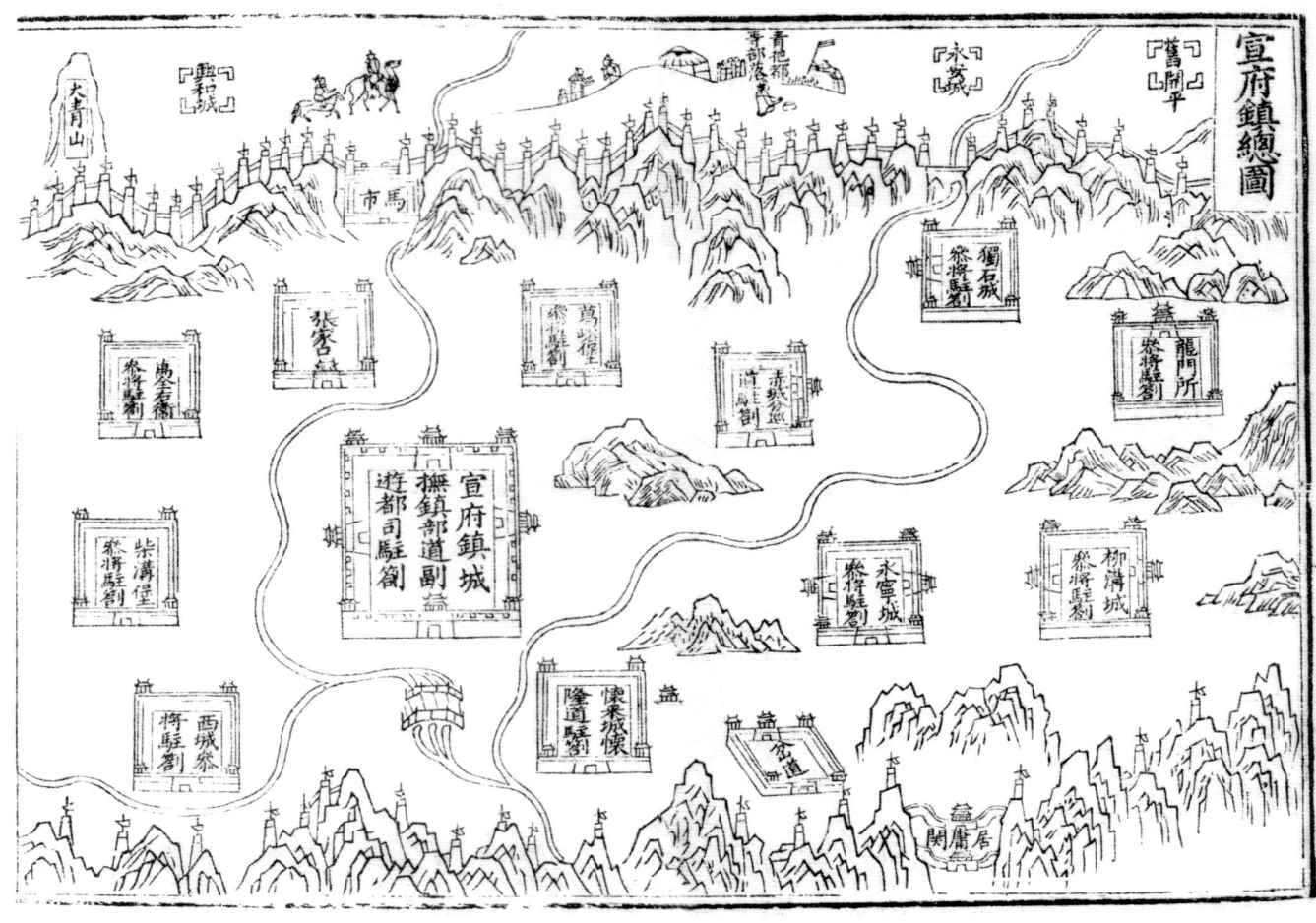

《宣大山西三镇图说·宣府镇总图》

宣府镇（今河北宣化）是距离京师西北最近的边镇，图中标示出此地的各个防御机构。即使驻军如此密集，仍未能抵御后金军的八旗铁蹄。

宣府镇清远楼

明崇祯七年（1634年，天聪八年），后金军兵锋指向宣府镇（今河北宣化）。清远楼原是宣府镇的钟楼，位于当时城镇的中心，其台座建筑形式为十字形拱券洞，与城的四个方向相通。四个方向的门洞上分别刻有"昌平"、"安定"、"广灵"、"大新"的匾额。劫后余生的清远楼，今日依然风采无限。

宣府镇镇朔楼

镇朔楼建于明正统五年（1440年），为宣府镇的鼓楼。南向匾额为"镇朔楼"三字，北向匾额为清高宗乾隆帝所书"神京屏翰"匾额，表明宣府镇在捍卫京师方面所具有的屏障作用。

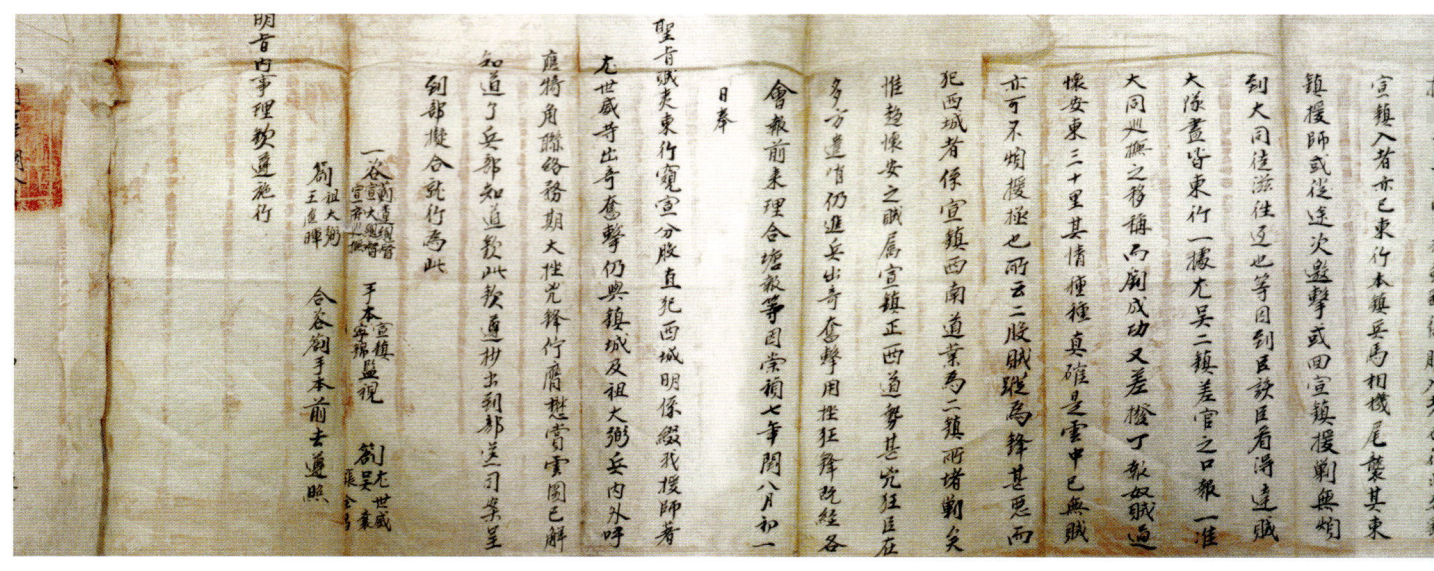

《明兵部为云镇重围已解行文》
　　北京大学图书馆藏。

明崇祯七年（1634年，天聪八年）六月，清太宗皇太极向宣府、大同进兵，明廷得到消息后，连发十余道谕旨，令地方官严加固守，对城池被击破者置以重典等。这份兵部抄出的宁锦监视太监高起潜题本中，记载后金兵于八月进攻宣府的路数、进犯镇城的具体地点，以及高起潜与当地将帅如何侦探、迎击等情形。

居庸关长城

居庸关在今北京昌平，是明长城的著名关口，位于蓟北长城的西段，向西与宣府镇相连，是明代京师西北部重要的交通孔道。明崇祯九年（1636年，崇德元年），清太宗皇太极发动的入口奔袭战，后金军突破该关口，攻占昌平，向南挺进。坚固的长城，抵挡不住八旗兵的铁骑。

关沟长城敌台内部

居庸关两旁高山耸立，中间是一条长约15公余里的关沟。关城建在沟中部，形势险要。敌台为空心式，下层设拱券形箭窗，便于屯聚防守。

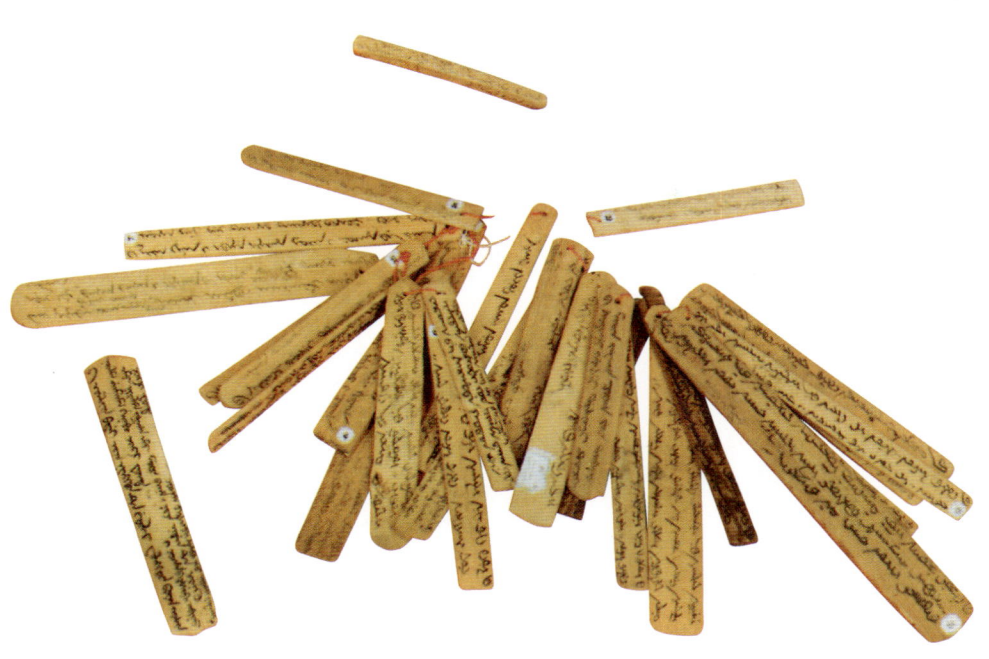

阿济格略明事件之满文木牌
中国历史第一档案馆藏。

清初八旗将领进行军事征战时，以此种木牌记录参战的旗属、进攻的地区及缴获的情况，可视其为战地档案。木牌分类后以皮条贯穿，5支或8支编为一束，便于携带与保存。这批木牌是阿济格于明崇祯九年（1636年，崇德元年）进攻明朝时所作的记录。

宛平城顺治门

明末北京城多次面临后金军铁骑飞镝的威胁，为了从南面加强对京师的拱卫，明崇祯十三年（1640年，崇德五年），明朝在卢沟桥东建立一座桥头堡，时称拱极城。这座军事城堡只设东西两门，顺治门为其一。两城门上均筑有瓮城，城角设角台、敌楼。拱极城是从南面控遏进入京师的门户。民国时宛平县署迁此，故改称为宛平城，俗称卢沟桥城。此图为该城顺治门及其瓮城。

六　松锦大战

　　尽管后金对明朝多次奔袭，但仍不能占据关内一州一县。只有彻底摧毁明朝锦州、山海关防线，才可把辽东与关内连在一起。清太宗皇太极采取持久围困及打援策反战术，与明在辽西大地展开争夺，为进一步南进扫清道路。

　　明朝为拒后金于关外，决定修建连接松山、杏山、锦州防线的大凌河城。明崇祯四年（1631年，天聪五年），皇太极得知明修大凌河城即迅速率兵四面围困，又截断援军道路，然后轰击城外的墩台。两月后守将祖大寿率部投降（后又归明）。

　　辽西咽喉锦州是明清双方争夺辽西的关键。崇祯十四年（1641年，崇德六年），皇太极分兵轮番加强围困锦州，集中全国所有的精兵，在锦州四面各设八营，决定持久作战。而明朝集结辽西的汉军外，还征调蒙古兵，企图确保生死攸关的锦州。面对清军志在必得之势，驻守外城的蒙古兵发生叛变，三月底锦州外城被攻破。明廷为保宁锦防线，任命洪承畴为蓟辽总督，组成13万人的锦州援军。七月，援军主力进抵宁锦防线的中间环节松山。洪承畴决定以此为立足点，采取且战且守的持久对抗之策，解救锦州之围。但明廷催战速决，洪承畴无奈把多数兵马粮草留屯外围，率轻兵6万，奉命与清军速战。清军在明军南面形成对松山、锦州的大包围圈，切断了明军后路。八月，明军突围遭到阻击。次年二月，明驻守松山将领降清成为内应，清兵攻下松山，生擒主帅洪承畴，锦州城内将士军心瓦解，外援彻底无望，城内粮绝，由大凌河城诈降逃回的锦州守将祖大寿终于率部出降，锦州不攻而克。

　　松锦决战结束了明清双方在辽西的战略相持局面，清军由此开始转入战略进攻；明军辽东精锐损失殆尽，已完全丧失了实施反攻的能力。

《祖可法请进兵北京山海奏本》
　　台湾历史语言研究所藏。

　　祖可法（？——1656年），祖大寿养子，明崇祯四年（1631年，天聪五年）大凌河之战后，随祖大寿一起投降后金。祖可法十分了解明朝的军事与政治实力的虚实强弱，奏请皇太极尽快进攻山海关、北京。在天聪九年二月的这份奏本中，祖可法认为，北京是天下之首，攻下此地，无人不服；或攻下山海关，以此地驻兵，整个辽西则不攻自破。否则延误时机，明朝练兵治械，对后金极为不利。

《清太宗皇太极给高鸿中的敕谕》
　　台湾历史语言研究所藏。

　　降臣高鸿中曾提出速攻明朝的建议，皇太极表示十分赞同，但八旗制度决定了后金兵丁除作战外，还必须经营稼穑以自我解决给养，所以只能待农闲时再图进行军事行动，故在此申谕高鸿中对明朝不可速进。

清"神威大将军"炮
中国历史博物馆藏。

清太宗皇太极即位初年就开始命总兵官佟养性等人督造火炮，至明崇祯四年（1631年，天聪五年）铸造出第一批"红衣大将军炮"，由此增强了对明作战的实力。松锦之战中火炮发挥了巨大的威力。这门大炮为崇祯十六年（1643年，崇德八年）制造，是今见清初期制造的火炮之一，它还被编入乾隆朝的《皇朝礼器图》一书。

永安石桥

永安石桥位于今辽宁沈阳于洪区马三家子乡永安桥村东，该桥全长37米，宽8.9米，是后金的重要交通设施。清太祖努尔哈赤攻克沈阳时，城西之路低湿，依靠兵丁铺垫才抵达辽阳。至明崇祯十四年（1641年，崇德六年）秋，清太宗皇太极敕建该桥，方便了这里的交通，为清军南征提供了极大的便利。

《全辽志·广宁左中屯卫境图》
明嘉靖四十四年（1565年）李辅撰。

锦州城是控制东北地区进入关内的前沿重镇，广宁左屯卫、中屯卫设在该城内。

明沙河驿烽火台旧照

沙河驿位于今辽宁绥中前卫乡，是当年前屯卫用于报警的军事设施。台上有垛口一周，可以向外射击。

明代铁盔

该铁盔1976年出土于辽宁丹东振安区九连城镇。这种帽盔是明代边防军作战防护头部的器具。

小笔架山明瞭望台遗址远眺

小笔架山岛，位于锦州东南沿海，明朝在这里设有军事瞭望台。洪承畴把援救锦州的部分兵丁与粮草屯留于此。

小笔架山明瞭望台遗址

《洪承畴画像》轴

洪承畴（1593——1665年），字亨九，福建南安人，明万历朝进士。崇祯年间任陕西等边镇总督，镇压李自成农民军颇有军功。明崇祯十四年（1641年，崇德六年）清军发动围困锦州之战，他被明廷任命为蓟辽总督，率8总兵官，13万大军援救锦州。崇祯十五年松山城破，被俘降清，清太宗皇太极使其隶汉军正黄旗。顺治元年（1644年），为秘书院大学士，在招抚江南诸省，灭亡南明政权，夺取全国统治权等过程中战功卓著。

洪承畴祠原址

洪承畴祠位于今北京市东城区锣鼓巷。原院落大门在方砖厂东口路北，山门雄伟，现已大部分改建，仅存三间清早期建筑。据居住这里的老者代代口传，这三间房屋为洪承畴的祠堂。

明广宁中屯卫松山千户所城城墙遗址旧照

松山千户所城位于今辽宁锦县松山乡。山上有烽火台遗址，洪承畴于此城被俘，后被囚于盛京三官庙。

明高桥铺城门额旧照

明万历六年（1578年）三月十四日立。花岗石质。长117厘米，宽77厘米。

高桥铺位于今辽宁锦州西南30公里处，为明代宁远卫城的一个驿站，是明军来往宁远城的必经之地。松锦之战，清太宗皇太极预料明朝败军必由此地向宁远城溃逃，在此设伏，给明军以沉重打击。此城只有一东门，这是劫后余存的门额。

明杏山驿城遗址旧照

杏山城是明代广宁中屯卫的一座驿站，位于今辽宁锦县杏山乡杏山村。杏山居于松山、塔山之间，三地连成一线，均是宁锦防线的中间环节，济尔哈朗用红衣大炮攻破此城。

明杏山驿路台遗址旧照

路台，是位于路旁用作报警的烽火台。清军截断来援的明军，济尔哈朗用红衣大炮轰击杏山城，这座烽火台也完全失去报警的功能。

明杏山驿城门额旧照

祖大寿府邸原址

祖大寿（？——1656年），字复宇，宁远卫（今辽宁兴城）人。明崇祯元年（1628年，天聪二年）以守宁远城获大捷之功，被提拔为前锋总兵官，后驻守大凌河城。崇祯二年，清军围困大凌河城，粮尽援绝，在清太宗皇太极的劝诱下，举部投降。但他以妻、子尚在锦州为由，请求只身回锦州，助皇太极智取该城，被皇太极放归锦州。虽然后金攻占大凌河城后无利可得，但"祖家军"的归降却是皇太极在这次战役中的巨大胜利。诈降后的祖大寿不久即逃回锦州，继续坚守。崇祯十五年（1642年，崇德七年），清军久困锦州，洪承畴援兵又败，最后被迫率众出降，皇太极授其为总兵官，隶汉军正黄旗。顺治元年（1644年）随清军入关，在北京赐予宅第，后改为祠堂，现为北京市第三中学址。

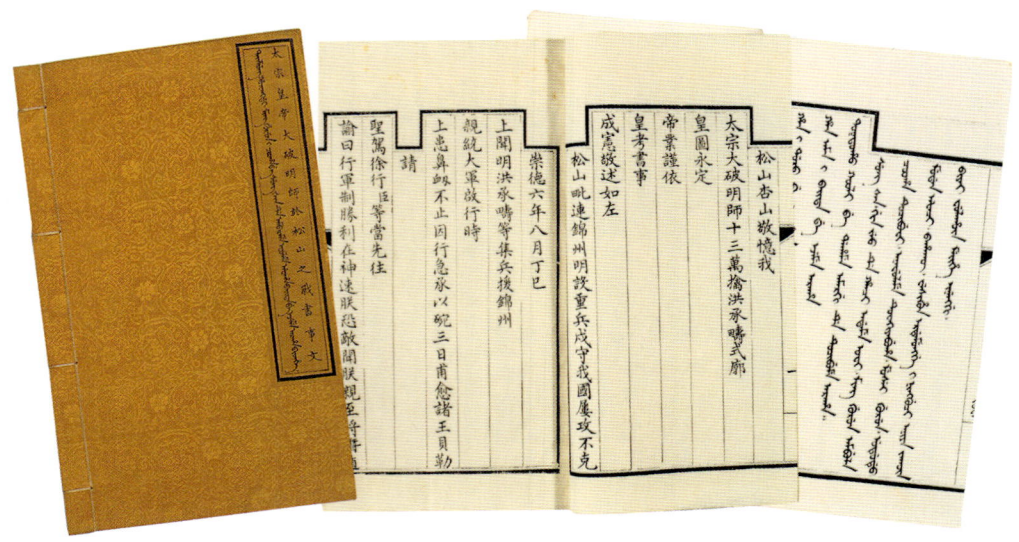

《太宗大破明师于松山之战书事文》

（清）颙琰撰。嘉庆朝武英殿满汉文合刻本。故宫博物院藏。

清仁宗嘉庆皇帝颙琰撰写该文，追述松山之战的历史过程，盛赞太宗皇太极开拓大清基业的丰功。

《太宗大破明师于松山之战书事文》册

玉质。8片，每片长30.8厘米，宽21.4厘米，厚0.4厘米。故宫博物院藏。

嘉庆年间，嘉庆帝把关于松山之战著文刻印外，还把御笔所书的《太宗大破明师于松山之战书事文》刻成玉册，藏于宫中，以传久远。

松山城南嘉庆帝御制纪功碑

为纪念太宗皇太极率军在松山城大败明军，嘉庆十年（1805年）御制碑文，竖立于松山之战的古战场，为大清的君王子民留存永久的记忆。

政务篇

  清太祖努尔哈赤与清太宗皇太极时期，后金——清在连续不断的戎马征战中，也不断加强了自身的制度建设。

  八旗制度是努尔哈赤时期始创的最富有民族特色的军政合一制度，皇太极对这一制度发展与完善，最终形成了完整的满洲、蒙古、汉军八旗。明万历二十九年（1601年），努尔哈赤在氏族的狩猎组织牛录制基础上，对建州女真进行规范编制，规定300人为一牛录，每牛录设一牛录额真为首领，五牛录设一甲喇额真，五甲喇额真设一固山额真，固山额真统领的兵士单位即为一固山（旗），当时分为四旗，以黄、白、红、蓝四色相区别。万历四十三年，努尔哈赤基本完成了对绝大多数女真人的征服，兵丁大量增多，于是增加四个镶旗，共八旗。随着蒙古、汉族的归附人众增多，皇太极在崇祯八年（1635年，天聪九年）组建蒙古八旗，至崇祯十五年把汉军也扩充为八旗。八旗制度的军事职能体现为丁壮战时皆兵；其行政职能体现为汗王领导下的固山、甲喇、牛录三级制为政权组织结构，八旗兵丁平时为民，一切庶务由各级额真处理。

  随着对女真各部的不断征服，努尔哈赤所管辖的人众大增，称王称汗成为必然。明万历四十四年（1616年），努尔哈赤于赫图阿拉城（今辽宁新宾永陵镇）称汗，建元天命，国号为"金"。明天启元年（1621年，天命六年），努尔哈赤把后金都城从赫图阿拉城迁往明辽东都司的所在地辽阳。天启五年三月，再迁都沈阳城，这是努尔哈赤从攻克城池后掠夺一空到占领城池，进而使其成为后金进攻明朝的根据地的一次战略转变。皇太极对都城沈阳城进行了扩建，纳宫城于皇城内，形成今日沈阳故宫的中路与东路的格局，而对沈阳城的整体规划，则成为沈阳老城区的基本框架。

  努尔哈赤死后，皇太极继承汗位。他通过一系列措施加强了汗权，崇祯九年（1636年，崇德元年）称皇帝，同时改国号为清，从此，清成为中国封建王朝序列中的一个王朝。

  皇太极时期，逐渐仿照明代的官僚体制，以"参汉酌金"为原则，对满洲的议政制度及旗主制度进行了改制，使后金——清的政治体制向着中原王朝成熟、完善的体制迈进。天聪三年设立文馆，天聪五年设立六部，崇祯九年改文馆为内三院，设立都察院，这些机构基本上接近明代内阁制度与监察制度。崇德元年设蒙古衙门，崇祯十一年扩建为理藩院，成为管理除满、汉民族以外的各少数民族事务的机构。皇太极时期确立的各项行政机构成为清朝入关后行政体制的基本框架，为入关后的清朝与中原王朝明朝实行的政治体制顺利过渡与接轨打下了基础，为入关后清廷从地方政权向全国政权的转变，清政权对全国实行有效统治提供了有力的体制支持。

一　营建都城

　　随着清太祖努尔哈赤统一建州事业的发展，其势力、地位亦不断增强。明万历十五年（1587年），努尔哈赤修筑建州女真的统治中心佛阿拉城（今辽宁新宾永陵镇二道河子村东南）。万历四十四年，努尔哈赤基本上统一了女真各部，成为事实上的各部共主，在赫图阿拉（今辽宁新宾永陵镇）建都，称"覆育列国英明汗"，年号天命，国号金。后人为把它与历史上的完颜金朝相区别，称努尔哈赤的政权为后金。

　　攻克明朝沈阳、辽阳后，努尔哈赤从战略的角度，于明天启元年（1621年，天命六年）把都城迁到原明朝辽东都司的治城辽阳城。但当时女真族人数不多，辽阳城显得过于空阔，而且朝鲜、蒙古尚未绥服，加之城内汉人对女真人展开投毒等报复行动，努尔哈赤决定在辽阳城东太子河畔另建一小规模城池，作为女真贵族及八旗兵丁居住之所，后人称之为东京城。五年后，努尔哈赤迁都沈阳，营建了汗王处理政务的大政殿与汗王寝宫、八旗王亭、亲王府邸等，这里成为后金——清关外时期恒久的京城。努尔哈赤的后继者皇太极进一步扩建皇宫与都城，把汗王寝宫与日常处理政务的大殿、后妃寝宫等全部增建在宫城之内，在都城内形成独立的完整宫殿区；扩建都城，规划格局，行政衙署各有定位，街衢里巷的布局成为今日沈阳老城区的基础。

（一）建都称汗

佛阿拉外城城墙遗址

佛阿拉城位于今辽宁新宾永陵镇二道河子村东南。"佛"为满语"旧"之意，"阿拉"为满语"岗"之意，旧城是相对于赫图阿拉城而言。它是清太祖努尔哈赤于明万历十五年（1587年）所建的建州左卫的治所。万历二十七年，努尔哈赤致书朝鲜国王时，自称为"建州等处地方国王"。《朝鲜李朝实录》中称"老乙可赤则自中称王，其弟则自称船将"。全城分内城与外城，四面各有门，城墙为木石杂筑，不设雉堞、射台、护城河。努尔哈赤与亲近族人居内城，诸将士与远族人居外城，兵士居外城以外。南门外为制造弓矢的匠人居住，北门外为制造铠甲的匠人居住，东门外建仓廪，贮存粮食。《满洲实录》载佛阿拉"筑城三层，建衙门楼台"。

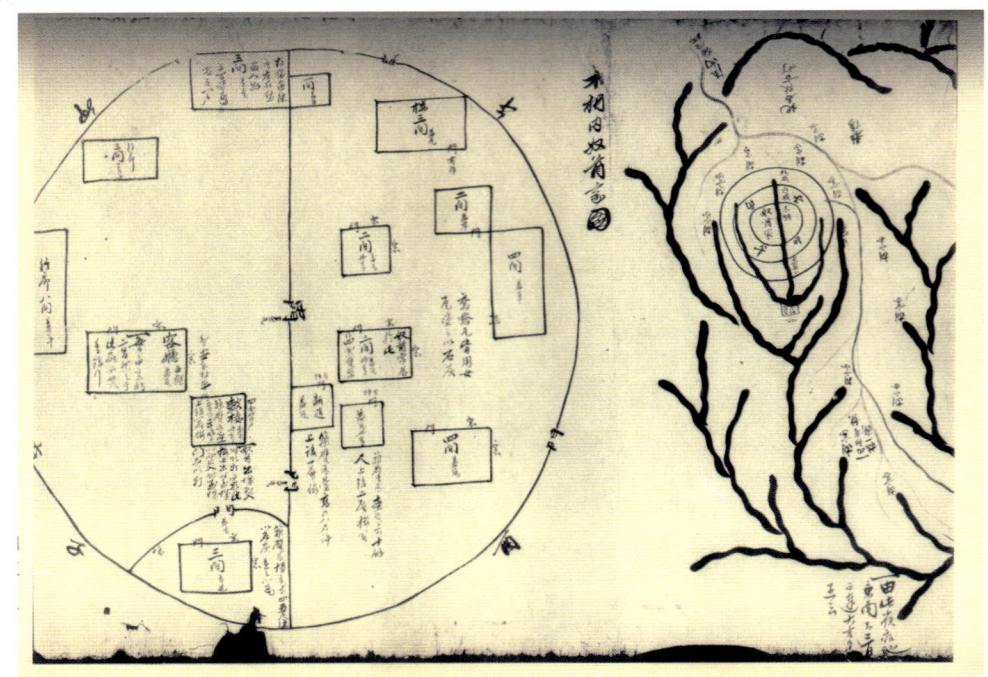

《建州纪程图记·努尔哈赤家院图》

[朝鲜] 17世纪申忠一撰。

《建州纪程图记》中,图绘清太祖努尔哈赤的家院周设木栅,栅内各种厅堂面南而建,包括屋顶盖草与盖瓦不同建筑形式的行廊、客厅、寝居房屋等多间。

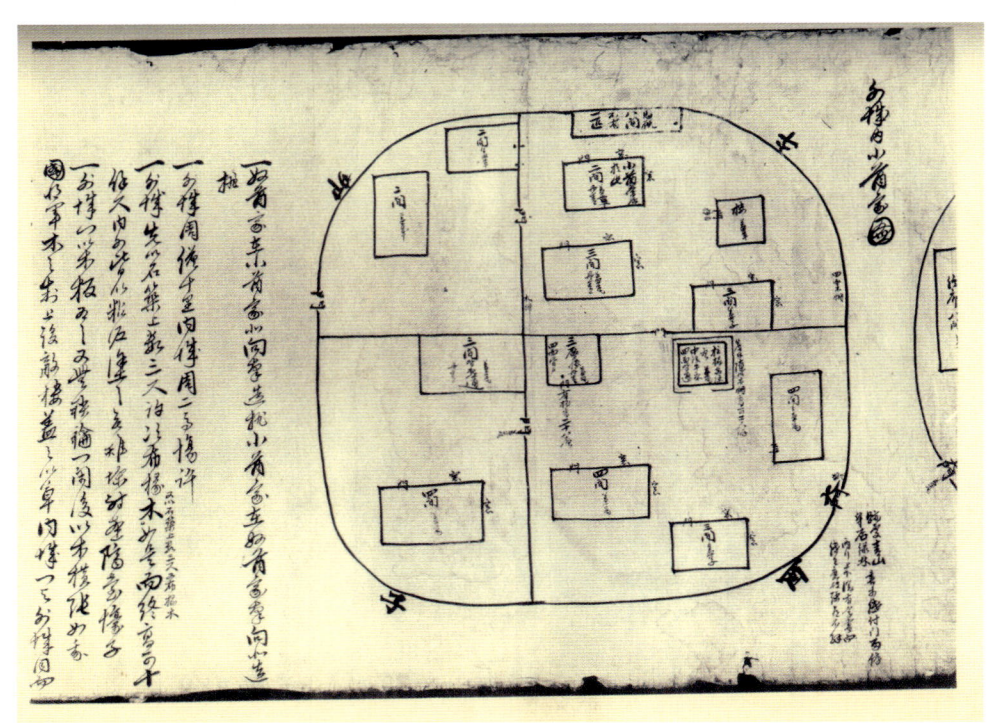

《建州纪程图记·舒尔哈齐家院图》

《建州纪程图记》图绘了舒尔哈齐家院的布局。舒尔哈齐(1564——1611年),为努尔哈赤三弟,人称其为"二都督",申忠一称其为"小酋",其地位仅次于清太祖努尔哈赤,有在家中宴请朝鲜使节的权力。他曾四次到北京朝贡。明万历三十五年(1607年),同侄褚英、代善击败乌拉兵,赐号达尔汉巴鲁图,后因与努尔哈赤意见不和而移居自立,旋遭囚禁,万历三十九年卒于囚所。

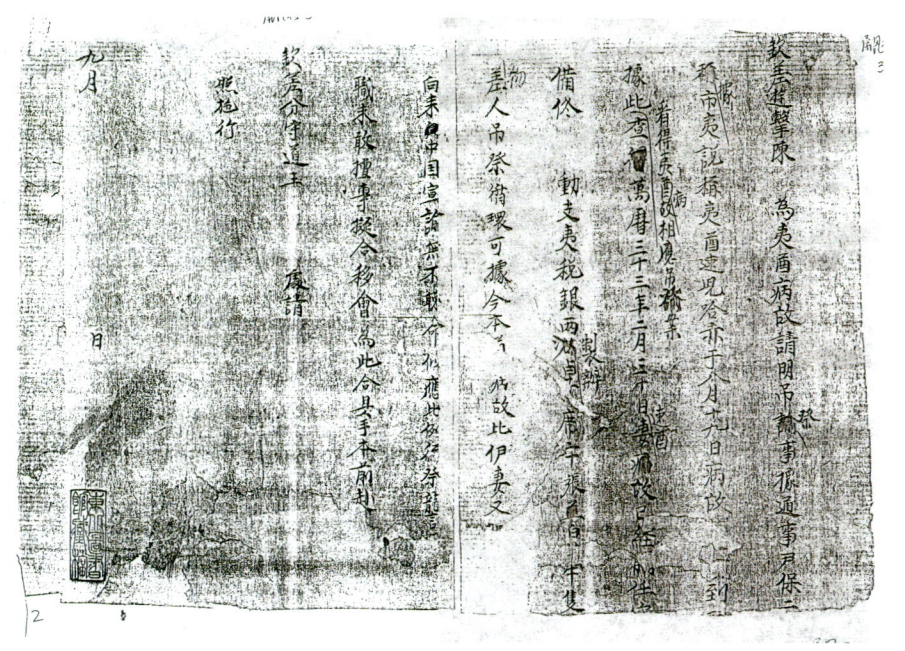

《明职官为吊祭舒尔哈齐病故奏文》

原档案著录为《钦差游击陈为速儿哈赤病故请明吊祭给钦差分守道王的移文》。辽宁省档案馆藏。

明万历三十九年（1611年）八月，舒尔哈齐病死。九月，为吊祭速儿哈赤（即舒尔哈齐）之事，明朝钦差游击官向钦差分守道官作了说明：应援此前对其妻吊祭之例，对舒尔哈齐予以吊祭。此时建州女真尚未公开反明，其首领仍是明朝的卫所官员，因而舒尔哈齐病故，明朝地方官要进行吊祭。

舒尔哈齐墓碑亭

舒尔哈齐墓位于今辽宁辽阳郊区积庆山。清太祖努尔哈赤建都辽阳后，于明天启四年（1624年，天命九年）在城东北建造陵寝，将其先祖及舒尔哈齐等人骨灰从赫图阿拉迁葬于此。顺治八年（1651年）将诸先祖陵寝回迁永陵时，仍留舒尔哈齐等墓于此。

舒尔哈齐墓山门

舒尔哈齐墓圆丘

《清太祖努尔哈赤朝服像》轴

清宫廷画家绘。绢本，设色。纵276厘米，横165厘米。故宫博物院藏。

明万历四十四年（1616年），清太祖努尔哈赤在赫图阿拉称"覆育列国英明汗"，建立后金政权，年号天命。这一年，努尔哈赤58岁。他建元称汗，雄心勃勃，有"射天之志"。

《满洲实录·努尔哈赤建元即帝位图》

明崇祯八年（1635年，天聪九年）成书，满、汉、蒙三种文体。

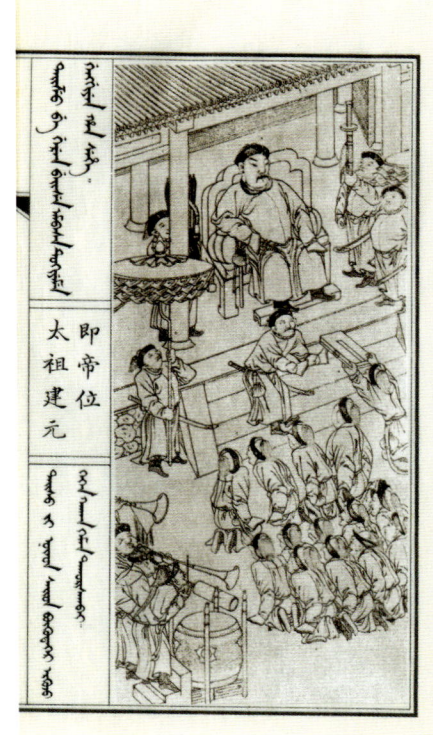

《满洲实录》图画清太祖努尔哈赤身着吉服盛装，威仪凛凛端坐在大殿内龙椅上，接受诸王贝勒大臣的跪拜。

《明神宗实录·努尔哈赤称汗》

明辽东经略熊廷弼于万历四十八年（1620年，天命五年）上奏朝廷：努尔哈赤在招降榜文中已称后金汗。

《三朝辽事实录·努尔哈赤称汗》

（明）王在晋撰。

明朝也从来自朝鲜的咨报中得知，努尔哈赤已"黄衣称朕"，建元天命，指明朝为南朝，开始与明朝分庭抗礼。

"金国汗之宝"印文

印面长12.1厘米,宽12.1厘米。印文为老满文。沈阳故宫博物院藏。

努尔哈赤建元称汗,坚决抛弃明朝颁发的"建州左卫之印",而使用代表"汗"权威的御玺。"金国汗之宝"御玺的实物早已不复存在,但用这方"金国汗之宝"钤印后准备贴在后金时期的信牌背面的纸张却存世多张,是努尔哈赤时使用汗印的见证。

天命云版

铸铁质。长55.5厘米,上宽36厘米,下宽44.5厘米,厚1.2厘米。沈阳故宫博物院藏。

这件云版为记载后金国名与天命年号的存世实物之一。云版上下为如意云头式,浮雕花卉,上有系绳圆孔,下有凸起敲击点,中部刻"大金天命癸亥年铸牛庄城",癸亥为明天启三年(1623年,天命八年)。云版即两端作云头状的长扁铁板。后金以云版为报警器,一有敌情,墩台兵丁敲击云版,警报声传至很远,得信的八旗勇士立即集结,准备冲杀。

汉文"天命通宝"
北京市古代钱币展览馆藏。

满文"天命通宝"
北京市古代钱币展览馆藏。

努尔哈赤建元称汗后,发行"天命通宝"钱,作为商品交换的货币。

努尔哈赤的天命政权,既发行汉文的货币,又发行满文货币,以方便满、汉两族买卖商品使用。

赫图阿拉城汗王殿遗址

赫图阿拉城位于今辽宁新宾永陵镇东4公里的苏子河南岸羊鼻子山台地上。"赫图",满语为"横","阿拉"满语为"岗"之意。明万历三十一年(1603年)努尔哈赤开始营建,万历四十四年于此称汗并定都。该城分为内城与外城,于北、东、南三面设门。城内建有汗王殿、旗署衙门、城隍庙、皇寺、铠甲厂等建筑。汗王殿大衙门建在赫图阿拉城的南端高台上,是全城的最高处,由此可以俯瞰全城及远处的墩台,后面临近城墙,西侧是断崖,易守难攻,极具战略地位。其外城现仅有遗迹可见。

赫图阿拉城汗王殿发掘现场

汗王殿即尊号台,俗称为金銮殿,是努尔哈赤于明万历四十四年(1616年,天命元年)升御座称汗的地方。

复建的赫图阿拉城汗王殿

复建的赫图阿拉城汗王寝宫

汗王寝宫是努尔哈赤与福晋日常生活起居之所。

复建的赫图阿拉内城南门

赫图阿拉内城南门遗址

复建的赫图阿拉内城北门

赫图阿拉内城东城墙遗址

赫图阿拉城内汗王井遗址

汗王井，是赫图阿拉城内人们的日常生活用水的保障。

（二）迁都与定鼎

《清太祖努尔哈赤朝服像》轴

清宫廷画家绘。绢本，设色。纵64厘米，横44.5厘米。故宫博物院藏。

明天启元年（1621年，天命六年），八旗兵攻克沈阳、辽阳后，清太祖努尔哈赤决定迁都辽阳。从偏居一隅的赫图阿拉，迁都原明朝辽东都司的首府辽阳，对后金国来说，是一件值得欢庆的喜事。努尔哈赤身着朝服，御临辽阳城。

《清太祖高皇帝实录·迁都之议》

清太祖努尔哈赤攻克辽阳城后,劝诱诸贝勒赞同迁都:国家所重在于土地与人民,要长久占有,就要据而固守;并指出辽阳为明、蒙古、朝鲜接壤的要害之地,战略险要,扼两国四方。此次迁都与后来迁都沈阳都显示出努尔哈赤作为政治家与军事家的远见胸怀。

《明熹宗朱由校朝服像》轴

明人绘。绢本,设色。纵111.2厘米,横75.7厘米。故宫博物院藏。

明熹宗朱由校(1605—1627年),年号天启,在位7年,为政腐败。天启元年(1621年,天命六年)三月,沈阳、辽阳接连失陷,朝廷为之震惊惶恐,天启皇帝只好重新起用熊廷弼经略辽东,但同时又任命缺乏统兵经验的王化贞为广宁巡抚,导致二人意见经常相左,使满腹经略的熊廷弼颇受掣肘,战略计划无法实施,辽东局势更为危机。明朝最高统治集团决策的失误,是影响辽东局势的最关键因素。

东京城南门天佑门遗址旧照

这是1927年拍摄的已严重残破的东京城南门天佑门。

东京城南门天佑门门额
石质。长150厘米，宽70厘米。辽宁辽阳博物馆藏。

《东京城南门天佑门门额》拓片

初建时的东京城早已不复存在，惟有这块门额常常牵引着人们的思绪，勾画着当年东京城的风采。

修复后的东京城南门天佑门

昔日残垣断壁的东京城天佑门，经过近年的复建，重现了昔日后金国都东京城的雄伟。

东京城抚近门满文门额
　　石质。辽宁辽阳博物馆藏。

《东京城抚近门满文门额》拓片

　　门额的老满文，意译为"抚近门"，边款阳刻汉文"大金天命壬戌年仲夏吉旦"依稀可见，印证此门额刻于天命壬戌年，即明天启二年（1622年，天命七年）。当时的东京城每一门的内外各镶嵌一面门额，朝内向为汉文，朝外向为满文。后来都城沈阳城门门额也仿照此例。

东京城内治门门额
　　石质。长121厘米，宽55厘米。辽宁辽阳博物馆藏。

《东京城内治门门额》拓片

　　边款"大金天命壬戌"尚可见，天命壬戌年，即天启二年（1622年，天命七年）。

东京城德盛门残门额
　　石质。辽宁辽阳博物馆藏。

　　东京城当时设有8座门。从现今发现的4个门额名称可以推断，当时8座城门的名称与后来营建的沈阳城8座门名称一致，即天佑门与地载门、抚近门与怀远门、内治门与外攘门、德盛门与福胜门。由此可证《盛京通志》记载的东京城8座城门名称是错误的。

《清太祖努尔哈赤吉服像》
　　清宫廷画家绘。绢本，设色。纵63.3厘米，横45厘米。故宫博物院藏。

　　明天启五年（1625年，天命十年），清太祖努尔哈赤迁都沈阳城。隆重的迁都庆典，则要穿象征祥瑞的吉服，接受众人的恭贺。

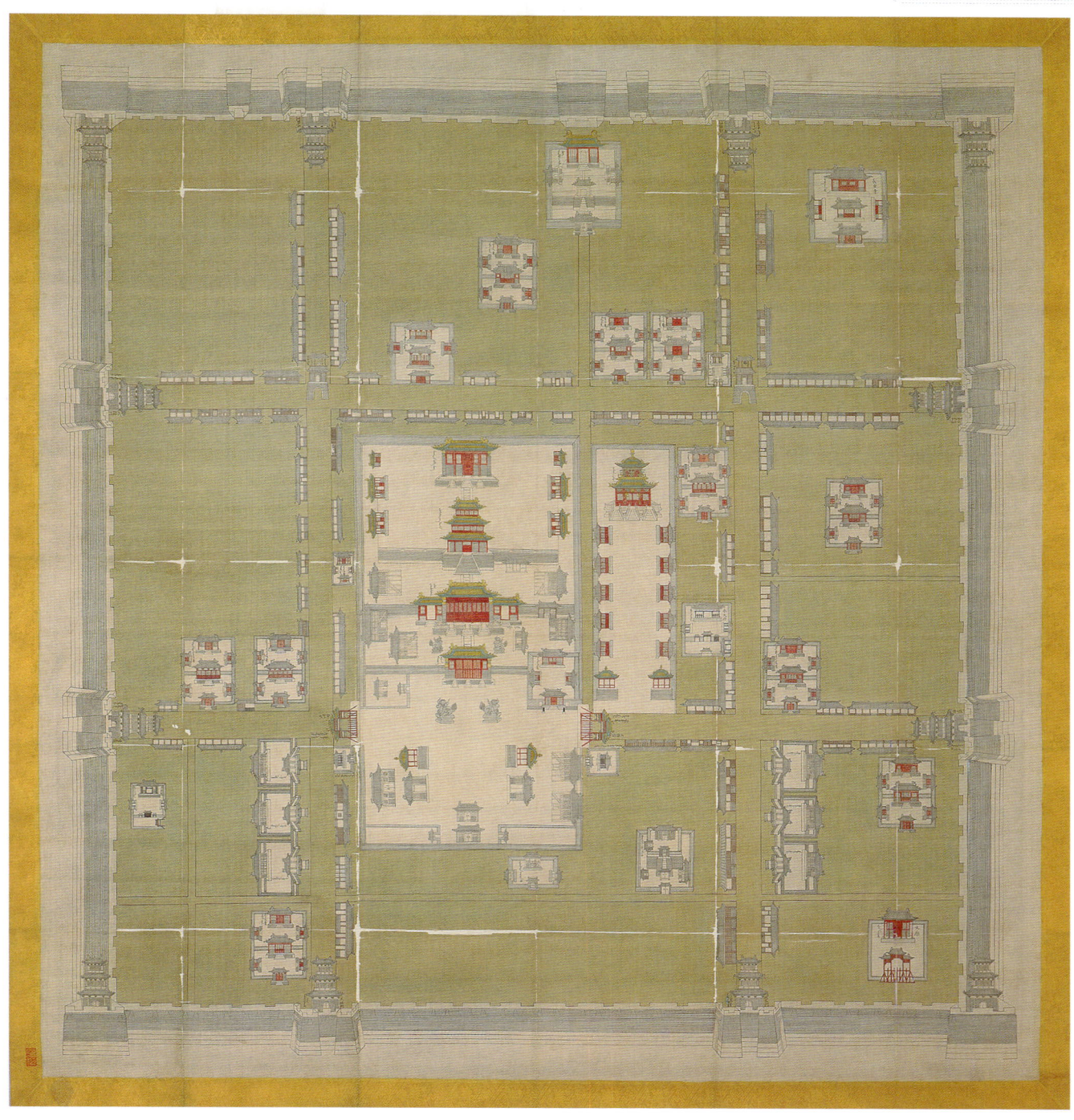

《盛京城阙图》

　　清人绘。绢本，设色。全图纵128厘米，横110厘米。中国第一历史档案馆藏。

　　这幅绘于康熙八年（1669年）之前以满文标注的《盛京城阙图》，标示出盛京城沈阳的整体布局：8座城门、4座角楼、城内的井字形街道、皇宫、汗王寝宫、王府及六部衙署、都察院、理藩院等行政机构。11座王府分别为豫亲王（多铎）府、睿亲王（多尔衮）府、巴图鲁郡王（阿济格）府、饶余郡王（阿巴泰）府、肃亲王（豪格）府、庄亲王（舒尔哈齐）府、礼亲王（代善）府、颖亲王（萨哈连）府、成亲王（岳讬）府、郑亲王（济尔哈朗）府、敬谨郡王（尼堪）府。汗宫建筑群明显大于王府。

大政殿

大政殿为努尔哈赤定都沈阳时所建,坐北朝南,时称"大衙门"。努尔哈赤、皇太极都曾于此处理政务,举行典礼。入关后诸帝东巡盛京,亦在此地举行典礼。

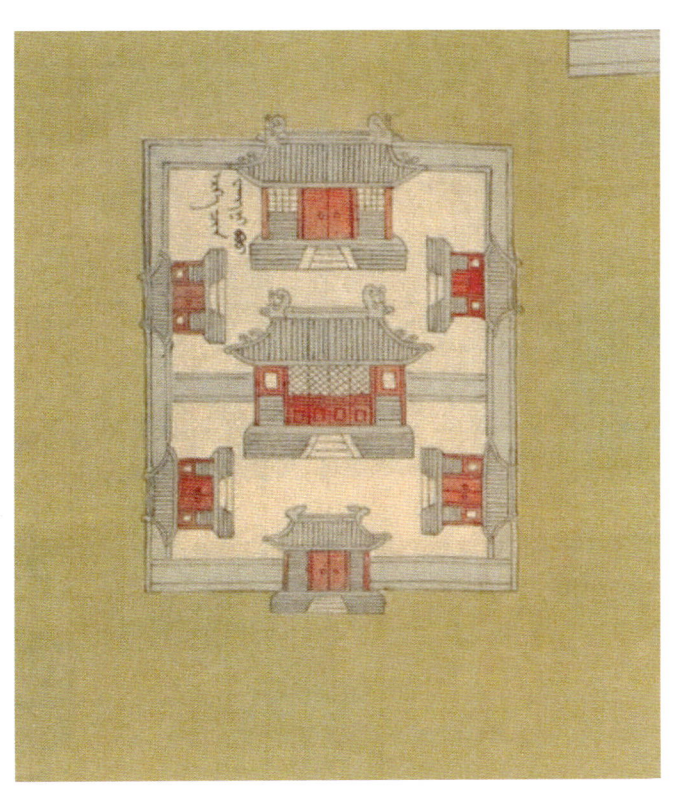

《盛京城阙图·汗王寝宫》

清人绘。绢本,设色,全图纵128厘米,横110厘米。中国第一历史档案馆藏。

《盛京城阙图》标示出清太祖努尔哈赤寝宫位于盛京沈阳城正北,在福胜门——地载门——钟楼——鼓楼围成的方形地域的北部,是努尔哈赤生活起居之所。由此可知,努尔哈赤始迁沈阳城时,是内宫与外朝分建。努尔哈赤汗王寝宫早已不存,惟从《盛京城阙图》中,可以知晓汗王寝宫的建筑格局。

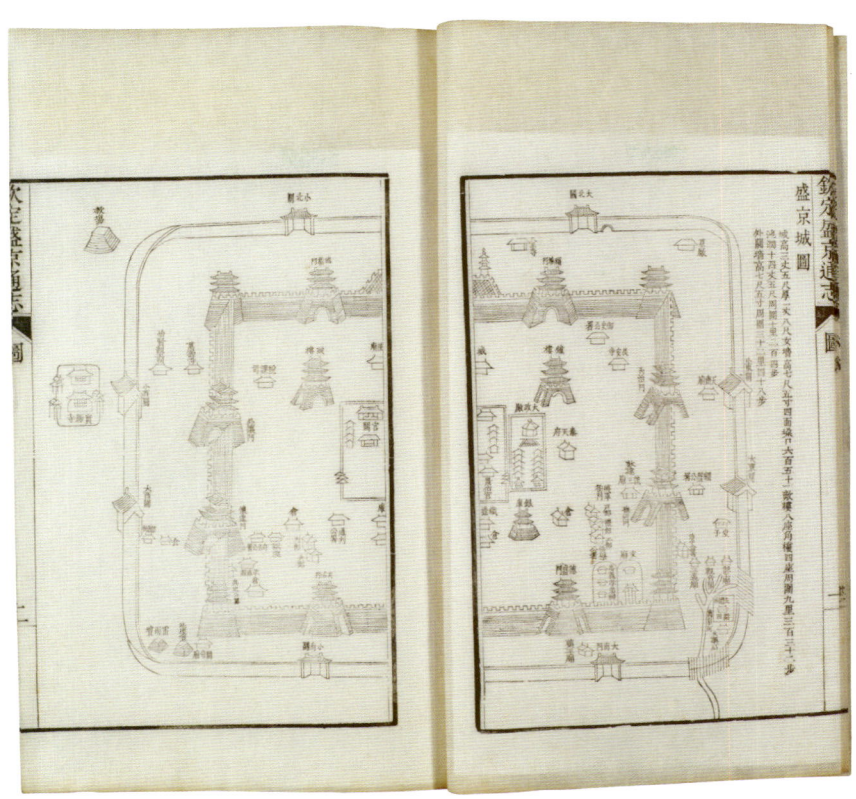

《盛京通志·盛京城图》

（清）阿桂奉敕修，刘谨之等纂。乾隆四十三年（1778年）武英殿刻本。故宫博物院藏。

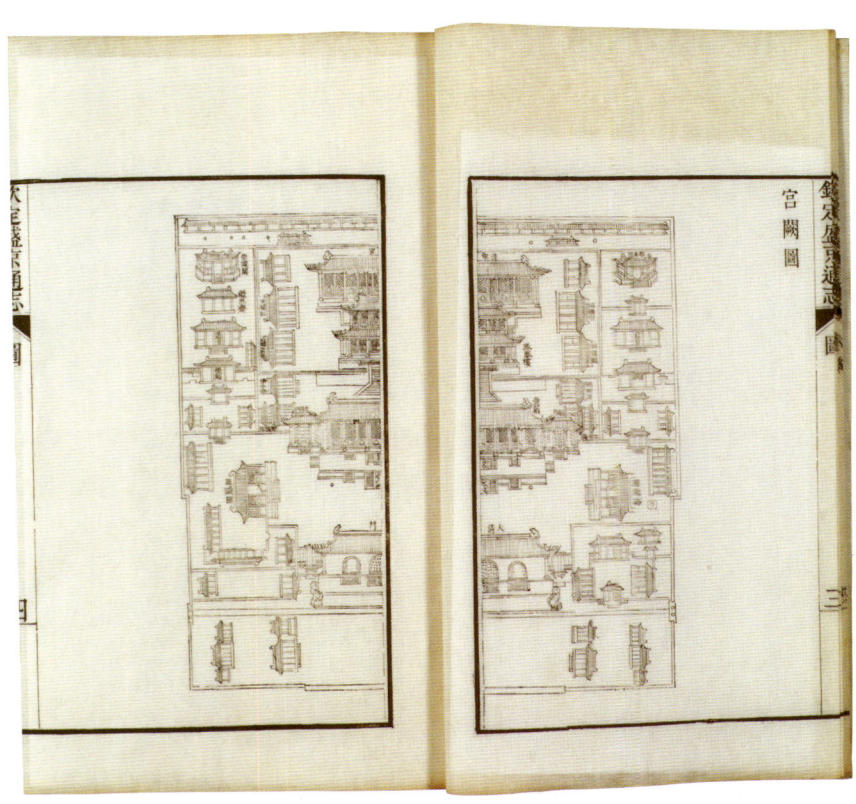

《盛京通志·宫阙图》

《盛京通志》绘制的沈阳城整体布局，包括城门、皇宫、行政机构等。该书详细记载太祖、太宗定都、营建沈阳城的始末，并记述开国宗室、王公、勋臣事迹及山川形胜、建制沿革、风土人情等。

盛京城外攘门旧照

外攘门始建于明崇祯四年（1631年，天聪五年），因居盛京八门中西侧之北，俗称为小西门。门楼三层，歇山顶。门额嵌在券洞上方，墙内门额文字为汉文，外为满文。城门外有半圆形的瓮城，内有登城墙的马道。此门与另外七座门均在清末民国间倾圮，被陆续拆除。从这幅民国时的老照片，尚能领略到昔日盛京沈阳城城门的风貌。

盛京城抚近门门额
沈阳故宫博物院藏。

盛京城怀远门满文门额
沈阳故宫博物院藏。

抚近门门额展示了清代盛京沈阳城的城门门额的统一形式，用砖刻成，每砖一字，三块砖并列组成一个门额。此门额为乾隆二十五年(1760年)重修时所制，1929年城门被拆除。

盛京城钟楼旧照

钟楼始建于明崇祯四年（1631年，天聪五年），位于内治门内四平街东侧十字路口中央。钟楼歇山顶，两层，内悬定更钟，其下四面辟券门供路人通行。已于1929年拆除。

盛京城定更钟

金天德三年（1151年）制。铜质，龙钮。高200厘米。沈阳故宫博物院藏。

这座铸于金代的大钟，重约3000公斤。中部刻有铭文，记录铸造经过及相关人员。清太祖努尔哈赤于明天启元年（1621年，天命六年）在盖州城发现，先后运至辽阳、沈阳。明崇祯四年（1631年，天聪五年），悬挂在钟楼内，成为盛京城的定更钟。它在清代的沈阳城，晨昏定更报时，提醒人们按时作息近300年。1929年钟楼拆除后移至沈阳故宫博物院保存，结束了它的"历史使命"。

盛京城鼓楼旧照

　　鼓楼始建于明崇祯四年（1631年，天聪五年），位于外攘门内四平街西侧十字路口中央。鼓楼歇山顶，两层，内置石碑及鼓，其下四面辟券门供路人通行。1929年拆除。

《盛京城阙图·豫亲王府》

　　清人绘。绢本，设色。全图纵128厘米，横110厘米。中国第一历史档案馆藏。

　　《盛京城阙图》中标示出豫亲王府的位置在四平街北，靠近鼓楼处。豫亲王即多铎，天命朝封为郡王，为清太祖努尔哈赤第十五子，其生母是努尔哈赤的宠妃大妃乌喇纳喇氏，因而多铎颇受其父汗王的宠爱，所建王府距汗王居住的汗宫最近。

豫亲王府石雕影壁石

　　高192厘米，长330厘米，厚65厘米。沈阳故宫博物院藏。

　　此影壁石原立于豫亲王府邸前。顶仿屋宇式，正脊、瓦当、滴水等处雕琢花卉、兽面等图案。壁身雕鹿、雀、松石、仙人等。民国期间，王府拆除，惟有这块影壁石，还能让人们遥想起当年王府建筑的华美。

二　八旗制度

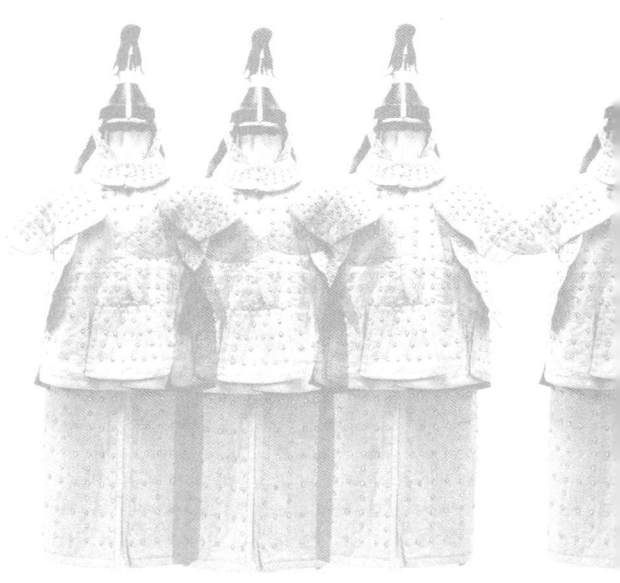

女真人狩猎常结伴而行，人众增多即需统一指挥，其指挥者称为牛录额真，这个多人集体称为牛录。女真人在对外防御与征伐过程中，采取了以牛录额真统领牛录的组织形式，从而牛录组织具有了军事职能。为便于统一指挥大规模围猎或作战，需将若干个牛录组成一个更大的单位，以旗帜为标志导引而不使方位错乱，满语旗帜称为固山，因而这个高于牛录的最大的单位即为固山，汉语称为旗。

明万历二十一年（1601年），清太祖努尔哈赤整齐编制，规定300人为一牛录，五牛录为一甲喇，五甲喇为一固山，分别以牛录额真、甲喇额真、固山额真为首领。初置黄、白、红、蓝四色旗，编成四旗。万历四十三年增镶黄、镶白、镶红、镶蓝四旗，八旗之制确立。女真以固山、甲喇、牛录为三级社会组织形式，融行政、军事职能为一体，与中原政权以府、州、县为社会组织，民与兵相分别完全不同。

由于降附的蒙古、汉人的增多，再编入原来设立的满洲八旗中，不仅会使每一旗的人数过度膨胀，而且民族、兵种的不同，也不便于混编一起。明天启（金天命）年间始设蒙古旗。明崇祯八年（1635年，天聪九年），完成蒙古八旗编制。崇祯四年先编一汉军旗。崇祯六年，孔有德等率部归附后金，将其兵丁单编为两旗，崇祯十五年（1642年，崇德七年），完成汉军八旗的编制。至此，满洲、蒙古、汉军各为八旗的制度臻于完善。

 正黄旗军旗

 镶黄旗军旗

 正白旗军旗

 镶白旗军旗

 正红旗军旗

 镶红旗军旗

 正蓝旗军旗

 镶蓝旗军旗

最初清太祖努尔哈赤只设四个旗，各以黄、白、红、蓝四色旗帜为标志。后在此四旗基础上又发展为八个旗。其旗帜在原来四色的基础上增加镶边，除红旗镶白边外，其他三旗均镶红边，形成四个镶旗。初创时期的旗帜较为朴素，后来在旗帜中部饰以云龙纹，边缘饰以火焰纹。

正黄旗盔甲

　　甲服面绸里布，上衣长73厘米，下裳长78厘米。头盔牛皮质。故宫博物院藏。

正白旗盔甲

　　甲服面绸里布，上衣长73厘米，下裳长78厘米。头盔牛皮质。故宫博物院藏。

　　八旗兵丁在作战时的军装与所在旗的颜色对应，有冬夏之别。这些乾隆年间冬天举行大阅礼时所穿的棉盔甲，以棉布为里，绸为面，并饰以铜钉；盔则为牛皮制作。实战时的八旗盔甲形制与此相同，只是早期的盔甲质地更为朴素而已。

正红旗盔甲

甲服面绸里布,上衣长73厘米,下裳长78厘米。头盔牛皮质。故宫博物院藏。

正蓝旗盔甲

甲服面绸里布,上衣长73厘米,下裳长78厘米。头盔牛皮质。故宫博物院藏。

镶黄旗盔甲
　　甲服面绸里布，上衣长73厘米，下裳长78厘米。头盔牛皮质。故宫博物院藏。

镶白旗盔甲
　　甲服面绸里布，上衣长73厘米，下裳长78厘米。头盔牛皮质。故宫博物院藏。

镶红旗盔甲

甲服面绸里布,上衣长73厘米,下裳长78厘米。头盔牛皮质。故宫博物院藏。

镶蓝旗盔甲

甲服面绸里布,上衣长73厘米,下裳长78厘米。头盔牛皮质。故宫博物院藏。

复建的赫图阿拉城内正白旗衙门

八旗作为军政合一的组织,在非战争时期,每旗都有一定的行政事务需要处理,因而建有专门的衙署。这是复建后的赫图阿拉城内正白旗衙门。

十王亭

十王亭位于今沈阳故宫博物院东路,以大政殿为中心,把左、右翼王亭与八旗王亭呈八字形对称排列,每列五座王亭共十座,合称十王亭,俗称八王亭,是八旗王处理政务的衙门。把汗王与八旗王的办事公署合建一处,并且大政殿本身呈八角形,十王亭又呈汉字"八"字形排列,是清初八旗制度在宫殿建筑上的反映。

正黄旗满洲四甲喇十三佐领图记

铜质，柱钮。长5.5厘米，宽5.5厘米，通高9.6厘米。故宫博物院藏。

正白旗满洲五甲喇头佐领图记

铜质，柱钮。长5.5厘米，宽5.5厘米，通高9厘米。故宫博物院藏。

"正黄旗满洲四甲喇十三佐领图记"印文

印文篆体"正黄旗满洲四甲喇十弎佐领图记"，左为满文，右为汉文。

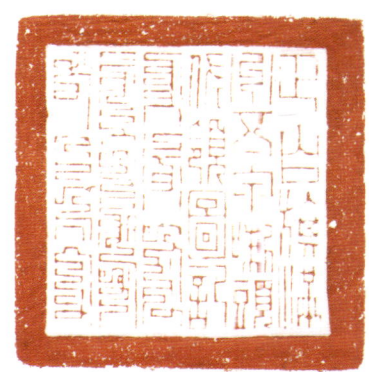

"正白旗满洲五甲喇头佐领图记"印文

印文篆体"正白旗满洲五甲喇头佐领图记"，左为满文，右为汉文。

"图记"是清代官印制度中，对八旗佐领（牛录）这级机构的首领所持官印称谓。随着满洲人口的滋生增加，入关后，清廷又不断增设了很多佐领。该佐领即为康熙三十六年（1697年）编立。此印为乾隆十四年（1749年）十一月改铸。

后金时期以木棱（今黑龙江穆棱）地方来归人丁编立了正白旗满洲五甲喇头佐领（牛录），始以伊沟管理。此印为乾隆十四年（1749年）改铸。

正白旗满洲五甲喇十三佐领图记印面

"正白旗满洲五甲喇十三佐领图记"印文

印文篆体"正白旗满洲五甲喇十叁佐领图记",左为满文,右为汉文。

正白旗满洲五甲喇十三佐领图记

铜质,柱钮。长5.5厘米,宽5.5厘米,通高9.4厘米。故宫博物院藏。

后金时期以东海地方来归人丁编立了正白旗满洲五甲喇十三佐领(牛录),始以侧木忒赫管理。此印为乾隆十五年(1750年)改镌。

"正蓝旗满洲二甲喇十一佐领图记"印文

印文篆体"正蓝旗满洲贰甲喇十壹佐领图记",左为满文,右为汉文。

正蓝旗满洲二甲喇十一佐领图记

铜质,柱钮。长5.5厘米,宽5.5厘米,通高8.5厘米。故宫博物院藏。

后金时期编立了正蓝旗满洲二甲喇十一佐领(牛录),始以赖达管理。此印为乾隆十五年(1750年)改镌。

镶红旗满洲三甲喇十一佐领图记

铜质，柱钮，长5.8厘米，宽5.8厘米，通高9.4厘米。故宫博物院藏。

镶红旗满洲三甲喇十一佐领图记印面

"镶红旗满洲三甲喇十一佐领图记"印文

印文篆体"镶红旗满洲弎甲喇十弌佐领图记"，左为满文，右为汉文。

后金时期，以辉发地方来归人丁编立了三甲喇内第十佐领（牛录），而其内滋生人丁在康熙二十三年（1684年）分出第十一佐领。此印为乾隆十五年（1750年）二月改镌。

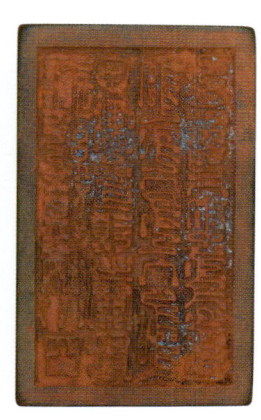
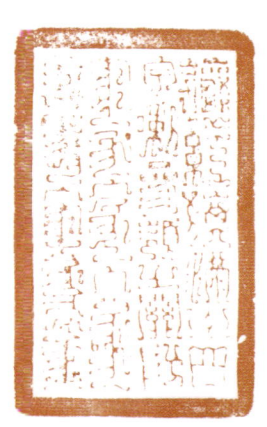

镶红旗满洲四甲喇参领之关防

铜质，柱钮。长9.6厘米，宽6.1厘米，通高11.5厘米。故宫博物院藏。

镶红旗满洲四甲喇参领之关防印款

镶红旗满洲四甲喇参领之关防印面

"镶红旗满洲四甲喇参领之关防"印文

印文篆体"镶红旗满洲四甲喇参领之关防"，左为满文，右为汉文。

甲喇额真在入关后称为参领，"关防"为八旗参领官印的名称。镶红旗满洲四甲喇下设的第一、第三佐领（牛录）均是后金时期设立。此印为乾隆十四年（1749年）十月改镌。

正黄旗蒙古头甲喇十佐领图记
　　铜质，柱钮。长5.6厘米，宽5.6厘米，通高9.4厘米。故宫博物院藏。

正黄旗蒙古头甲喇十佐领图记印面

"正黄旗蒙古头甲喇十佐领图记"印文
　　印文篆体"正黄旗蒙古头甲喇十佐领图记"，左为满文，右为汉文。

　　正黄旗蒙古分为右参领与左参领，右参领即头甲喇，其下属第十佐领（牛录）为后金时期编立，始以松爱管理。此印为乾隆十四年（1749年）十一月改镌。

　　明崇祯二年（1629年，天聪三年），袁崇焕诱杀毛文龙后，其部众瓦解，终至投降后金政权。档案中开列，崇祯六年四月，孔有德等归降后金的汉军各种职官的姓名、职务，兵丁总数达到12151人。如此庞大的归降队伍，而且是使用火器重炮的步军与习于水战的水兵，难于融入满洲八旗中，于是，全面编制汉军八旗成为必然。

《孔有德来归官兵数目清单》
　　台湾历史语言研究所藏。

正红旗汉军三甲喇二佐领图记印面

"正红旗汉军三甲喇二佐领图记"印文

印文篆体"正红旗汉军弍甲喇弍佐领图记",左为满文,右为汉文。

正红旗汉军三甲喇二佐领图记

铜质,柱钮。长5.8厘米,宽5.7厘米,通高9.6厘米。故宫博物院藏。

正红旗汉军三甲喇二佐领图记印款

明崇祯八年(1635年,天聪九年)后金编立了正红旗汉军三甲喇二佐领(牛录),初以察哈尔千总姜一魁管理。此印乾隆十五年(1750年)改镌。

"镶蓝旗汉军五甲喇参领关防"印文

印文篆体"镶蓝旗汉军五甲喇参领关防",左为满文,右为汉文。

明崇祯十五年(1642年,崇德七年)编立了镶蓝旗汉军五甲喇第二、第三、第四佐领。此印文为乾隆十四年(1749年)十月改镌。

镶蓝旗汉军五甲喇参领关防

铜质,柱钮。长9.7厘米,宽6.1厘米,通高11.2厘米。故宫博物院藏。

清太宗皇太极鹿角椅

通高119.5厘米,椅高57厘米,靠背高64厘米,长83厘米,宽53厘米,鹿角围长184厘米。沈阳故宫博物院藏。

八旗兵对敌作战主要使用弓箭,射猎技术的高低,直接影响对敌战斗的水平,所以,满洲统治者大力提倡骑射精神。清太宗皇太极这把御用座椅的扶手及靠背围缘,是依所猎鹿的两角的自然之形制成,以此来弘扬其民族的尚武精神,警示后人不可对骑射有所荒怠。清代后世皇帝也有这种鹿角座椅。当乾隆皇帝东巡盛京沈阳时,曾瞻仰了这把座椅,并在椅背正中题有御制诗,告诫子孙切不可忘记"国语骑射"。

太祖太宗朝

箭亭

这是北京紫禁城皇宫内的箭亭。清代皇帝为弘扬其民族的骑射尚武精神，在皇宫内、苑囿内设有箭亭，练习骑射。

紫光阁八旗谕旨碑

骑射是满洲的根本,对此努尔哈赤以后的清代各皇帝都十分重视。乾隆十七年(1752年)、二十四年又先后两次颁发上谕,重申太宗皇帝当年反对更改服制,坚持满洲衣冠的尚武精神,要求八旗王公大臣务精于骑射,娴熟满语。后将谕旨刻碑数通,分别立在宫内箭亭、西苑紫光阁、八旗教场等地,作为训诫。

《紫光阁八旗谕旨碑》拓片

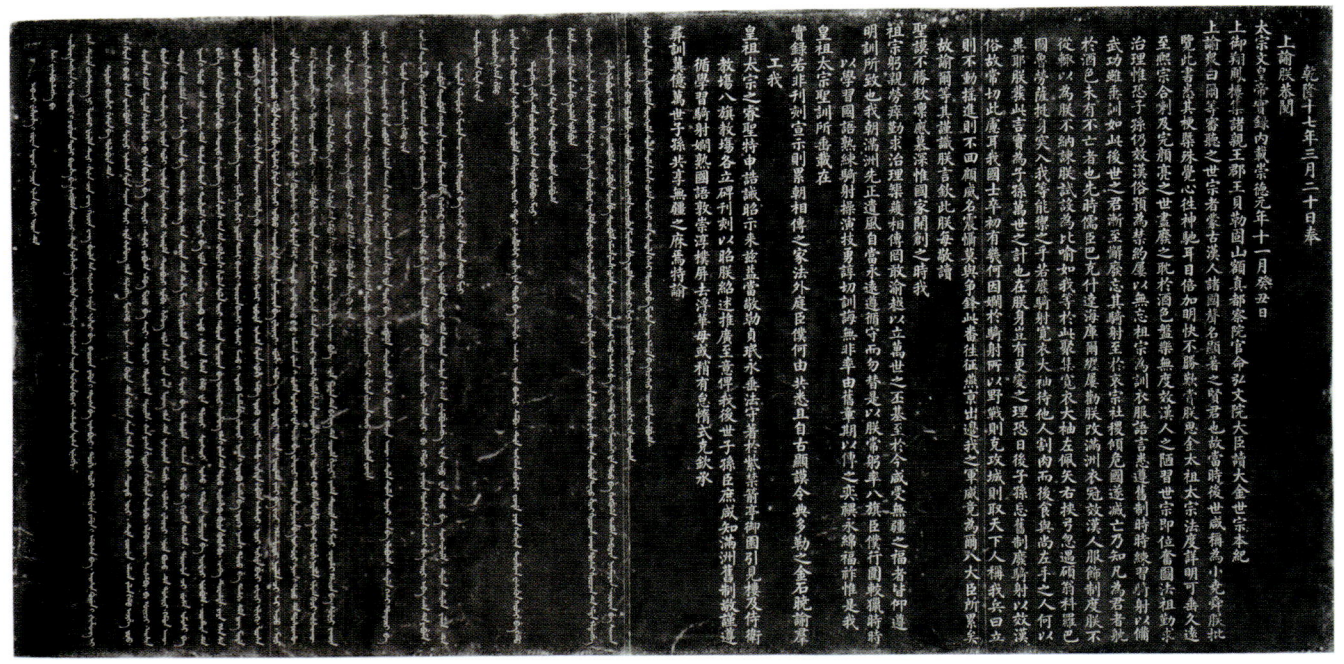

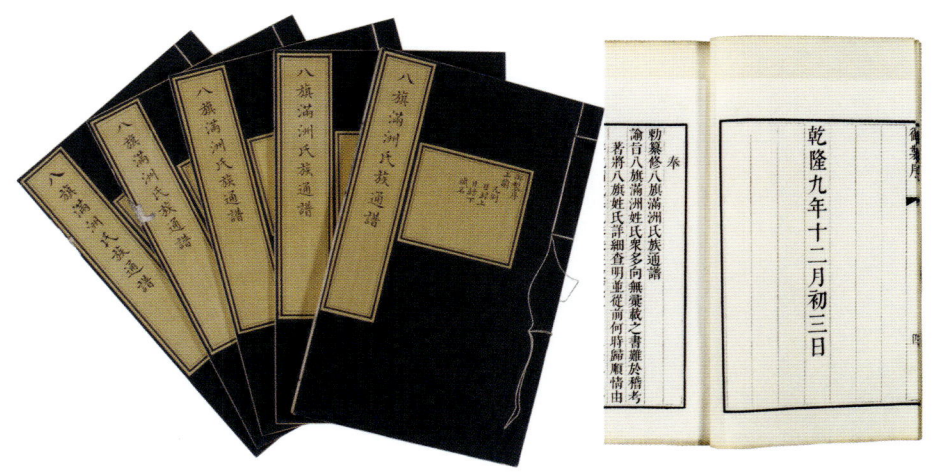

《八旗满洲氏族通谱》

雍正十三年（1735年），弘昼、鄂尔泰、福敏、徐元梦等奉敕撰修。乾隆九年（1744年）武英殿刻本。故宫博物院藏。

这部书详细记载了加入八旗各满洲氏族的源沉。

《八旗通志初集》

雍正五年（1727年），鄂尔泰等奉敕撰。乾隆四年（1739年）武英殿刻本。故宫博物院藏。

本书记载八旗的建制、职官、经济、教育等各项制度，是全面记载八旗制度及八旗人物的专门志书。

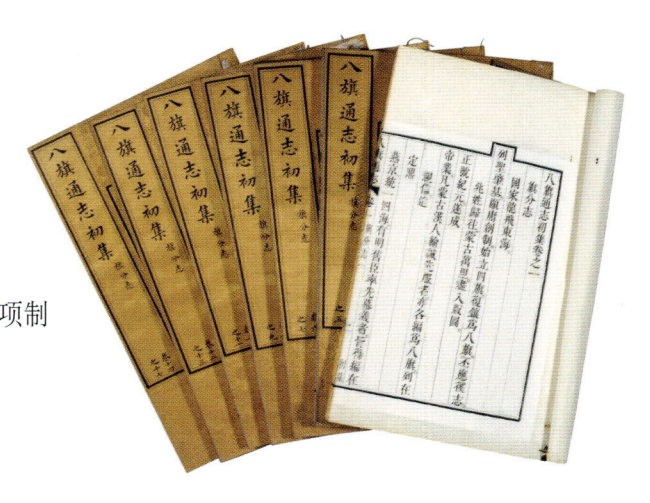

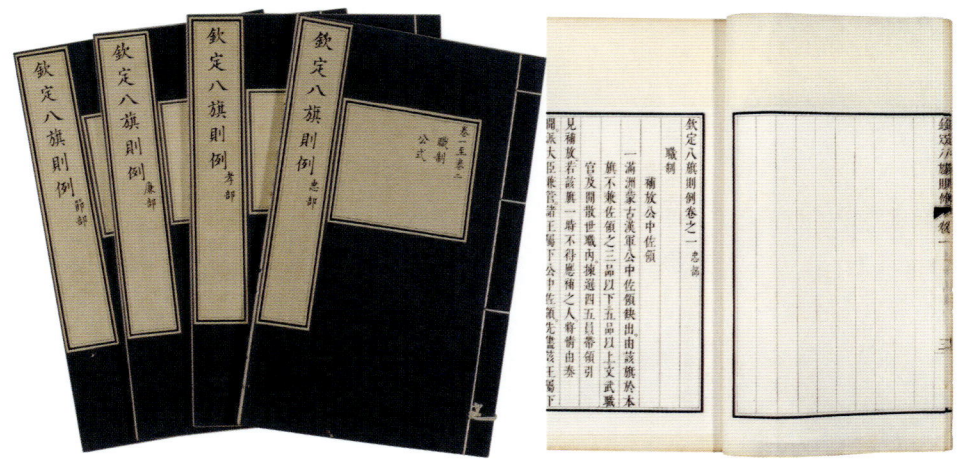

《钦定八旗则例》

（清）福隆安等奉敕撰。乾隆五十年（1785年）武英殿刻本。故宫博物院藏。

该书中详细记载八旗旗务规则及办理旗务的事例，是规范八旗制度的经典文献。早在乾隆八年（1743年）即由鄂尔泰等人编撰，二十九年尹继善等人续编，福隆安等人最后编定。

三　汗位传承

　　明天启六年（1626年，天命十一年）正月，清太祖努尔哈赤在宁远城战败，这是他起兵以来唯一的败仗，成了他心中挥之不去的巨大阴影，终于在郁闷中结束了戎马一生。但努尔哈赤未及确立继承人，就撒手人寰，汗位继承问题成为后金的政治焦点。

　　努尔哈赤生前曾先后属意于长子褚英与次子代善，由于二人自身的原因以及其它因素，终使努尔哈赤放弃初衷，而在天启二年确定了八大贝勒共治国政的制度，指定了八旗的四大王与四小王，四大王即四大贝勒：代善、阿敏、莽古尔泰、皇太极。皇太极为其第八子，既有显赫的军功，又有较强的政治才能，与代善形成抗衡之势。

　　努尔哈赤死后，经过各种明争暗斗，皇太极接受众贝勒的拥戴，登上汗位，次年改元天聪。

　　皇太极虽为后金汗，却与三大贝勒南面并坐；而且重大决策必须顾及三大贝勒的意见。这种四大贝勒共享汗王权力的体制，极大地制约了皇太极的权力与地位。因而皇太极即位之初就不断采取措施，设立八大臣与十六大臣，侵削三大贝勒的权力。至明崇祯五年（1632年，天聪六年）元旦开始，惟汗王南面受贺，从此，皇太极南面独尊地位最终确立。崇祯九年，皇太极公开宣称为"宽温仁圣皇帝"，改是年为崇德元年，完成集权政治。他在加强中央集权的同时，也完善了各种宫廷制度。

（一）努尔哈赤之死

《清太祖努尔哈赤朝服像》轴
　　清宫廷画家绘。纸本，设色。纵55厘米，横39.8厘米。故宫博物院藏。

　　一代天骄清太祖努尔哈赤，拥有一统女真、称汗建元、占领辽东、建立八旗、创制满文的卓著功勋。然而宁远之败的苦果，终使这位常胜将军难咽，明天启六年（1626年，天命十一年），带着他未能实现的跨越辽西、进军关内的梦想，离开了人世。

《福陵图》轴

　　清宫廷画家绘。绢本，设色，纵156厘米，横88厘米。中国第一历史档案馆藏。

　　清太祖努尔哈赤死后葬于今辽宁沈阳的东郊石嘴山（后改称天柱山），陵墓称福陵，俗称沈阳东陵。该画面描绘了福陵殿宇的整体格局，以及陵区郁郁葱葱的林木。

福陵下马坊

清太祖努尔哈赤的后人祭祀福陵时，要在此处下马，改为步行，以示对先祖的景仰。

福陵下马坊额

坊额上以满、汉、蒙三体文字写有"往来人等至此下马如违定依法处"的警示语。

福陵匾额

额上文字左、中、右分别为汉、满、蒙文。

福陵碑楼

碑楼内立有"太祖高皇帝之陵"碑,碑文以满、蒙、汉三种文字书写,碑文盛赞努尔哈赤开创大清基业的丰功鸿勋。

福陵隆恩门

此陵的隆恩门为三重檐楼式结构,其建筑格局与关内的清帝陵墓略有不同。

福陵方城

方城正中的隆恩殿,是后世皇帝前来祭祀,举行典礼之地。

清太祖高皇帝谥宝

玉质，交龙钮。长12.6厘米，宽12.6厘米，通高11.7厘米。故宫博物院藏。

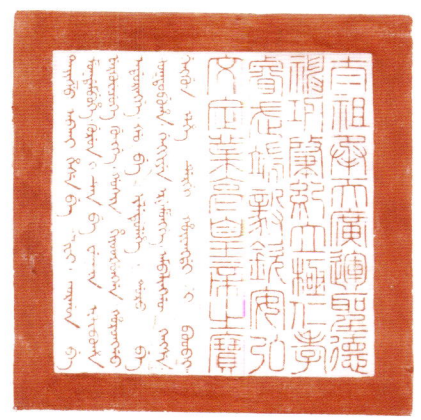

清太祖高皇帝谥宝宝文

印面文字为"太祖承天广运圣德神功肇纪立极仁孝睿武端毅钦安弘文定业高皇帝之宝"，左为满文本字，右为汉文篆体。

根据清太祖努尔哈赤一生开国创业的丰功，清太宗皇太极为其上尊谥为"承天广运圣德神功肇纪立极仁孝武皇帝"，康熙元年（1662年）加"睿武"、"弘文定业"六字，改武皇帝为高皇帝，雍正元年（1723年）、乾隆元年（1736年）又分别加"端毅"、"钦安"四字，以后固定不变。后世皇帝把先帝尊谥刻成谥宝，供奉在太庙，接受庙享，以示对先祖的孝敬。"太祖"为努尔哈赤庙号。

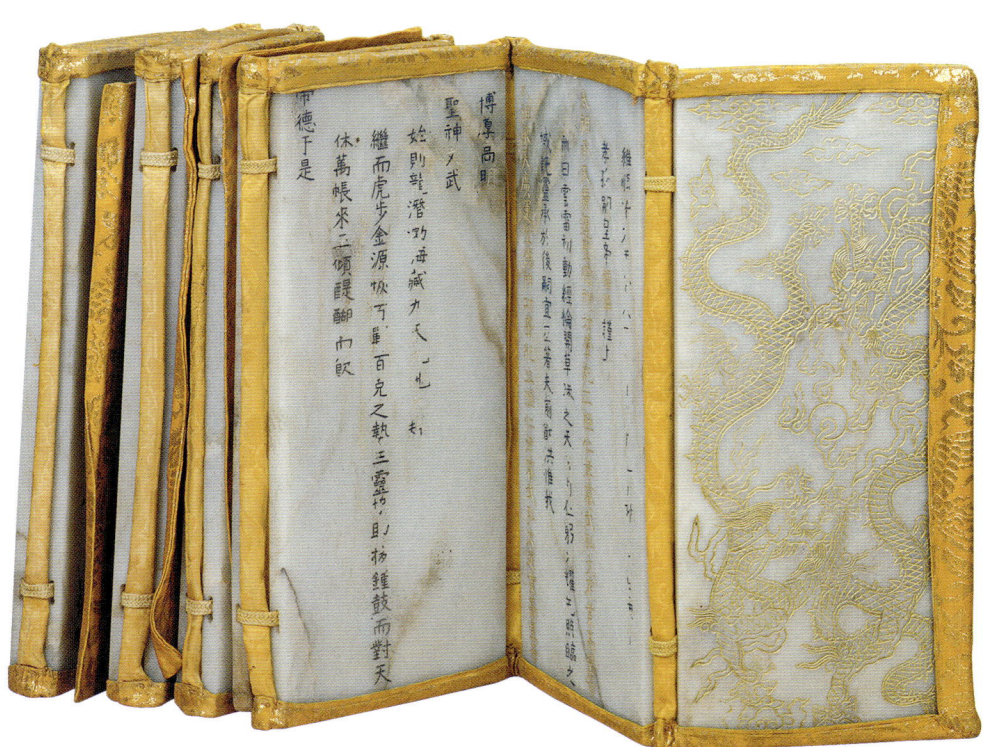

清太祖高皇帝谥册

玉质。10片。每片长28.5厘米，宽12.8厘米，厚1厘米。故宫博物院藏。

谥册与谥宝一样，同是供奉在太庙的神物。

孝慈高皇后谥宝

玉质,交龙钮。长12.6厘米,宽12.6厘米,通高11.5厘米。故宫博物院藏。

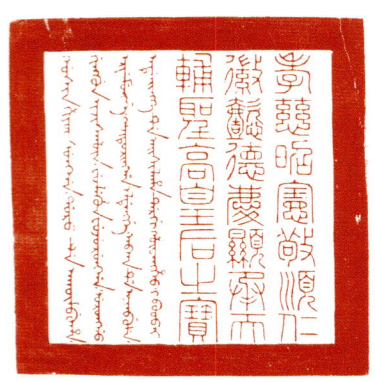

孝慈高皇后谥宝宝文

印面文字为"孝慈昭宪敬顺仁徽懿德庆显承天辅圣高皇后之宝",左为满文本字,右为汉文篆体。

孝慈高皇后,姓纳喇氏,为叶赫部长杨吉努之女。明万历二十年(1592年)生子皇太极,万历三十一年病逝,享年29岁。明崇祯二年(1629年,天聪三年)与清太祖努尔哈赤合葬福陵。崇祯九年(1636年,崇德元年)上尊谥为"孝慈昭宪纯德真顺承天育圣武皇后",顺治元年(1644年)祔太庙。康熙元年(1662年)改谥,雍正、乾隆朝累次加谥为"孝慈昭宪敬顺仁徽懿德庆显承天辅圣高皇后"。

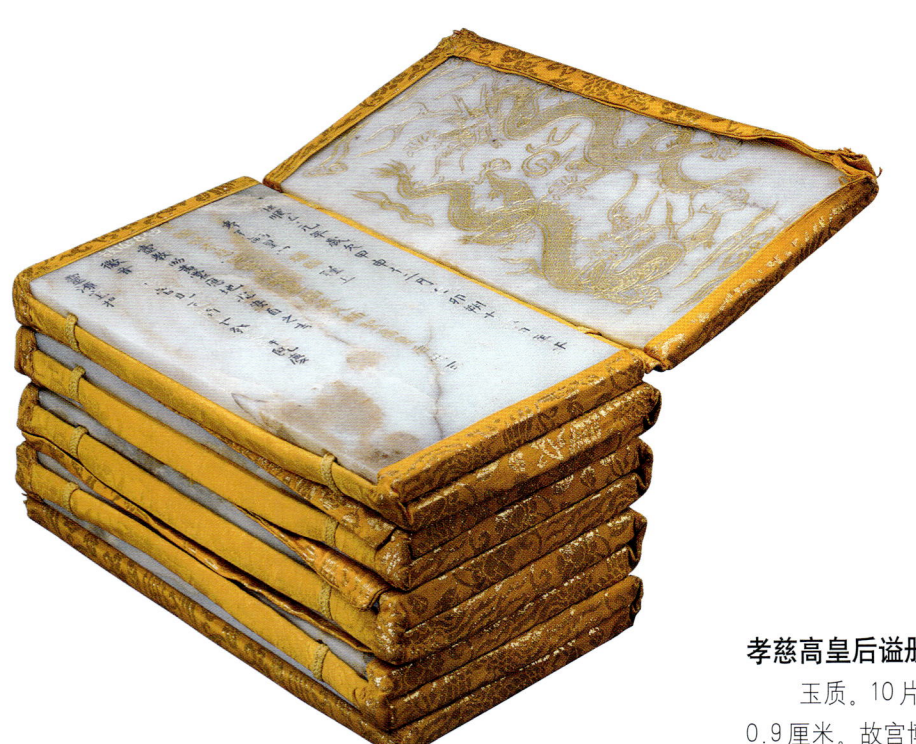

孝慈高皇后谥册

玉质。10片。每片长28.5厘米,宽12.8厘米,厚0.9厘米。故宫博物院藏。

（二）皇太极集权

《清太宗皇太极吉服像》轴

清宫廷画家绘。绢本，设色。纵272.5厘米，横142.5厘米。故宫博物院藏。

明天启六年（1626年，天命十一年）九月一日，荣登汗位的皇太极在大政殿举行隆重的即位大典，届时他身着华美的冠服，威仪凛凛，端坐在宝座上，接受众贝勒、大臣的叩拜。

大政殿

清太宗皇太极登极大典在此举行。群臣三叩九拜后，皇太极在此率先向天盟誓，以国家为重，发展皇考太祖的事业，敬兄爱弟；实行善政，爱养百姓。代善、阿敏、莽古尔泰三大贝勒则率众兄弟子侄宣誓，共同辅弼新汗王，完成女真统一天下的大业。

满文"天聪通宝"钱（正面）　　**满文"天聪通宝"钱（背面）**
北京市古代钱币展览馆藏。

皇太极即位后，发行"天聪通宝"钱，以与天命汗钱共同流通。

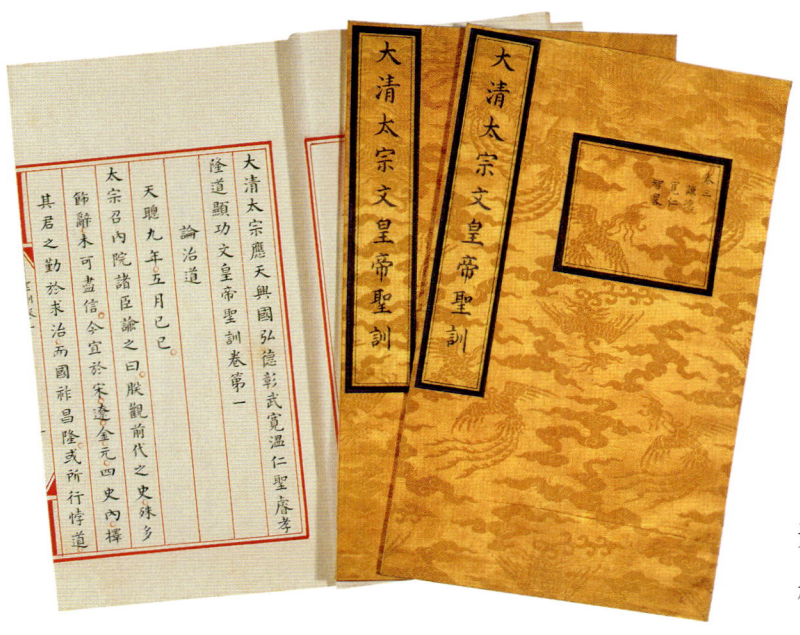

《清太宗文皇帝圣训》

乾隆四年（1739年）武英殿刻本。故宫博物院藏。

全书六卷，是皇太极训谕结集。此书顺治朝开始整理，未竣，康熙朝重编。书中反映了皇太极立纲陈纪、劝文讲武的治政与军事思想。

《清太宗文皇帝实录·设八大臣上谕》

清太宗皇太极以四大贝勒之一的身份继承汗位，因此频频与另外三大贝勒之间产生权力冲突。明天启六年（1626年，天命十一年）九月丁丑（初八），刚刚即位的皇太极就开始改革政治体制，设立八大臣与十六大臣制。以八大臣管理八旗的一切事务，并参与议政。十六大臣设立两班，第一班不出兵驻防，佐理国政，审决案狱；第二班则出兵驻防，亦参与审案。这就把原来四大贝勒分权治理的制度分解成更为灵活的直接管辖制度，削弱了三大贝勒的权力，进而使权力开始向皇太极一人手中归集。

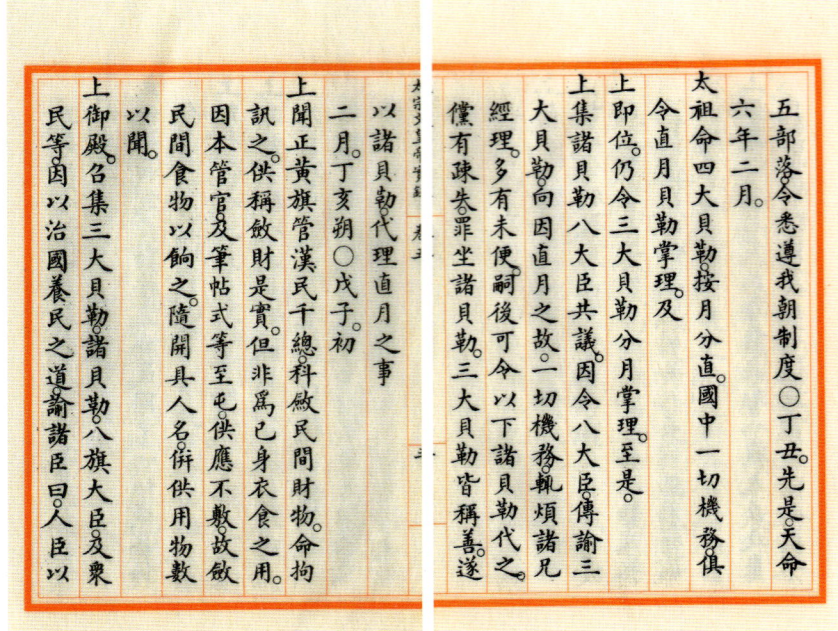

《清太宗文皇帝实录·诸贝勒代理值月之事上谕》

为树立绝对的权威，明崇祯二年（1629年，天聪三年）正月，清太宗皇太极通过八大臣共议制度，由他们向三大贝勒传达汗谕：日后由八大臣代替四大贝勒按月分值机务。皇太极通过这一举动，成功地把三大贝勒轮流执政的行政管理权转移到八大臣的手中，为他进一步集权逐步扫清了障碍。

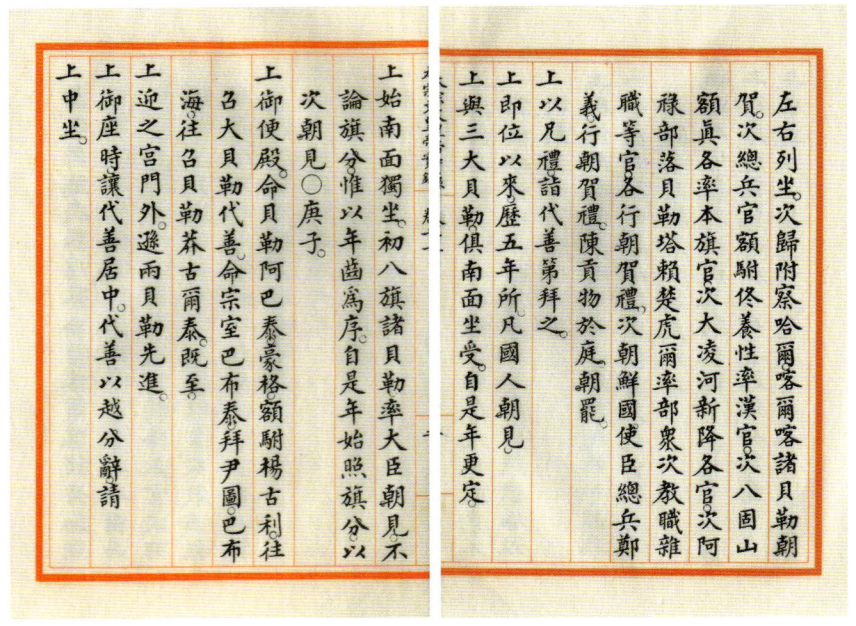

《清太宗文皇帝实录·南面独尊》

剥夺三大贝勒的权力，使清太宗皇太极的绝对权威逐渐凸显出来。明崇祯四年（1631年，天聪五年）十二月，为次年元旦朝贺典礼排位问题，代善颇识时务地提出：此前四大贝勒接受朝贺并坐，实属非礼；自此而后，汗于南面中坐，三大贝勒坐于侧位。此议正中皇太极下怀。第二年元旦朝贺大典，皇太极正式面南独坐，标志着后金政治体制已从八旗共议制向中央集权制过渡的完成。

大政殿内宝座

殿内清太宗皇太极一人南面而坐的宝座，取代了曾经由四大贝勒同时南面而坐的共座。殿中的陈设是乾隆帝东巡时重制。

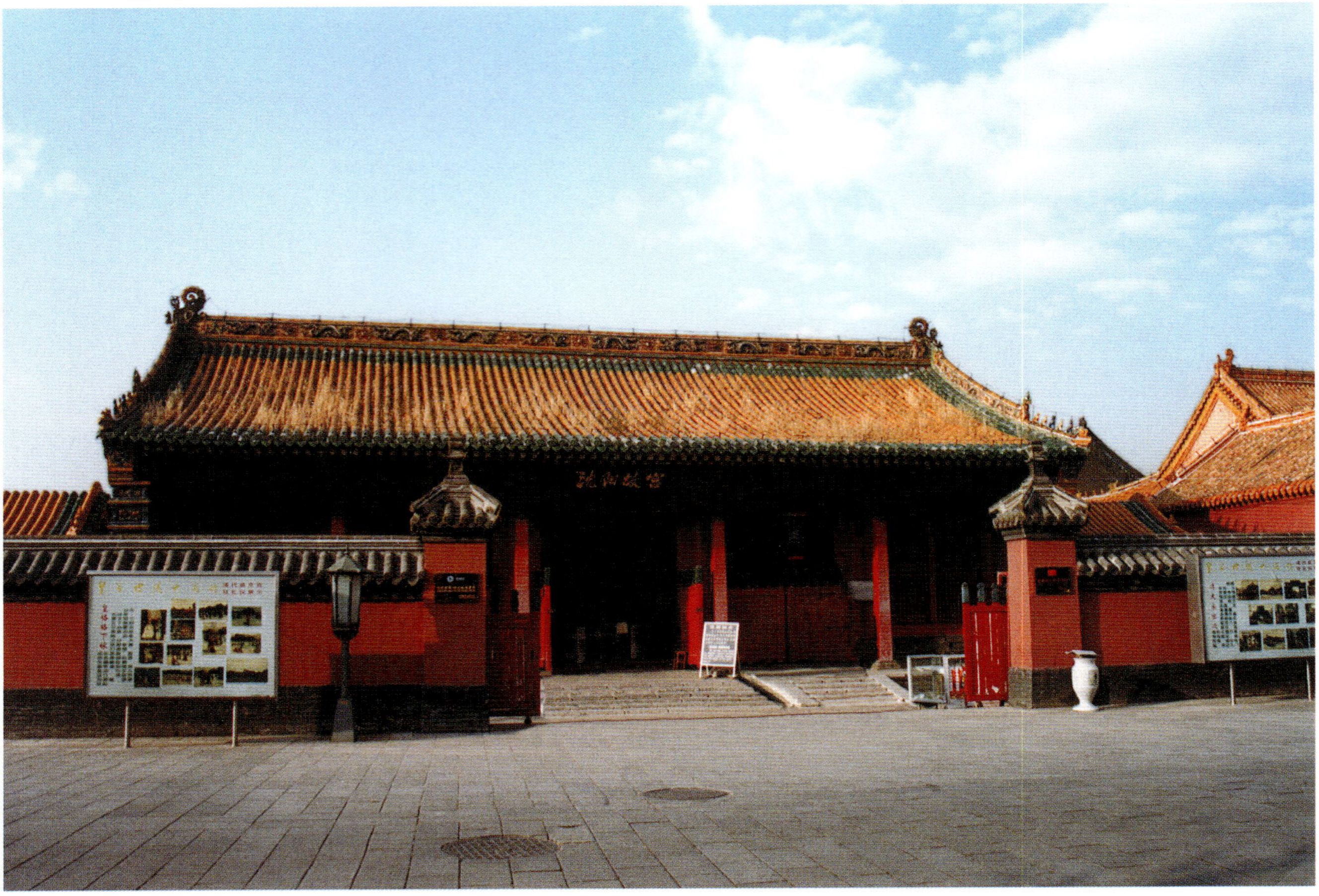

大清门

大清门建于明崇祯五年（1632年，天聪六年）以前，为皇宫正门，原称大门或正门，俗称为午门。崇祯九年（1636年，崇德元年）定宫殿名称时改称为大清门。平日这里是文武百官候朝之所，纳降、校射以及官员谢恩等也在此处举行。

上以受尊號祭告
天地受
寬溫仁聖皇帝尊號建國號曰大清改元爲崇
德元年是日黎明
上率諸貝勒滿洲蒙古漢官出德盛門至
壇
上下馬立陳設祭物畢導引官滿洲一員漢人
一員引至
壇前

《清太宗文皇帝实录·称皇帝与改国号为清上谕》

明崇祯九年（1636年，天聪十年）四月，清太宗皇太极发布谕旨，改国号“金”为“清”，开始了由一个地方政权向汉文化系统中一个全国性政权的过渡。皇太极改称谓“汗”为“皇帝”，宣示着对抗明朝，入主中原的决心。

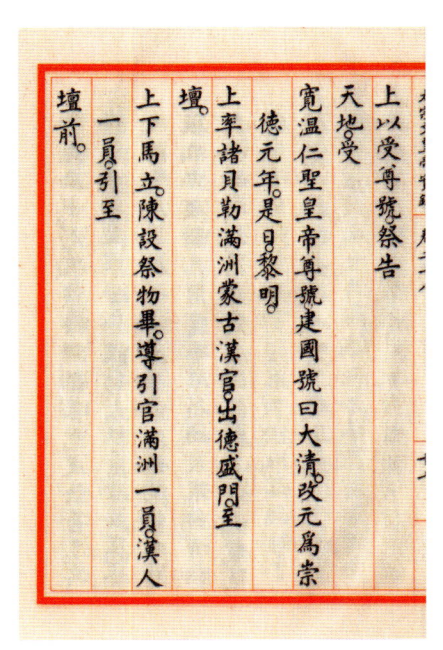

皇帝之宝

青玉质,交龙钮。长12.5厘米,宽12.5厘米,通高9.5厘米。故宫博物院藏。

"皇帝之宝"宝文

印文为满文篆体"皇帝之宝"。

"皇帝之宝"为清代御宝"二十五宝"之一,根据乾隆帝所撰《〈交泰殿宝谱序〉后》可知,此宝与以下三方御宝均是清太宗皇太极时期所制,未敢改镌,仍为先祖使用时的原貌。宝文称"皇帝",而非"汗",以此表明皇太极至尊的帝位。

大清受命之宝

白玉质，盘龙钮。长14厘米，宽14厘米，高12厘米。故宫博物院藏。

"大清受命之宝"宝文

印文左为满文本字，右为汉文篆体"大清受命之宝"。

以"大清受命"为宝文，意在宣示清朝国祚乃为上天所授，合乎天道。

皇帝奉天之宝

　　碧玉质，盘龙钮。长14厘米，宽14厘米，通高15.2厘米。故宫博物院藏。

"皇帝奉天之宝"宝文

　　印文左为满文本字，右为汉文篆体"皇帝奉天之宝"。

　　宝文"奉天"，即奉天承运、奉天行道之意。

大清嗣天子宝

金质，交龙钮。长9厘米，宽9厘米，通高7.6厘米。故宫博物院藏。

"大清嗣天子宝"宝文

印文左为满文本字，右为汉文篆体"大清嗣天子宝"。

宝文"大清嗣天子"，意在表明清王朝承继的是华夏正统。

"皇帝之宝"信牌

木质。高29.8厘米,直径23厘米,厚2.1厘米。沈阳故宫博物院藏。

传递公文谕令时,官员使用此种符牌以为凭证。清太宗皇太极称帝以后,使用的符牌上刻有"皇帝"二字。其背面还贴有钤"金国汗之宝"印文的纸张,可以推断这种印牌应是皇太极称皇帝初期所用。信牌正面阳刻满、汉、蒙三体"皇帝之宝"。

"宽温仁圣皇帝"信牌

木质。高31.2厘米,直径21.3厘米,厚2.4厘米。沈阳故宫博物院藏。

清太宗皇太极称皇帝之后,新制的信牌刻以"宽温仁圣皇帝"字样。其上部浮雕行龙,孔系黄绦,正面阴刻满、汉、蒙三体"宽温仁圣皇帝信牌",背面光素。牌外有皮制护套,彩绘龙纹,系黄绦。

崇政殿

崇政殿匾额

匾额上文字左为满文,右为汉文。

崇政殿为清太宗皇太极时期修建,是盛京皇宫的正殿,俗称金銮殿。皇太极在此处理政务,接见外国使节与少数民族首领。

凤凰楼

凤凰楼座落于崇政殿后，是外朝与内廷的分界。它建在人工堆砌的4米高台之上，是清代盛京沈阳城中的最高建筑。清太宗皇太极在凤凰楼内举行宫廷筵宴，帝后王公于此居高临下，王京都城，一览无余。

清宁宫

清宁宫为清太宗皇太极时营建的内廷中宫,东稍间是他与皇后博尔济吉特氏的寝居之所。皇太极称帝前,后宫未有名号,仅沿用国俗称为"福晋"。至崇德改元,开始命名后宫,确立五宫制,即中宫清宁宫、东宫关雎宫、西宫麟趾宫、次东宫衍庆宫、次西宫永福宫,同时也就相应地排定了后妃的次序。

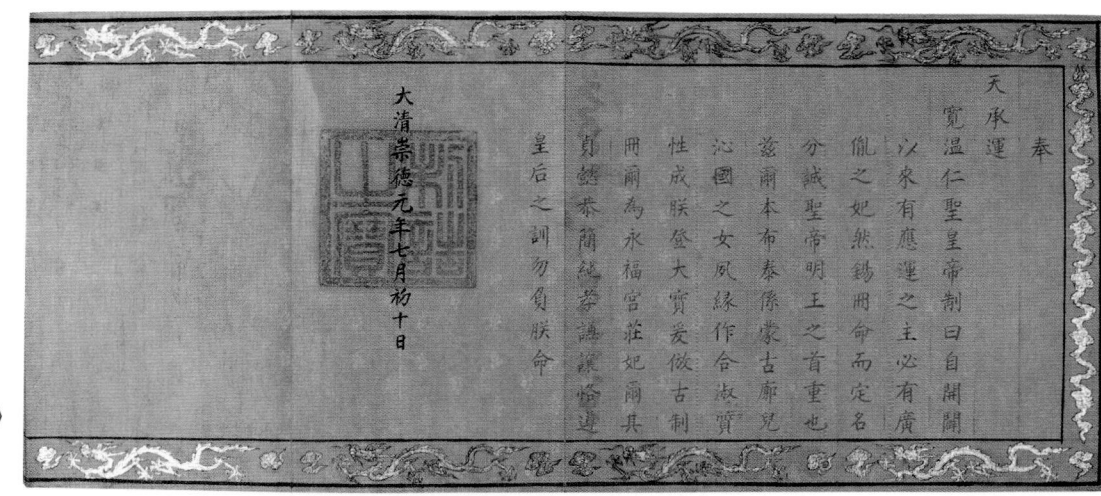

《册封庄妃册文》右部

《册封庄妃册文》中部

《册封庄妃册文》左部

册文中部为蒙文，左为满文。中国第一历史档案馆藏。

这是册封永福宫庄妃的册文。庄妃，姓博尔济吉特氏，名布木布泰，明万历四十一年（1613年）生。明天启五年（1625年，天命十年）嫁与清太宗皇太极。明崇祯九年（1636年，崇德元年），清太宗皇太极册封后宫时被封为次西宫。此次同时受封的还有中宫皇后博尔济吉特氏哲哲、东宫宸妃博尔济吉特氏海兰珠、西宫贵妃娜木钟、次东宫淑妃巴特玛·璪，但这4位后妃的册文均已不存，惟有这件册文还珍藏在中国第一历史档案馆。

《庄妃朝服像》轴

清宫廷画家绘。纸本，设色。纵92厘米，横53厘米。沈阳故宫博物院藏。

庄妃是清太宗皇太极所立的次西宫永福宫妃，明崇祯十一年（1638年，崇德三年）生皇九子福临，即清世祖顺治皇帝。康熙二十六年（1687年）去世，享年75岁，上谥号为"孝庄文皇后"。她一生辅佐顺治与康熙两位少年皇帝，对清初政权的稳定与统一中原起过至关重要的作用。

文德坊额

　　文德坊位于盛京皇宫大清门外东侧，称为东华门。明崇祯十年（1637年，崇德二年）建。额自上而下用满、汉、蒙三种文字书写坊名。

武功坊

武功坊额

　　武功坊位于大清门外西侧，称为西华门。明崇祯十年（1637年，崇德二年）建。

四　确立行政制度

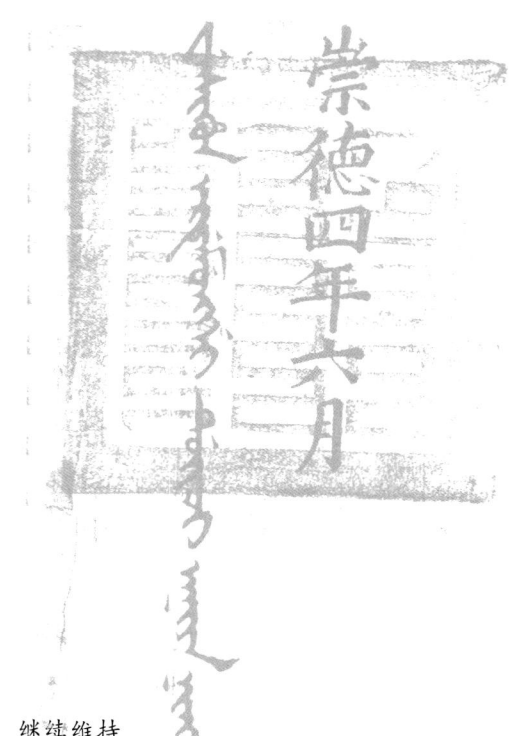

清太宗皇太极时期，由于后金势力的发展，逐步深入广大的汉、蒙地区，继续维持单纯的八旗统治制度，已无法顺应新的形势。况且后金的最终目标是问鼎中原，夺取汉族占绝大多数的全国统治权，就要与中原统治方式接轨。历史的趋势决定了后金必须对旧体制实施变革。借用明朝已经运转了200多年的较为有效的行政模式，是后金朝廷尽快变革体制，适应新形势的捷径。归附后金的明朝官吏、文士，结合明朝《会典》与后金的实际，提出了以"参汉酌金"为原则建立新的行政制度的方案。

天聪五年（1631年），皇太极仿效明制设置六部，直属于汗王。但后金的六部不设尚书，而以女真贵族中的八旗贝勒掌管部务。六部除主持部务贝勒外，其他职位以满、蒙、汉三种民族组成。组建六部成为皇太极政治体制接受汉法的开端。

天聪三年，后金设立文馆，后改为内三院，即内国史院、内秘书院、内弘文院。内三院的职能与中原王朝翰林院与内阁的职能相匹配。崇德元年（1636年），后金仿照明朝的监察体制建立都察院。天聪八年设立管理蒙古事务的蒙古衙门，同年扩大并更名为理藩院，成为与六部平行的机构，管理蒙古族与西藏事务及喇嘛教宗教事务；入关后管理除满、汉族而外的一切民族事务。理藩院的设立是后金政权的一个创举，是机构改制中"酌金"原则的具体体现。

《清太宗皇太极朝服像》轴

清宫廷画家绘。绢本,设色。纵64厘米,横44.5厘米。故宫博物院藏。

清朝皇帝第一人皇太极,不囿于女真固有的发展模式,主动接受汉族的先进管理体制,以"参汉酌金"为原则,成功地把女真与汉族制度嫁接到一起,为后继者入关后尽快顺应对汉族占绝大多数的全国统治奠定了行政基础。

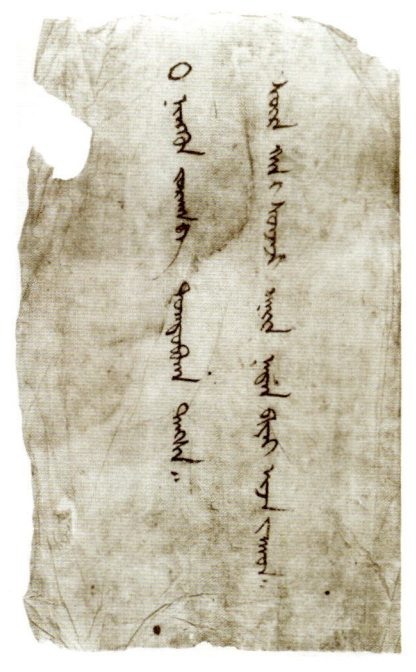 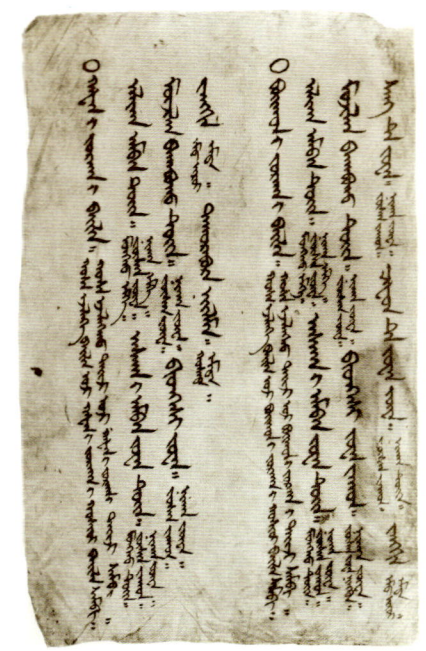 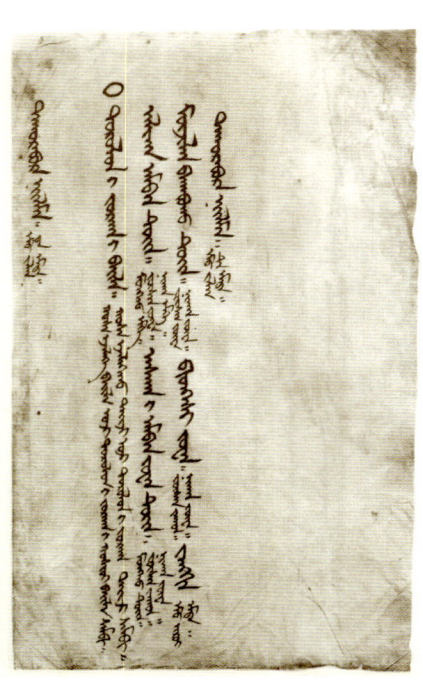

《设立六部文档》前部

台湾历史语言研究所藏。

这是用老满文写成的设立六部原始档案，满文标题直译成汉文，即"天聪汗的第五年七月的初八日六部把定立档子"。其中明确记载六部各个职位的满、蒙、汉人员构成，各级职务的初始称谓分别是掌部和硕贝勒、台吉、承政、侍郎、启心郎、笔帖式、章京、差人。初次任命的吏、户、礼、兵、刑、工六部和硕贝勒分别为多尔衮、德格类、萨哈廉、岳讬、济尔哈朗、阿巴泰。

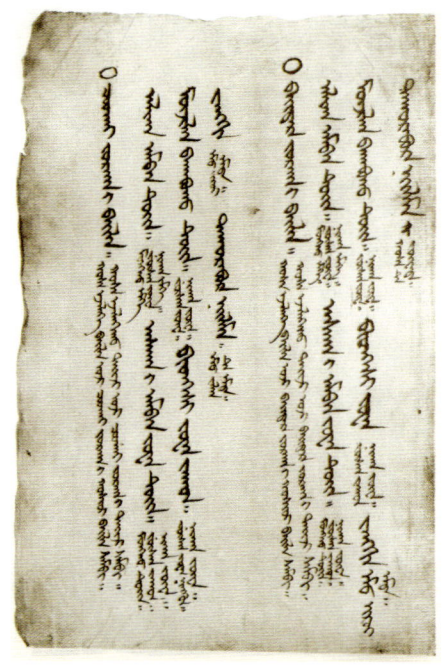
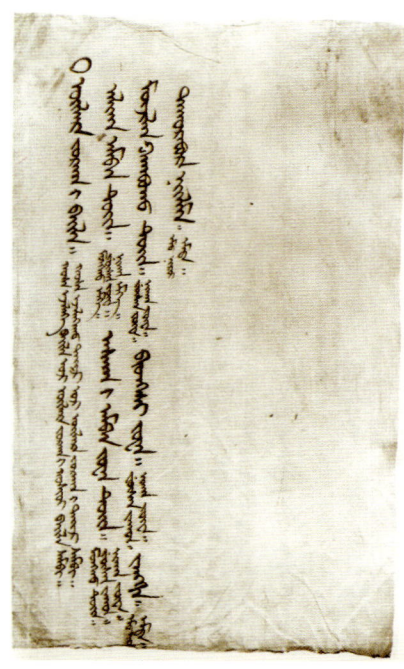
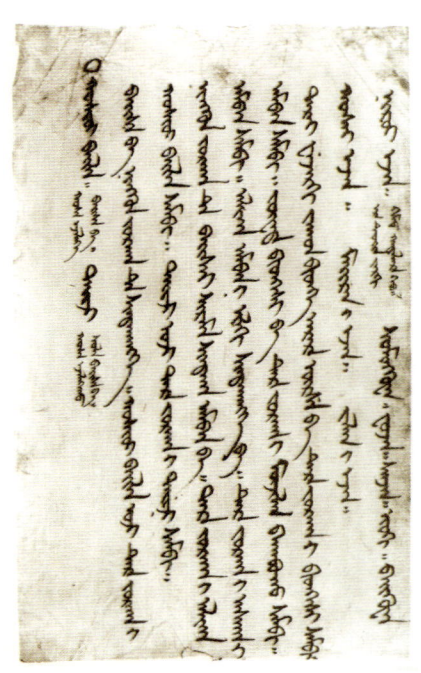
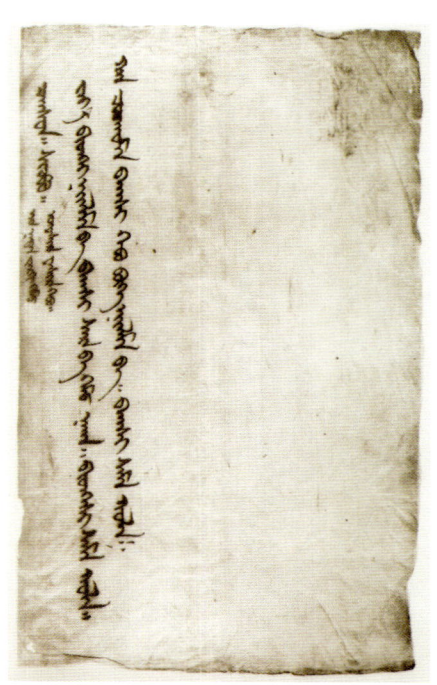

《设立六部文档》后部

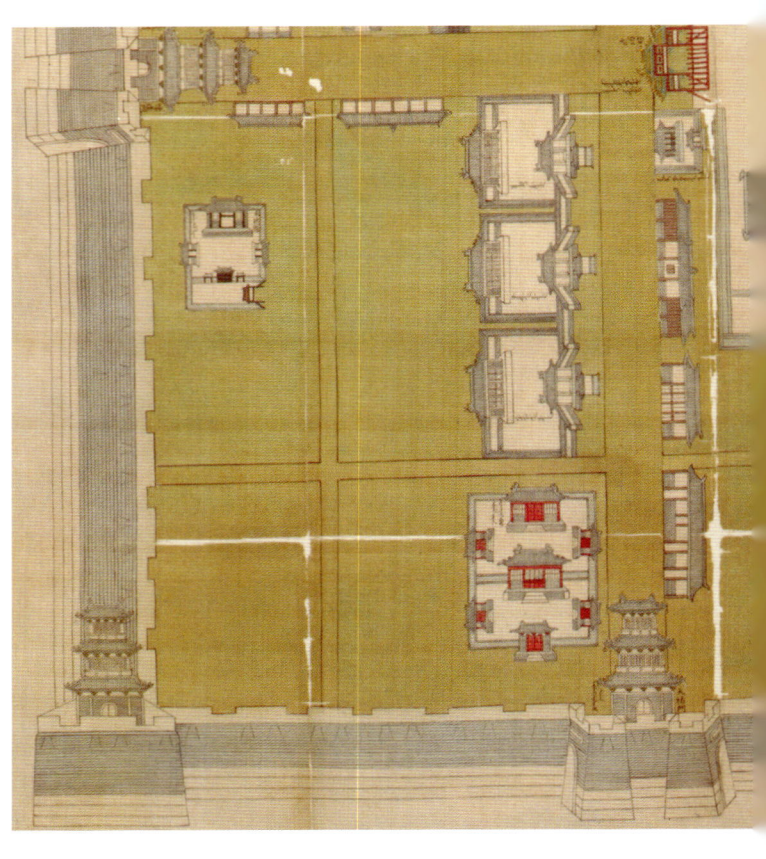

《盛京城阙图·六部衙门》

清人绘。绢本,设色。全图纵128厘米,横110厘米。中国第一历史档案馆藏。

《盛京城阙图》中标示出六部衙门在皇宫大清门之南,位于御道东西两侧,东侧自南而北分别为吏、户、礼三部,西侧自南而北分别为工、刑、兵三部。明崇祯五年(1632年,天聪六年)八月竣工,清太宗皇太极还命令把各部的职能书榜于衙门门外,方便理事。

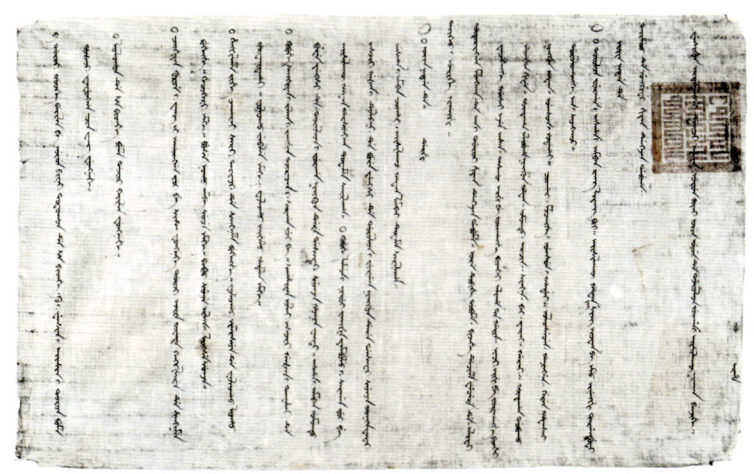

《工部员缺任命文档》

中国第一历史档案馆藏。

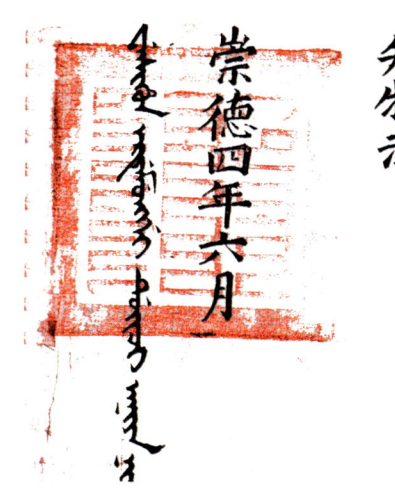

"户部之印"印文

印面长10厘米,宽10厘米。印文为满文篆书。

吏部为掌管官吏的任免、升降、调动、考核等事务的机构。明崇祯十五年(1642年,崇德七年)三月初一日,吏部整理出这份为补放工部员外郎各缺的满文档案。

户部为掌管土地、户籍、赋税等事务的机构。明崇祯十二年(1639年,崇德四年)的档案上留存的"户部之印"印文,是户部行使权力的见证。

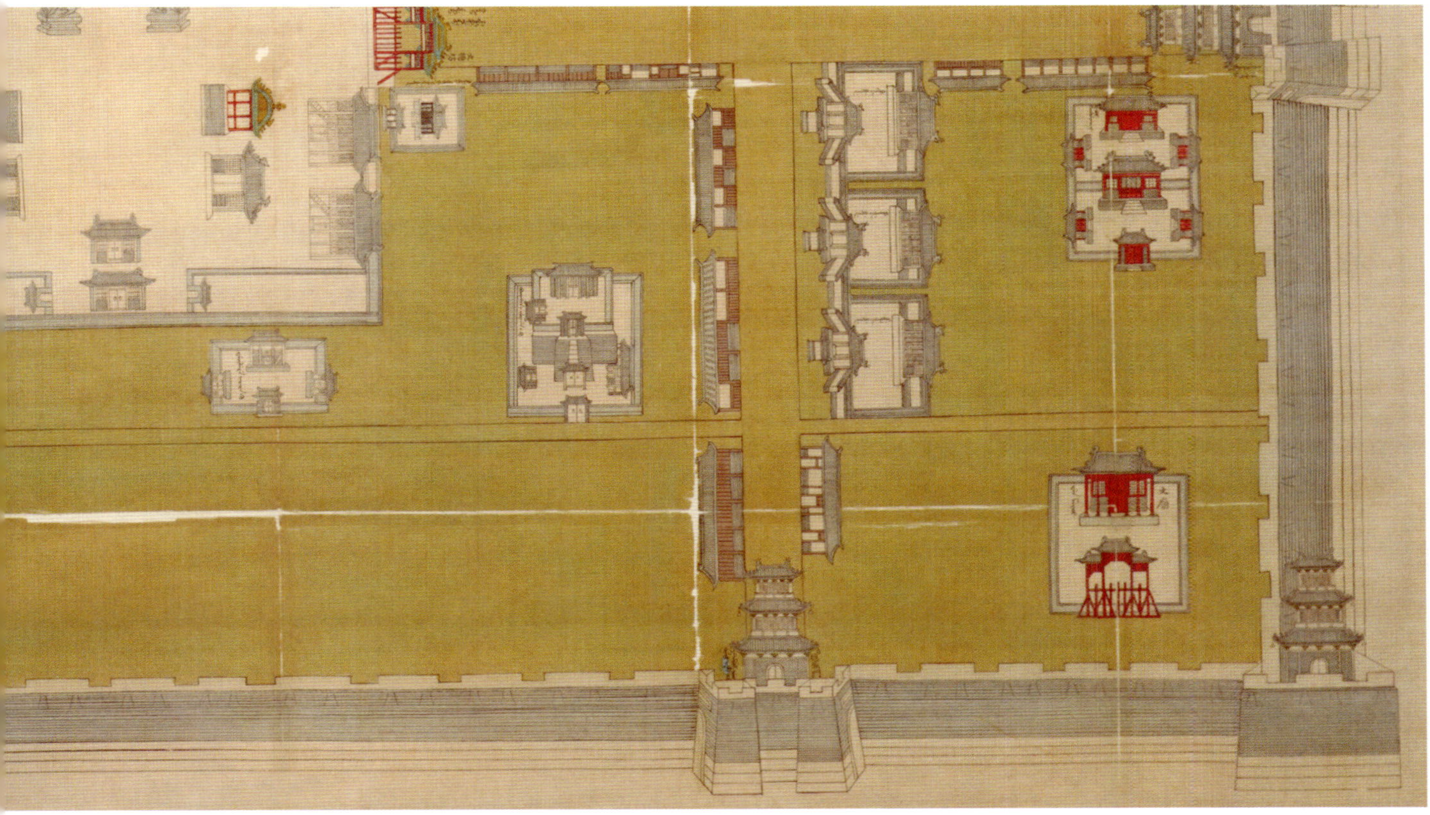

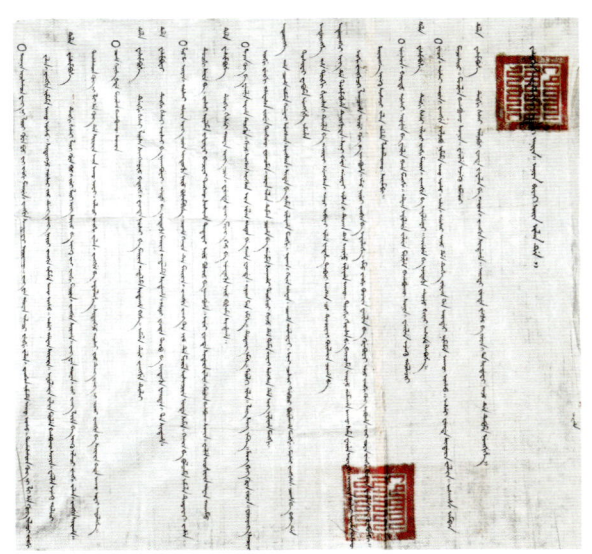

《册封豪格为肃亲王文档》
中国第一历史档案馆藏。

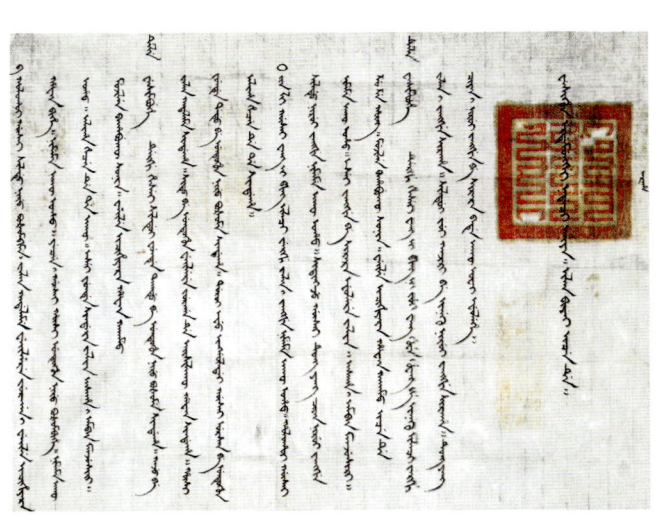

《册封豪格为肃亲王册文》
中国第一历史档案馆藏。

礼部为掌管礼仪、祭祀、科举等事务的机构。明崇祯十二年（1639年，崇德四年）九月二十九日，礼部办理册封豪格贝勒为和硕肃亲王之事，留下了这份满文档案记录。有关册封事宜，也是礼部的职责，册文由礼部撰拟。

《刑部办理案件文档》

中国第一历史档案馆藏。

刑部为掌管法律、刑狱等事务的机构。崇德三年（1638年）八月二十三日刑部整理归档的案卷中，用满文记录了该部审理的多起"案件"。

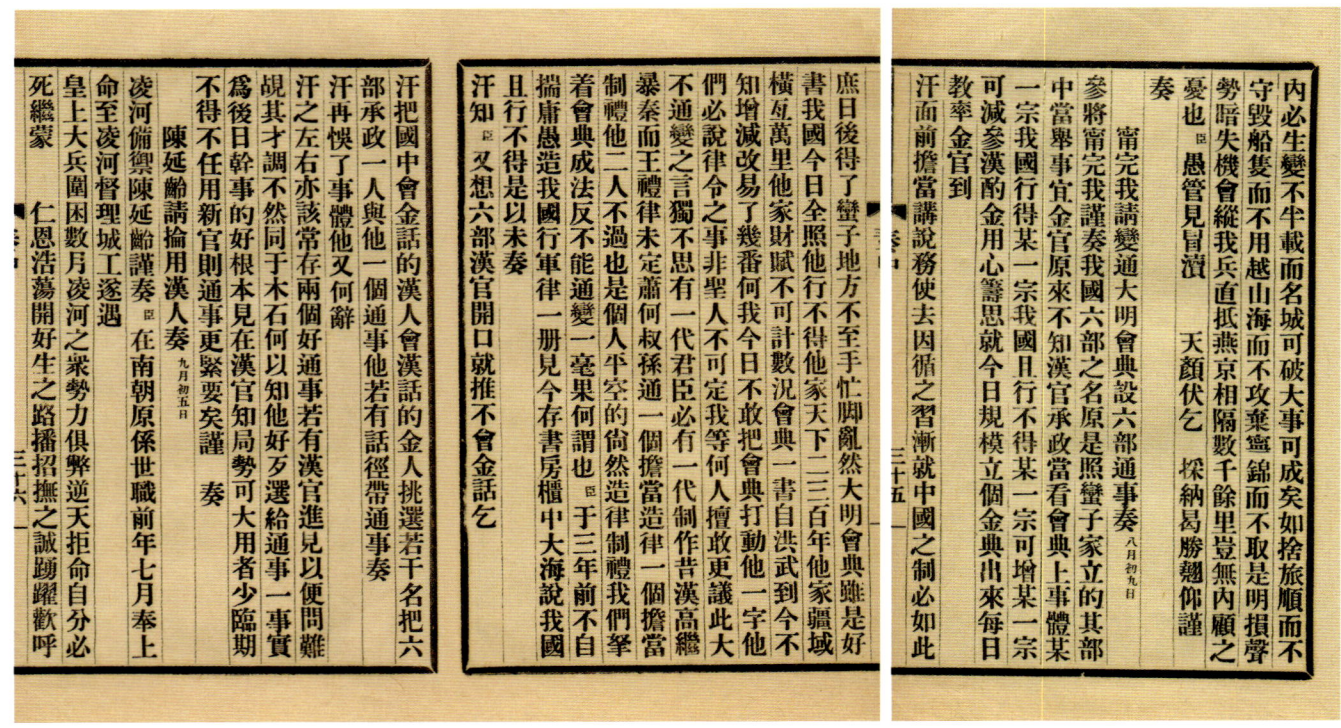

《请变通〈大明会典〉设六部通事奏》

后金仿照明朝所设的六部，不设尚书，以八旗贝勒执掌部务，是满洲八旗与汉族行政制度的嫁接体。与明朝六部比较，后金的六部职能并不完善。因而汉官宁完我在明崇祯六年（1633年，天聪七年）八月上奏，强调要对汉法进行斟酌损益，使之适合后金的实际，以便在处理政务方面更为行之有效。其中有在六部增设通事（翻译）一职的建议。

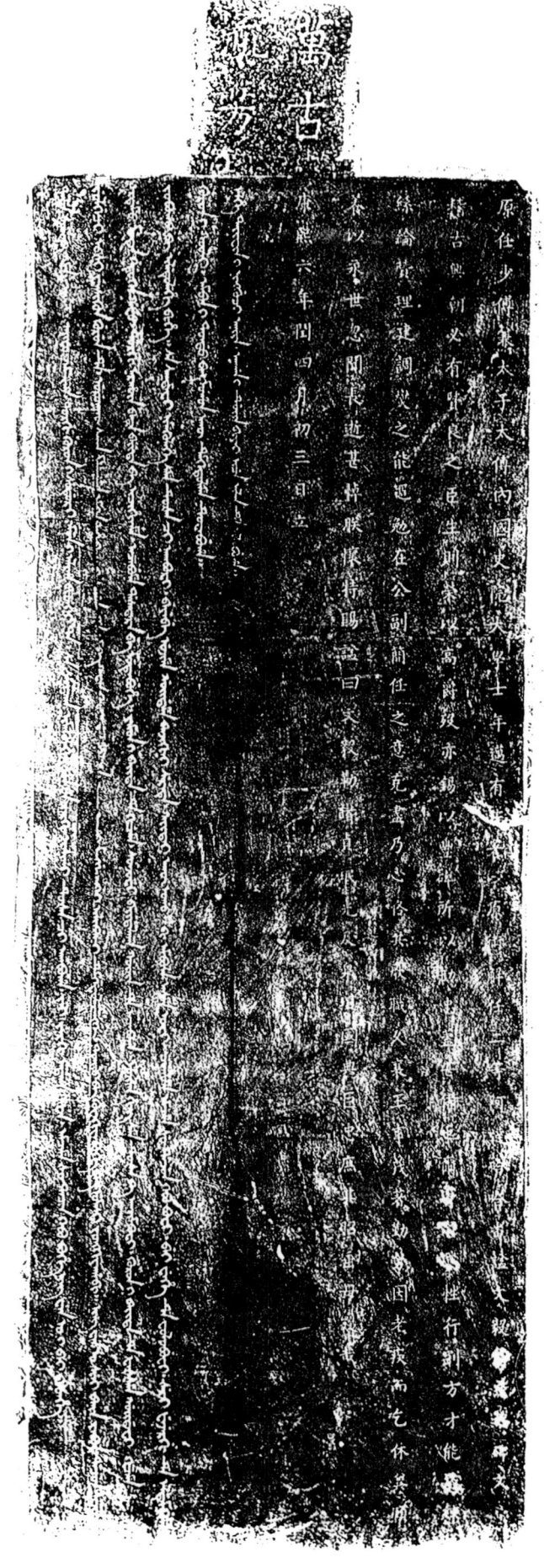

《宁完我墓碑》拓片

康熙六年（1667年）刻。

宁完我（1593—1665年），字公甫，辽阳人，被后金所俘。明崇祯二年（1629年，天聪三年）入值文馆，获赐"巴克什"（意为"学者"）称号。太宗朝参与各项制度的建设，许多建议得到采纳。康熙四年（1665年）卒，葬于今北京市海淀区青龙桥六间房。

《清太宗文皇帝实录·改文馆为内三院上谕》

从清太祖努尔哈赤到清太宗皇太极，后金与明朝的冲突和交涉逐年增加，后金汗起用了一些汉人降官草拟各种文书。随着皇太极身边的汉族谋士人才的聚集，明崇祯二年（1629年，天聪三年），开始设立文馆。至崇祯九年三月，皇太极把文馆扩大为内三院，即内国史院、内秘书院、内弘文院，其职能基本涵盖了中原王朝的翰林院与内阁的职能。内三院的设立标志着后金政权的进一步汉化。

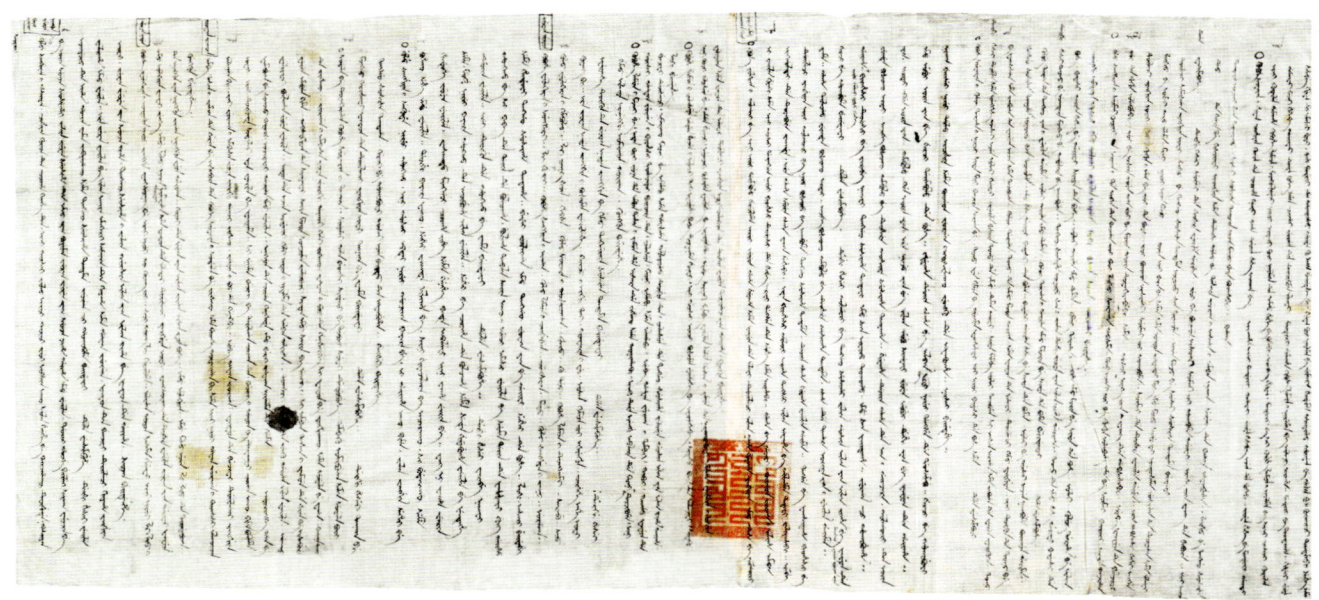

《刑部文档·内国史院的记注》

中国第一历史档案馆藏。

内国史院掌管记注皇帝起居、诏令,编撰史书等事务。在这件明崇祯十一年(1638年,崇德三年)八月二十三日整理的满文刑部档案中,内国史院在天头多处圈出了"写"与"不写"的字样。其中标注"写"的八月十八日苏达喇一案,内国史院根据这一原始记录确已写入史册,见于乾隆朝校订的《清太宗文皇帝实录》崇德三年八月戊申(十八日)条。

《范文程画像》轴

范文程(1597—1666年),字宪斗,明生员,辽东沈阳卫(今辽宁沈阳)人,宋参知政事范仲淹之后,曾祖为明正德年间兵部尚书范锪。明万历四十六年(1618年)清太祖努尔哈赤攻占抚顺时,范文程归降后金。明崇祯二年(1629年,天聪三年)文馆设立之初即入值文馆,崇祯九年(1636年,崇德元年)任内秘书院大学士,为清初政权参照汉法,设立各种机构与制定政策,贡献极大。入关后,在安抚汉民、稳定政局方面亦颇多良策。顺治十一年(1655年),晋为太傅兼太子太师,自以年老体衰请求去职。顺治帝还曾遣画工前往范文程府邸,图画其像藏之于内府,不时观瞻。康熙五年(1666年)卒。

范文程墓远眺

范文程卒后，康熙帝赐葬于山清水秀的京东怀柔县红螺山下卢庄村西山岭上。

范文程墓坑

范文程墓残石

现墓室已毁，只剩下一些建筑构件。

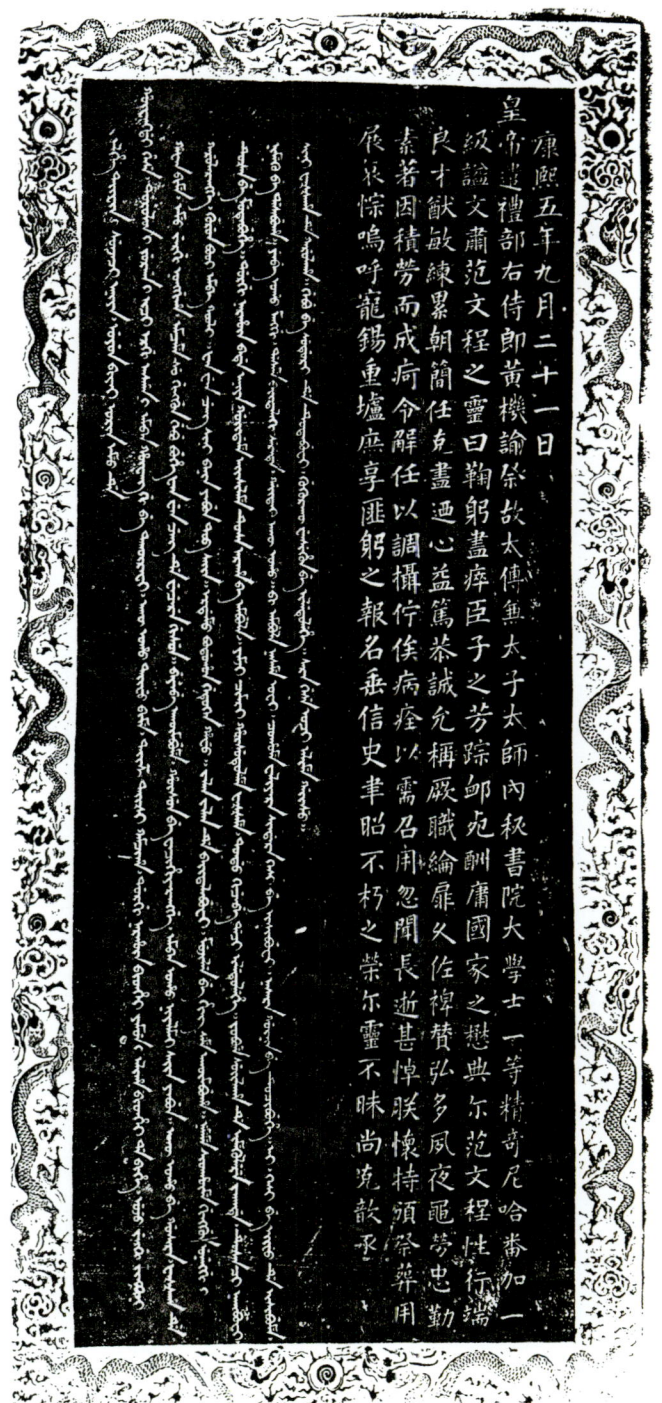

《范文程谕祭碑》拓片

康熙五年（1666年）
九月二十一日刻。

康熙五年（1666年）八月，范文程卒。康熙帝亲自撰写祭文，派礼部侍郎黄机前往谕祭，刻祭文于碑，立在墓前。现碑已不存。

《范文程祠堂碑》碑阳拓片

乾隆二十二年（1757年）刻。

范文程为后金——清开创基业立下卓越功勋，得到清帝的厚礼相待。康熙帝为其祠堂御书匾额"元辅高风"，是对他辅弼建国功高冠世的概括。范文程祠堂建在墓前，然而早已不存，现在人们只能见到这幅祠堂碑文的拓片。

《范文程墓碑》拓片

康熙七年（1668年）五月二日刻。康熙帝御制碑文，给予这位为满洲政权建设作出卓越贡献的功臣以很高的褒扬。现墓碑已不存。

《范文程祠堂碑》碑阴拓片

碑阴所刻为方位图。

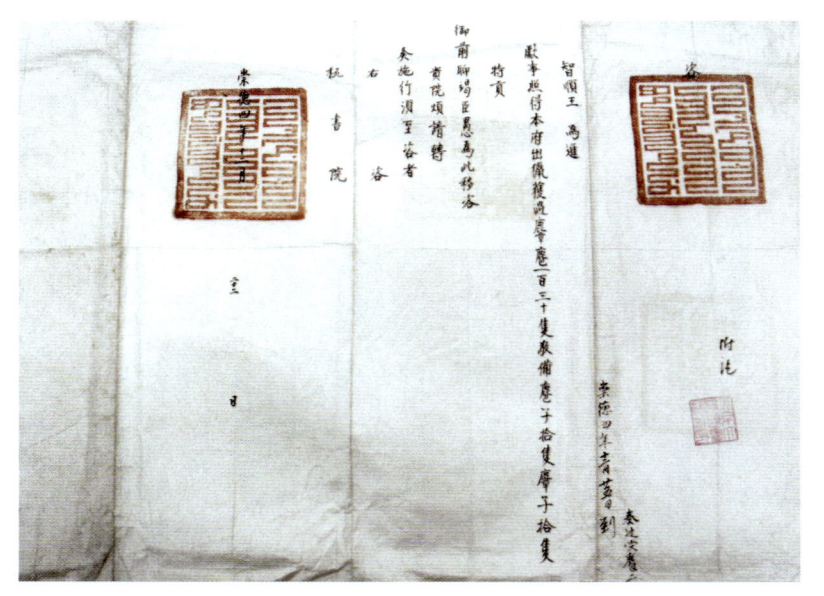

《智顺王给内秘书院的咨文》
北京大学图书馆藏。

明崇祯十二年（1639年，崇德四年）十二月二十二日，智顺王（尚可喜）府猎获了百余只獐子、狍子，准备各选10只进献给皇帝，咨文与内秘书院，请转奏并施行。经过内秘书院的奏报，皇帝接受猎物各2只。

五　控遏朝鲜与绥服蒙古

建州女真——后金——清在地域与政治形势上都处在一种夹缝状态：左临明朝属国朝鲜，右接北元蒙古，南部面对明朝。清太祖努尔哈赤与清太宗皇太极，要对抗明朝的统治，首先要解决好周边关系——与朝鲜、蒙古的关系。三方随着各自政治势力的消长，不断调整着相互关系。

努尔哈赤为了集中精力统一女真事业，开始对朝鲜采取了修好的策略。朝鲜鉴于明朝曾大义援助抗倭，在萨尔浒之战时，应明廷之召派兵援明。朝鲜惧怕努尔哈赤强大，故在口头上言好。皇太极即位后，为解除南进明朝的掣肘力量，明天启七年（1627年，天聪元年）举兵进攻朝鲜，攻陷平壤，双方达成"兄弟之盟"：朝鲜同明廷断交，后金兵退出境外。明崇祯九年（1636年，崇德元年）再次进攻朝鲜，翌年签署"君臣之盟"，清朝与朝鲜的宗主与藩属国的关系正式确立。

建州女真与蒙古最早发生关系的是科尔沁部。由于蒙古各部之间的矛盾与努尔哈赤如日中升之势，科尔沁蒙古首先盟好于女真。明万历四十年（1612年），明安贝勒送女归嫁努尔哈赤，揭开了清代皇帝纳娶科尔沁蒙古之女为后妃的序幕。

蒙古内喀尔喀五部与察哈尔部，为了从明廷获取经济利益以及维护自身的政治地位，站在女真对立面。努尔哈赤以打击与拉拢并用之策，先争取距之较近的内喀尔喀部，孤立察哈尔部。皇太极时期，主要精力用于对察哈尔林丹汗的征讨，崇祯元年（1628年，天聪二年）、五年、八年三次征讨后，察哈尔部众全部归附。后金进攻明朝的右翼掣肘力量不仅得到控制，而且还打通了绕开山海关奔袭明朝内地的通道。

《皇清职贡图卷·朝鲜人》

（清）丁观鹏等绘。绢本，设色。全卷纵33.6厘米，横1941.3厘米。故宫博物院藏。

《皇清职贡图》绘画了清代普通朝鲜人及官员的形象。

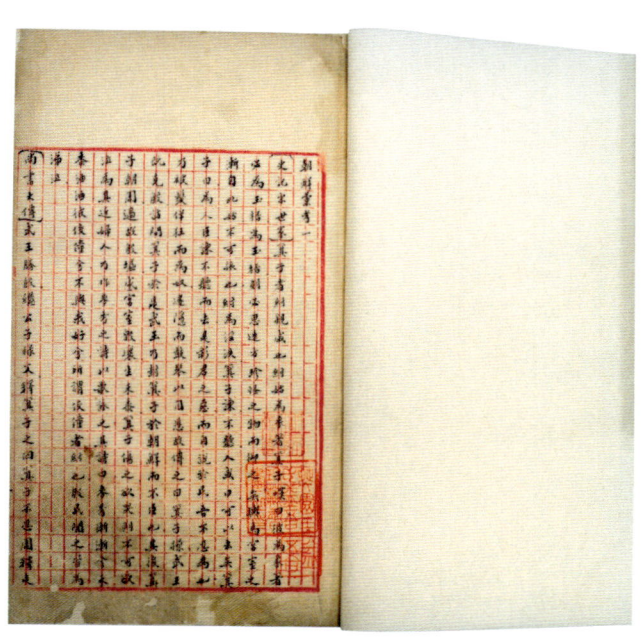

《朝鲜汇考》

（清）王先谦撰。稿本。北京大学图书馆藏。

《朝鲜汇考》一书，考证了朝鲜国历史及与中国各王朝之间的亲善关系。这是王先谦当时写作的手稿。

《建州纪程图记》卷
[朝鲜] 17世纪申忠一撰。

明万历二十三年（1595年），清太祖努尔哈赤以送回在日本侵朝期间逃入女真境内避难的十几名朝鲜人为诱饵，要求朝鲜与之修好，但遭到朝鲜的拒绝。恰在此时又发生了建州女真人越境采挖人参，被朝鲜边将所杀事件。传闻努尔哈赤准备报复，朝鲜极度恐惧。为缓和紧张局势，朝鲜一面惩办边将，一面派使者前往佛阿拉向努尔哈赤道歉，通告朝鲜处理结果。努尔哈赤表示今后对越境之人施行重惩，并由使者带信回国，要求双方交好。朝鲜恐惧努尔哈赤，并不想同建州交好，却想维持互不侵犯的关系，于是再遣南部主簿申忠一前往建州，刺探虚实。申忠一在万历二十三年十二月二十二日抵达佛阿拉城，受到努尔哈赤与舒尔哈齐的盛情款待。万历二十四年正月初五日回国，带回了努尔哈赤的回帖，依旧是要求两国修好。申忠一把在佛阿拉的所见写成报告向其国王进呈，并图绘了所经行程。这份原始文件于1938年发现，并公布于世。

《建州纪程图记》卷首

《建州纪程图记》是图文合一形式的卷轴，卷首标明图例："墨画是山，青画是水，朱画是路"。从其出发的鸭绿江畔满浦镇为始，图绘所经的各个山川、道里、城郭、屋庐。在图的最后绘制了努尔哈赤与舒尔哈齐的家院。

《建州纪程图记》局部

《建州纪程图记》中的文字部分，不仅对所绘之图进行了一一解说，而且详细纪录了建州女真的人众兵马，农牧稼穑，接待交际等见闻。这一部分原为呈递给其国王的报告，收入《朝鲜李朝实录》中，称《申忠一状启》。

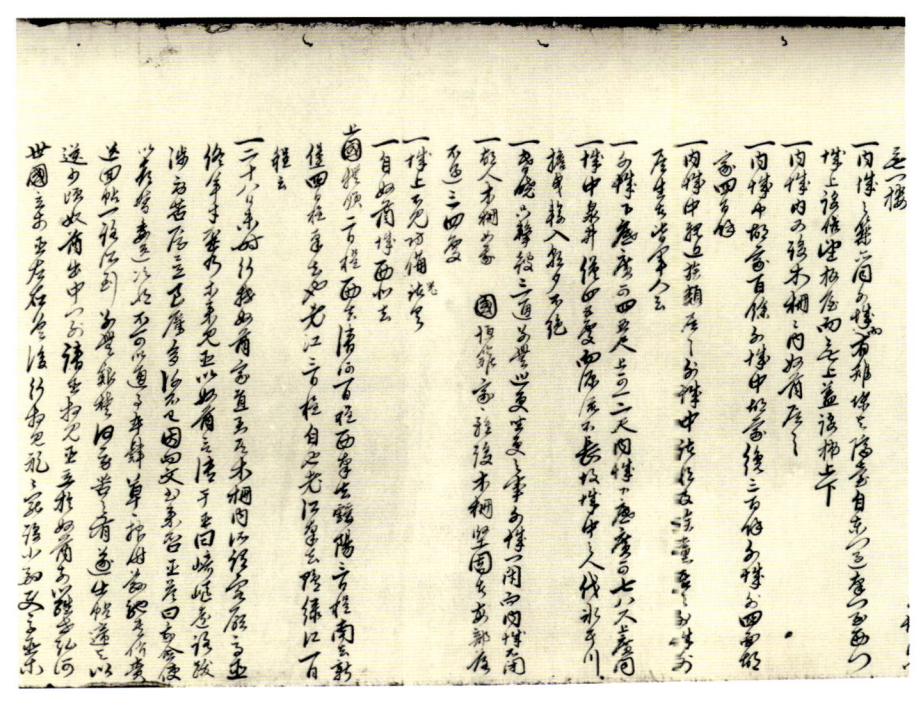

《满洲实录·姜弘立率众归降图》
　　明崇祯八年（1635年，天聪九年）成书，满、汉、蒙三种文体。

　　朝鲜夹在明与后金中间，立场摇摆不定。萨尔浒之战，朝鲜迫于明廷之命，派兵援助，作为刘𬘡军的一部分。但朝鲜军不愿作无谓的牺牲，有意延误军期。当明与后金两军对垒时，朝鲜军作壁上观。朝军元帅姜弘立还派人向努尔哈赤暗通消息。明刘𬘡军被消灭后，朝鲜军即接受后金的劝降，姜弘立率5000人投降。《满洲实录》描绘了姜弘立等正副元帅跪拜在后金将领面前，众兵士绕过山梁前来的情形。姜弘立率众归降，是后金瓦解朝鲜的开始。

《清太祖高皇帝实录·太祖对朝鲜的争取》

萨尔浒之战结束后，清太祖努尔哈赤释放援明的朝鲜降官俘虏，并派后金使者向朝鲜国王递交努尔哈赤的信件。努尔哈赤在信中阐明了反抗明朝的理由，"七大恨"是其因；对朝鲜出兵助明，因并非朝鲜本意，表示谅解；要求与朝鲜结盟。

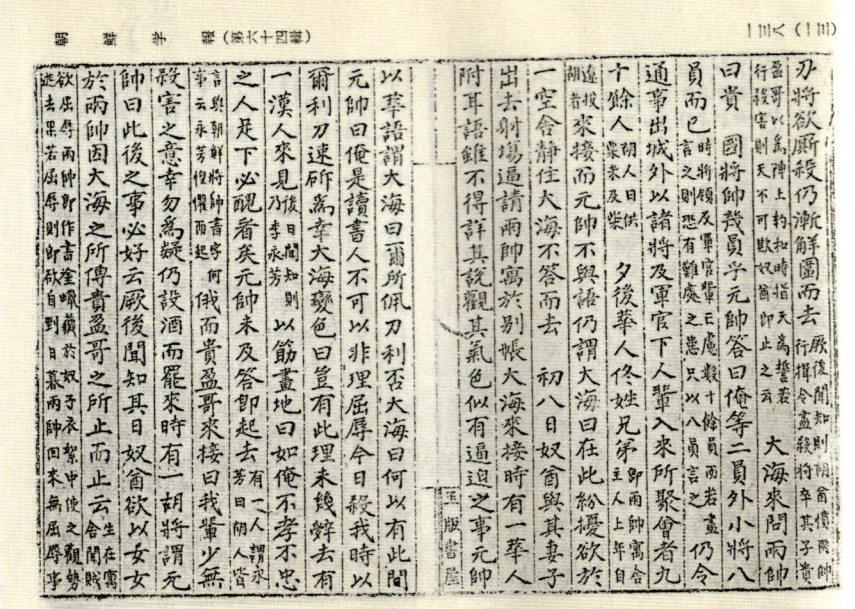
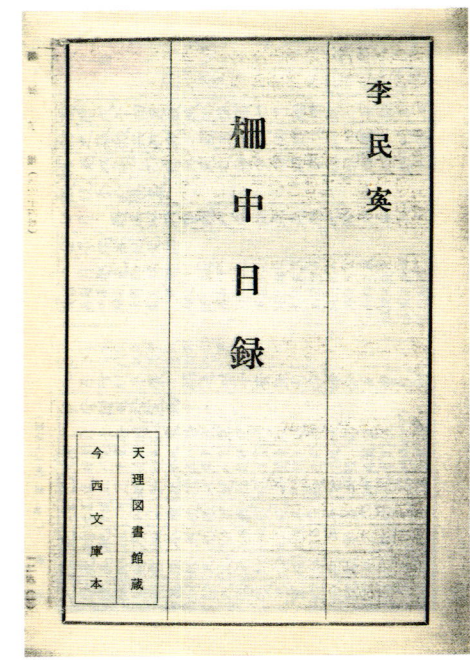

《栅中日录》

[朝鲜]17世纪李民寏撰。玉版书屋抄本,1972年《朝鲜学报》第六十四集影印。

李民寏(1572—1649年),字而壮,号紫岩,朝鲜永川人。朝鲜仁祖朝官至刑曹参判。明万历四十七年(1619年,天命四年),明与后金发生萨尔浒之战。朝鲜派军前往助战。李民寏是姜弘立的幕僚,也随军奔赴前线。明军在萨尔浒战败,姜弘立率军降金,李民寏也在此次战役中投降,囚禁于赫图阿拉,次年获释归国。他写成《栅中日录》,记载参加萨尔浒之战的行军过程,投降被囚以及释放归国的亲身经历。归国后,他向朝鲜国王进呈了一份报告,即《建州闻见录》,其中比较全面地反映后金的地理形势、风俗物产、各项制度等。

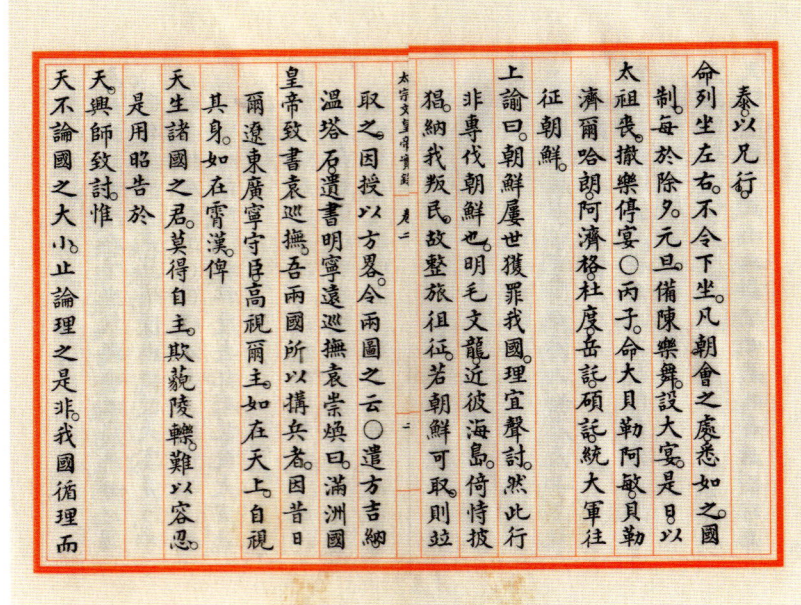

《清太宗文皇帝实录·征伐朝鲜上谕》

明天启七年(1627年,天聪元年),清太宗皇太极派阿敏等率三万大军征伐朝鲜,攻陷平壤,朝鲜国王李倧率王妃、子女逃往江华岛,被迫与后金签署"兄弟之盟"。

平壤古城门

南汉山城城门

明崇祯九年（1636年，崇德元年），清太宗皇太极以朝鲜背弃"兄弟之盟"，亲率大军进攻朝鲜。清军攻占平壤后，继续包围汉城，朝鲜国王李倧逃往南汉山城。翌年二月，清军迫使李倧无条件投降，签署"君臣之盟"，由清朝一方提出了17项条款，完全把朝鲜置于清朝属国的地位。至此，清朝与朝鲜的宗主与藩属国的关系正式确立。

大清皇帝功德碑

此碑位于今朝鲜汉城汉江南岸三田渡。明崇祯九年（1636年，崇德元年），清太宗皇太极亲征朝鲜，陷平壤，围汉城。朝鲜国王李倧惊恐万状，派人前往汉城三田渡与清军谈判。最终李倧身着青衣，在三田渡向清军投降，被迫签定"君臣之盟"。皇太极命在此地竖立"大清皇帝功德碑"，铭刻这一重大军事胜利。碑阳为汉文，碑阴左为满文，右为蒙古文。

大清皇帝功德碑碑额

碑为盘螭首，其上正面篆书"大清皇帝功德碑"七个大字。

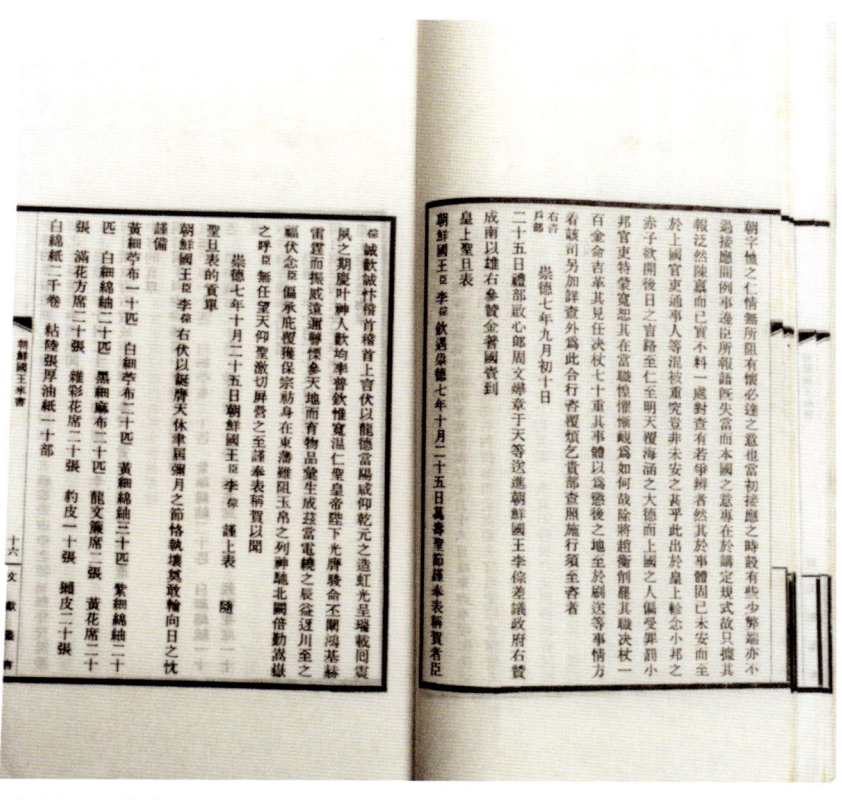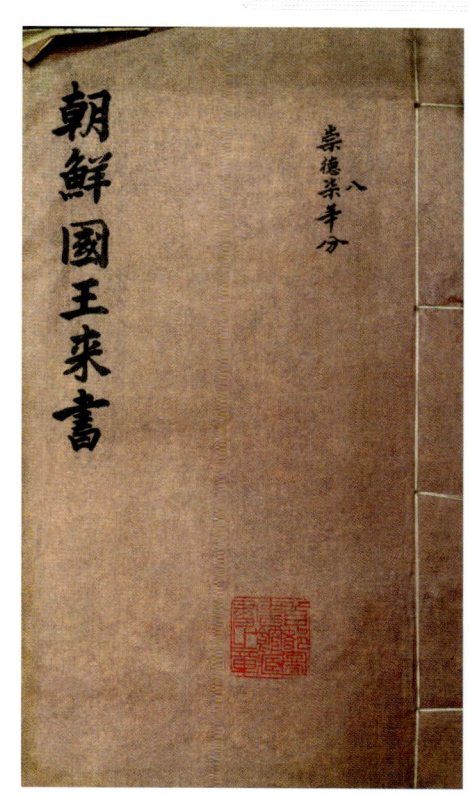

《朝鲜国王来书》（汇编）之一

后金与朝鲜确立藩属关系，双方有了大量的国书来往，后人汇集成册。

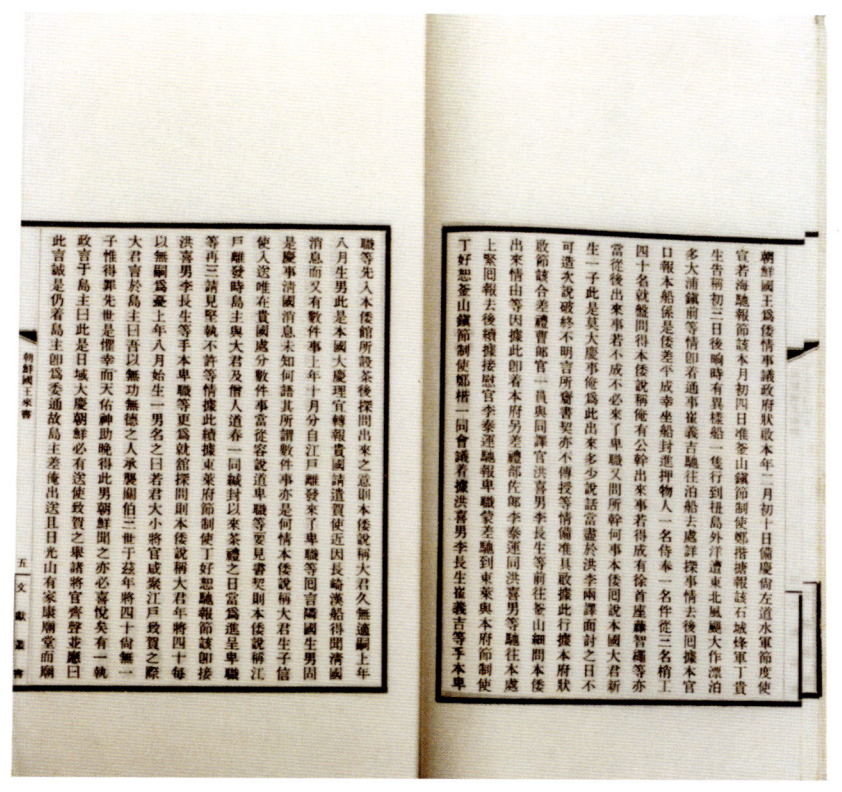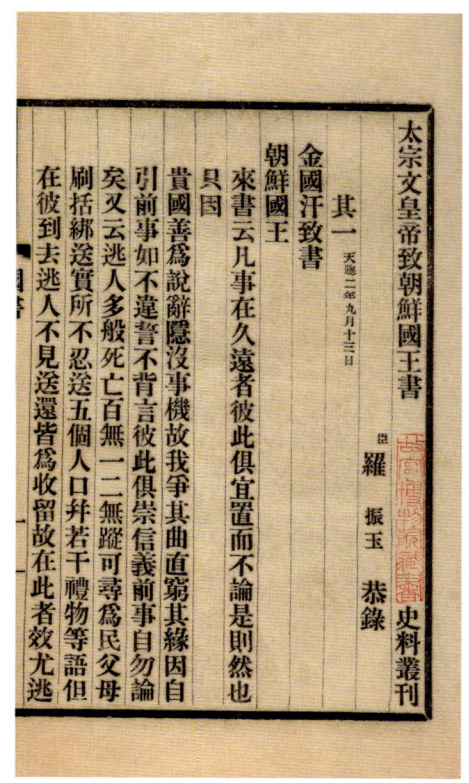

《朝鲜国王来书》（汇编）之二　　　　　　　　　《清太宗皇太极致朝鲜国王书》（汇编）

平壤城北门玄武门

平壤城里城东侧太平门——东暗门

《蒙古源流》

（明末清初）萨囊彻辰撰。康熙元年（1662年）内府蒙文抄本。故宫博物院藏。

蒙古人萨囊彻辰（1604——？年）撰写的蒙文《蒙古源流》一书，乾隆年间译为汉文，称《钦定蒙古源流》。书中详尽记载明代蒙古地区的政治、经济、宗教、地理等方面概貌。该书为康熙初年内府蒙文抄本，原存清宫懋勤殿。

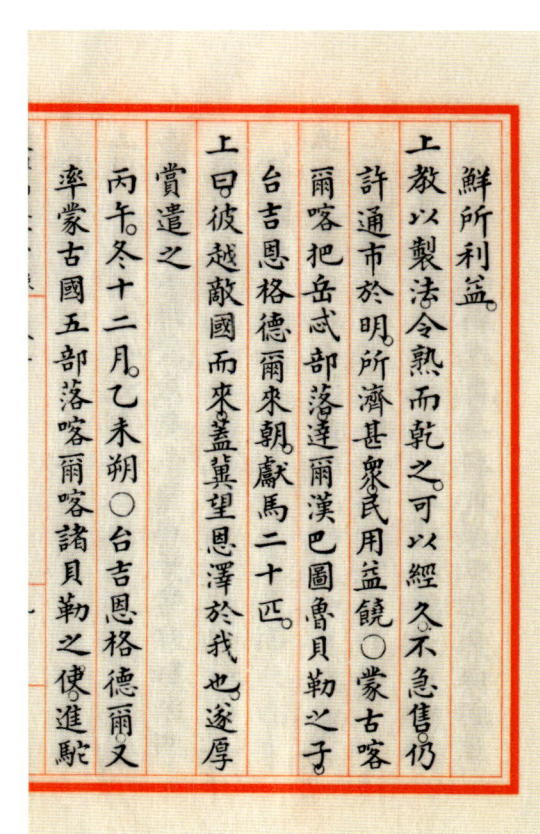

《清太祖高皇帝实录·恩格德尔来归》

明万历三十三年（1605年），喀尔喀蒙古巴特约部达尔汉贝勒之子恩格德尔因与其父不和，向努尔哈赤进马来谒。因他是"越敌国而来者"，受到努尔哈赤的极为重视，给予丰厚赏物，并放回去做该部的瓦解工作。

《满洲实录·恩格德尔等为努尔哈赤上尊号图》

明崇祯八年（1635年，天聪九年）成书，满、汉、蒙三种文体。

明万历三十三年（1605年）恩格德尔拜见努尔哈赤并献马匹。次年十二月，他率内喀尔喀五部贝勒使者拜见努尔哈赤，献驼马，并尊称努尔哈赤为"昆都仑汗"（恭敬汗）。《满洲实录》勾勒出恩格德尔一干人向努尔哈赤跪拜的情形。万历四十五年（1617年，天命二年），恩格德尔再次朝觐，娶努尔哈赤弟舒尔哈齐之女，被尊为蒙古额驸，死后葬于沈阳市郊。

《满洲实录·清太宗皇太极射杀囊努克图》

明天启六年（1626年，天命十一年）四月，因内喀尔喀五部贝勒背盟，清太祖努尔哈赤亲率大军征讨，前锋先至巴林部叶赫巴图鲁幼子囊努克寨。囊努克率随从数人弃寨出逃，满洲诸王追杀不舍。《满洲实录》图绘四贝勒皇太极突至囊努克后方，一箭射中其头，落马而死。

永福宫

永福宫是清太宗皇太极册封的次西宫庄妃的寝宫。庄妃为蒙古科尔沁部贝勒寨桑之女,天启五年(1625年,天命十年)与皇太极成婚。其姊海兰珠在崇祯七年(1634年,天聪八年)也嫁皇太极。皇太极册封海兰珠为宸妃,居东宫关雎宫。聘娶科尔沁蒙古女为后妃,是努尔哈赤时期对科尔沁蒙古争取的直接结果。万历四十年(1612年),明安贝勒送女嫁给努尔哈赤,开始了清代皇帝纳娶科尔沁女为后妃的序幕。此后清代后妃多从科尔沁部娶纳,而清代公主也多嫁给科尔沁王公,形成了清代皇族特有的政治婚姻模式,科尔沁成为后金 —— 清的最为忠实的外族同盟势力。

追封忠亲王及其贤妃碑

顺治十二年(1655年)立。通高580厘米,宽130厘米。

此碑位于吉林前郭尔罗斯蒙古族自治县新平乡库里村南,俗称为"库里碑"。忠亲王,名寨桑,即皇太极妃子宸妃与庄妃之父,死后追封为和硕忠亲王,其妻封为贤妃。

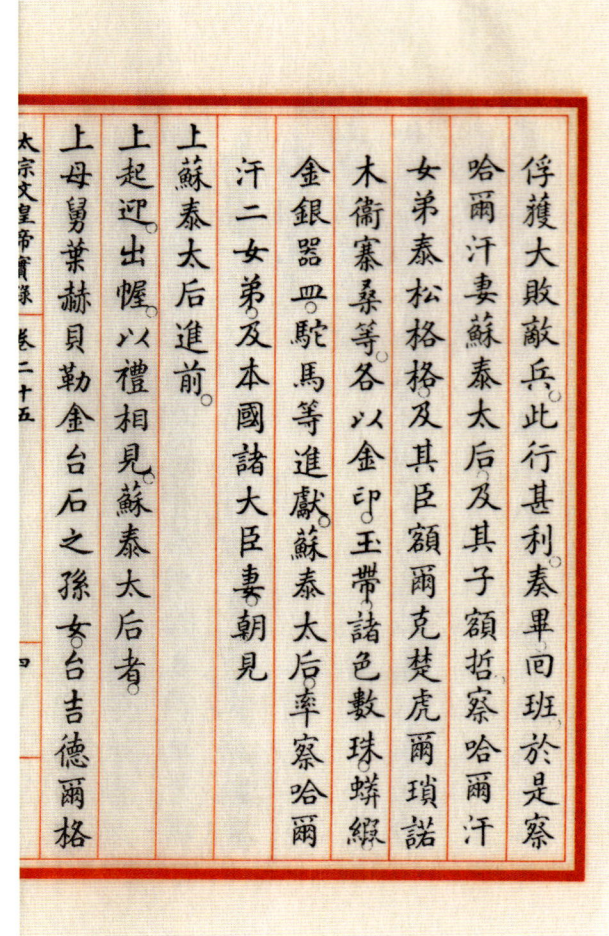

《清太宗文皇帝实录·察哈尔归降》

察哈尔妇女头饰

明崇祯五年（1632年，天聪六年）后金征讨林丹汗，察哈尔林丹汗逃亡青海大草滩患痘症而亡。崇祯九年，皇太极再次派多尔衮率军收集察哈尔余部及侦察林丹汗妻子苏泰（囊囊）太后与其子额哲的动向。后金军寻至黄河以西，先在西喇珠尔地方遇到林丹汗之妻苏泰太后率众1500余人来降，后又在托里图地方寻到林丹汗之子额哲，率部众1000余人表示愿意归顺，并献出传国玉玺。多尔衮将他们先后护送至沈阳。林丹汗之妻苏泰太后及其子额哲、其女弟泰松格格，以及大臣等献印玺珠宝，拜见皇太极。自此，漠南蒙古察哈尔部彻底归附后金。

蒙古察哈尔部贵族妇女身着盛装时，佩带以各种珠宝连缀而成的头饰。察哈尔林丹汗的两个妃子归嫁皇太极时，或许就头戴这种饰物。

衍庆宫

居住衍庆宫的主人是清太宗皇太极的次东宫淑妃，名叫巴特玛·璪，她与西宫贵妃娜木钟都曾是察哈尔林丹汗的妃子。明崇祯八年（1635年，天聪九年），林丹汗在众叛亲离的情况下，逃遁死于青海大草滩，其部众纷纷投奔后金。皇太极以收纳主动归附的林丹汗两位后妃为妃子，作为笼络察哈尔部众的政治手段。

《庄妃册文·"制诰之宝"印文》

明崇祯八年（1635年，天聪九年）林丹汗之子额哲，率部众1000余人表示愿意归顺，并献出传国玉玺。当时后金军的统帅多尔衮视其文为汉篆"制诰之宝"四字，美玉为质，交龙为钮，光气绚烂，以为至宝。后金以得此玺为天命之攸归，举行了隆重的皇太极受玺仪式。当时后金政权自制的宝玺以满文或满汉两种文字为之，而在这份册文上所钤的却是汉文"制诰之宝"，这或许即是额哲所献之传国玺的钤本。

实胜寺

清太宗皇太极征服察哈尔蒙古后，为供奉其护法神像而敕建实胜寺，因建筑屋瓦全为黄色，故又称为黄寺。

实胜寺玛哈噶喇楼

明崇祯七年（1634年，天聪八年），察哈尔之墨尔根喇嘛把护法玛哈噶喇金像载归到盛京，皇太极敕建这座楼宇供奉。

太祖太宗朝

蒙古文信牌（正面）

木质。高31.5厘米，径23.4厘米，厚2.7厘米。沈阳故宫博物院藏。

蒙古文信牌（背面）

此牌正面阴刻蒙古文"聪明汗之牌"，背面贴蒙古文上谕一纸，大意为命各处关隘为执此牌者提供便利，中钤无圈点满文印，汉译为"天命金国汗之宝"。此为后金时期向蒙古地区传达谕令之使臣所用的符牌。

六 清太宗皇太极辞世

清太宗皇太极，早年即表现出雄才大略，气宇不凡。跟随父汗统一女真各部，屡立战功；辅弼父汗治理后金国政。在清太祖努尔哈赤诸子中，其地位逐渐凸显出来。努尔哈赤在晚年确立了四大贝勒轮流理政的制度，皇太极成为四大贝勒之一。努尔哈赤死后，皇太极以往日积累的军功与德望，及其在汗王继承权斗争中表现出的睿智，终于以众贝勒拥戴的形式登上汗位。

皇太极在继承汗位后，纠正了努尔哈赤晚年的一些失误，调整了后金政治、经济治策，采取了一系列加强集权政治措施。他确立了以"参汉酌金"为原则组织其政权形式，设立六部、内三院、理藩院，把女真人的固有制度与汉族的统治模式有机地结合在一起。

在军事方面，他取得了努尔哈赤时期所不能取得的战绩。征服朝鲜，使其成为后金——清的属国；彻底解决漠南蒙古问题，使其全部归顺；三次大规模入关袭击明朝，削弱了明朝的实力；打破在辽西地区与明朝军事对峙的局面，获得松锦大捷，使明廷在辽西的统治彻底瓦解；用兵黑龙江，使所有说女真语之人归附其统治。

在文化上，改进老满文为新满文，翻译汉族文化经典，促进女真文化的发展。

崇德八年（1643年）八月初九日，皇太极端坐清宁宫，"无疾"而终，结束了他轰轰烈烈的一生。死后葬于沈阳昭陵。

《清太宗皇太极朝服像》轴

清宫廷画家绘。纸本，设色。纵55厘米，横40厘米。故宫博物院藏。

这幅宫廷画家所绘清太宗皇太极过于发胖的身材，不应是无据之笔。从现代医学的角度推测，他"无疾而终"，可能与心脑血管疾病突发有关。早在明崇祯十四年（1641年，崇德六年）八月松锦之战时，他就因鼻衄之病而推迟亲征的师期，鼻衄之病或许与脑血管病有关。

清宁宫南炕

清宁宫是清太宗皇太极日常起居的寝宫。关外的八月，已是秋风瑟瑟。初九日月色朦胧之夜，清太宗皇太极端坐南窗下的御榻上，安然地合上了双目，走完了他的人生征程。

《昭陵图》轴

清宫廷画家绘。纵218厘米，横161厘米。中国第一历史档案馆藏。

清太宗皇太极的陵墓称昭陵，位于今辽宁沈阳北郊，俗称北陵。

昭陵石坊

昭陵正红门

昭陵隆恩殿

清太宗文皇帝谥宝

玉质，交龙钮。长12.5厘米，宽12.3厘米，通高11.3厘米。故宫博物院藏。

清太宗文皇帝谥宝宝文

印面文字为"太宗应天兴国弘德彰武宽温仁圣睿孝敬敏昭定隆道显功文皇帝之宝"，左为满文本字，右为汉文篆体。

清太宗皇太极一生，既有东征西讨的武功，又有怀柔宽善的文治，顺治元年（1644年）为其上尊谥"应天兴国弘德彰武宽温仁圣睿孝文皇帝"，康熙、雍正、乾隆元年又分别增谥"隆道显功"、"敬敏"、"昭定"。"太宗"为其庙号。

清太宗文皇帝谥册

玉质。10片。每片长28.9厘米，宽13厘米，厚1厘米。故宫博物院藏。

后世皇帝每次为先帝上尊谥时，既刻谥宝，又制谥册，此处所选为雍正元年（1723年）制的谥册。

孝端文皇后谥宝
　　玉质，交龙钮。长12.6厘米，宽12.6厘米，通高10.8厘米。故宫博物院藏。

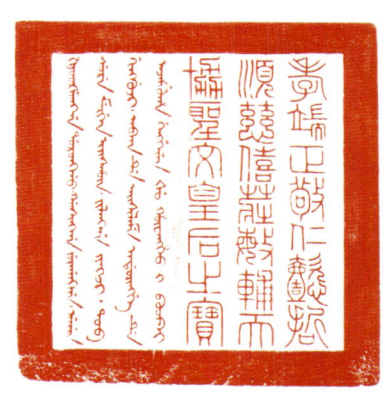

孝端文皇后谥宝宝文
　　印面文字为"孝端正敬仁懿哲顺慈僖庄敏辅天协圣文皇后之宝"，左为满文本字，右为汉文篆体。

　　孝端文皇后，姓博尔济吉特氏，为蒙古科尔沁贝勒莽古思之女。万历四十二年（1614年）嫁皇太极，生有三个女儿。顺治六年（1649年）辞世，享年51岁，与清太宗合葬昭陵。顺治七年为其上尊谥"孝端正敬仁懿庄敏辅天协圣文皇后"，雍正、乾隆朝分别增谥"哲顺"、"慈僖"。

孝端文皇后谥册
　　玉质。10片。每片长28.9厘米，宽13厘米，厚1厘米。故宫博物院藏。

　　此处所选为雍正元年（1723年）制的谥册。

文化篇

关外时期文化的显著成就是创制了满文与确立民族宗教信仰。

文字对于一个民族的发展具有至关重要的意义。明万历二十七年（1599年），清太祖努尔哈赤命额尔德尼、噶盖仿蒙古文字创制满文，因与后来改进的满文不同，称为老满文。崇祯五年（1632年，天聪六年），清太宗皇太极命达海更定满文，增12字头，加圈点，称为新满文。满文初创后，努尔哈赤就命文臣用满文写下了政治、军事活动以及各种言论的历史记录。经过改制以后的新满文，在介绍汉文化典籍方面，更为便利。皇太极一朝，用新满文翻译了多种汉文典籍，包括军事著作与行政法典、儒学经典。满文在保留后金——清时期的历史文化，为满洲族学习先进文化提供了最为有力的工具。它是满洲族文化史上最伟大的发明，是满洲族发展史上极为重要的智力因素。

萨满教是满洲族的原始信仰，被确定为本族的最高信仰，其祭祀活动——堂子祭祀，在满洲族入关后仍列在各种祭祀之首，成为凝聚本民族向心力的一种纽带。

从努尔哈赤时期，喇嘛佛教已传入后金，囊素喇嘛成为在后金布教的先驱。皇太极时期，西藏的达赖喇嘛就曾遣使到沈阳，向后金汗王表示致意。喇嘛教在藏族、蒙族地区具有极高的政治地位，接受、信仰喇嘛教，成为团结蒙古地区的有效方式，因而后金统治者接受并提倡喇嘛教。后金在其辖区内，广建塔刹，收纳僧众。在入关以后更为清代诸帝大力提倡，成为统治蒙藏地区最为有效的工具。

后金政权建立之前，在建州卫内，除了盛行萨满教外，也有汉地传来的佛教与道教。但由于萨满教是该族的原始信仰，后金统治者又对喇嘛教着意尊崇，汉地佛、道二教便不及前两种教派盛行。

在皇太极对明战争中，从明朝兵将能够誓死守城宁死不降的精神中，悟出了读书兴文的重要性，对八旗子弟也实施了文化教育，这也是启发入关后即建立八旗官学，劝导八旗子弟入室学习的直接原因。崇祯二年与崇祯六年还举行了汉人生员考试，使后金国向文治方向的急剧靠拢与转化。

女真民族由分散到统一，进而建立地方政权。原本一个弱小的晚进的民族，要迅速发展自身的文化，必然要汲取先进的强大的民族文化精华，这是女真族对汉、蒙、藏文化兼收并蓄的原因。

一　满文

　　12世纪女真族创造的女真文字，到明代中后期多数女真人已不通晓，而临近蒙古地区的女真人则使用蒙古文，清太祖努尔哈赤所在的建州女真即使用蒙古文。随着努尔哈赤统一事业的不断拓展，已深切感到在女真人中使用蒙古文的不便。明万历二十七年（1599年），努尔哈赤命额尔德尼、噶盖仿蒙古文字创制满文。满文属于拼音文字，有6个元音字母，22个辅音字母，行文方式为上下直书，自左而右行。初创的满文很不完善，有的字母代表两个或两个以上的语音，形体不规范，不便于识别，因与后来改造的满文不同，称为老满文或无圈点满文。明崇祯五年（1632年，天聪六年），清太宗皇太极命达海改造满文，增补一些新字母和新的拼写形式，改进和固定了字母的发音与书写形式，设计了10个拼写外来语（主要是汉语）借词的特定字母，后称为新满文或有圈点满文。创制满文后，翻译了汉文典籍《三略》、《素书》、《三国演义》、《明会典》、《国语》、《四书》等。翻译的汉文军事著作是努尔哈赤、皇太极对明用兵制定战略战术的直接参考，皇太极曾运用《三国演义》中的反间计，使崇祯帝中计而逮捕了后金靠强攻硬拼不能取胜的明将袁崇焕。《明会典》成为后金国确立的各种政治制度的范本。对有关镜鉴作用的历史著作《金史》、《资治通鉴》等也进行了翻译，可惜未能完成。

《满洲实录》中的蒙古文

明崇祯八年（1635年，天聪九年）成书，满、汉、蒙三种文体。

蒙古文是以回鹘文字母为基础的拼音文字，字母上下连书，行款从左到右。明代临近蒙古地区的女真人最初使用蒙古文。女真族创制满文即以蒙古文为母体文字。该图下面的文字为蒙文。

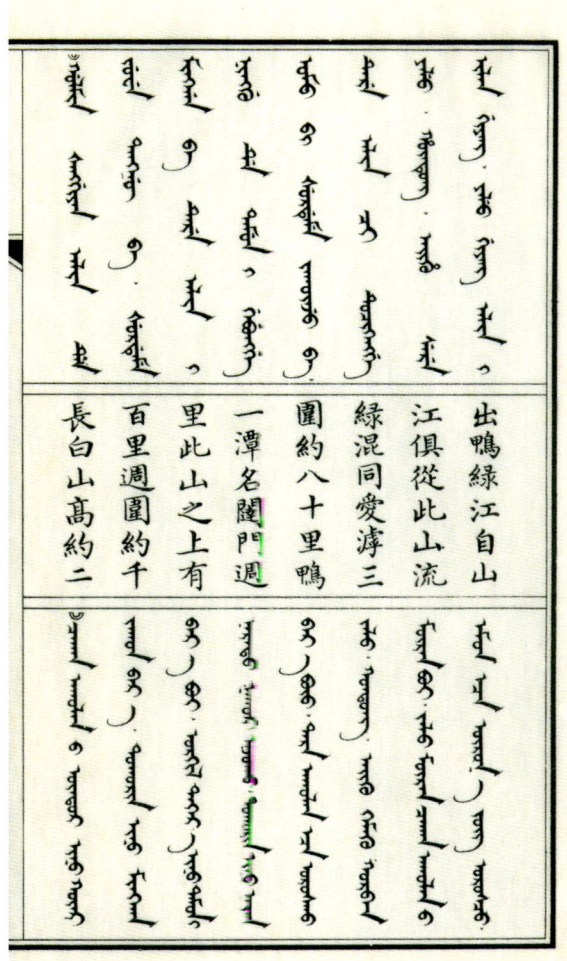

《清太祖高皇帝实录·创制满文上谕》

明万历二十七年（1599年）二月，清太祖努尔哈赤命巴克什（意为大儒）额尔德尼、扎尔固齐噶盖根据蒙文字母创制满洲文字。

写在明朝公文纸上的老满文

清太祖努尔哈赤初期,由于缺乏纸张,常常使用明朝废弃的公文纸记事。

老满文木简

木简也曾是女真人使用的书写材料之一。尤其在作战时,这种记事木简较之纸张不易破损,便于保存。

新满文《进士登科录》

顺治朝内府刻本。故宫博物院藏。

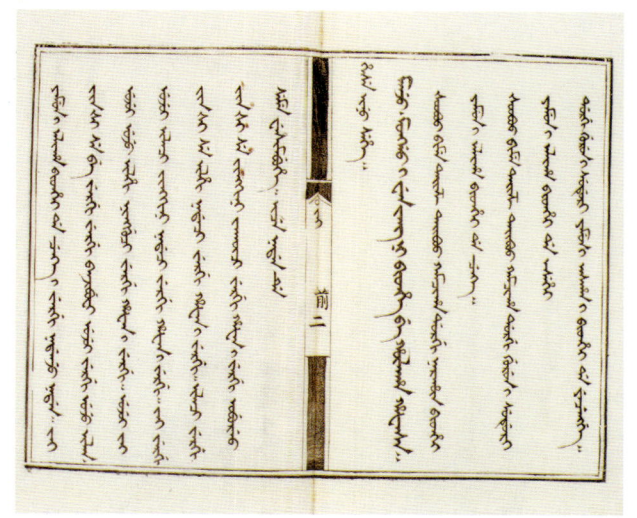

由于老满文的不完善，明崇祯五年（1632年，天聪六年），清太宗皇太极又命巴克什达海进行改造，在原来字母旁增加圈或点，又增补一些新字母和新的拼写形式，改进和固定了字母的发音与书写形式，设计了10个拼写外来语（主要是汉语）借词的特定字母，后称为新满文或有圈点满文。这里节录的是用新满文书写的《进士登科录》的片段。

《无圈点老档》

中国第一历史档案馆藏。

《无圈点老档》又称为《旧满洲档》、《满文老档》、《老满文原档》，是后金第一部官修满文档案性质的史料长编，记事自明万历三十五年（1607年）至崇祯九年（1636年，崇德元年），记述满洲族开国时期的政治、经济、军事、文化等诸方面史事，入关前业已成书。乾隆四十三年（1778年）进行编辑重抄，以新老满文共抄七部，即《无圈点字档》（草本）、《加圈点字档》（草本）各一部；《无圈点字档》（内阁本）、《无圈点字档》（崇谟阁本）各一部；《加圈点字档》（内阁本）、《加圈点字档》（崇谟阁本）、《加圈点字档》（上书房本）各一部。

新满文《素书》
　　清初精写满文本。故宫博物院藏。

　　明崇祯三年（1629年，天聪四年）建立文馆后，清太宗皇太极即组织人员翻译汉文书籍。不久，库尔缠、吴巴什、查素喀、胡球、詹霸等四人用满文翻译完成了汉文典籍《明会典》、《素书》、《三韬》。《明会典》对皇太极进行政治体制改革起了十分重要的作用，但当时所译的满文《明会典》早已不存。

满汉对译本《三国志》
　　顺治七年（1650年）内府刻本。故宫博物院藏。

　　《三国志》是清太祖努尔哈赤与清太宗皇太极非常喜读的书籍，书中的计谋成为父子二人用兵的战略战术参考。《三国志》由达海等翻译完成。

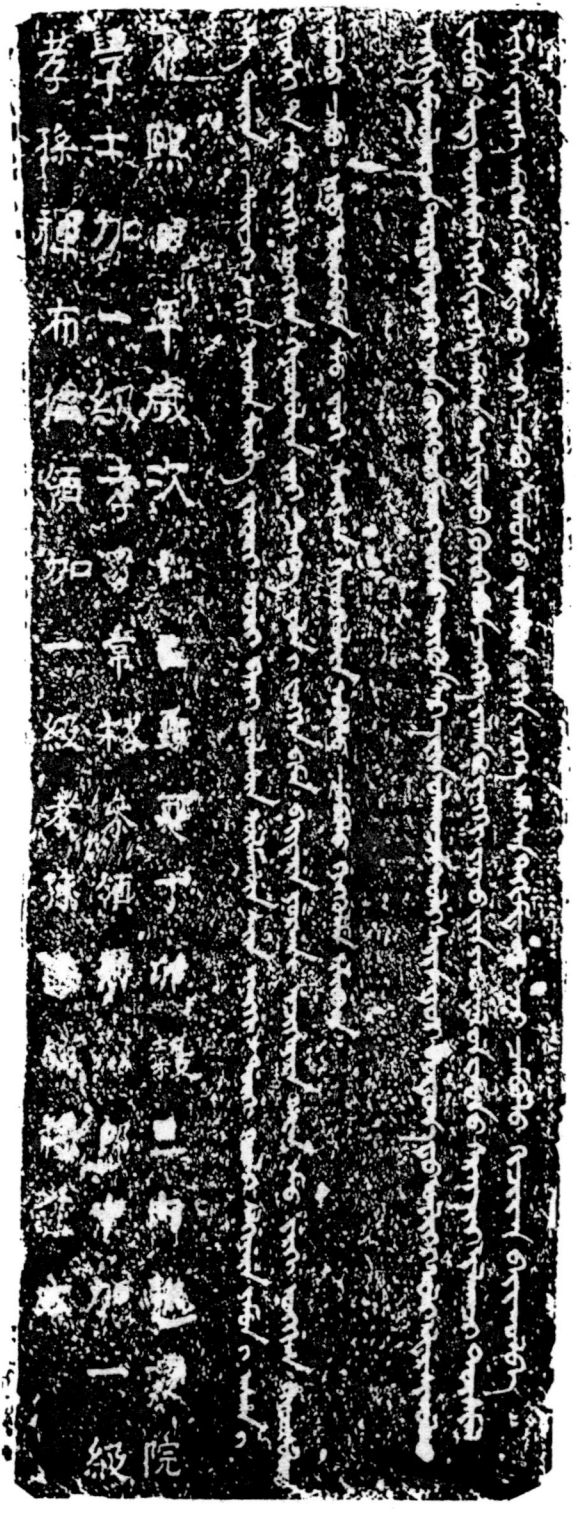
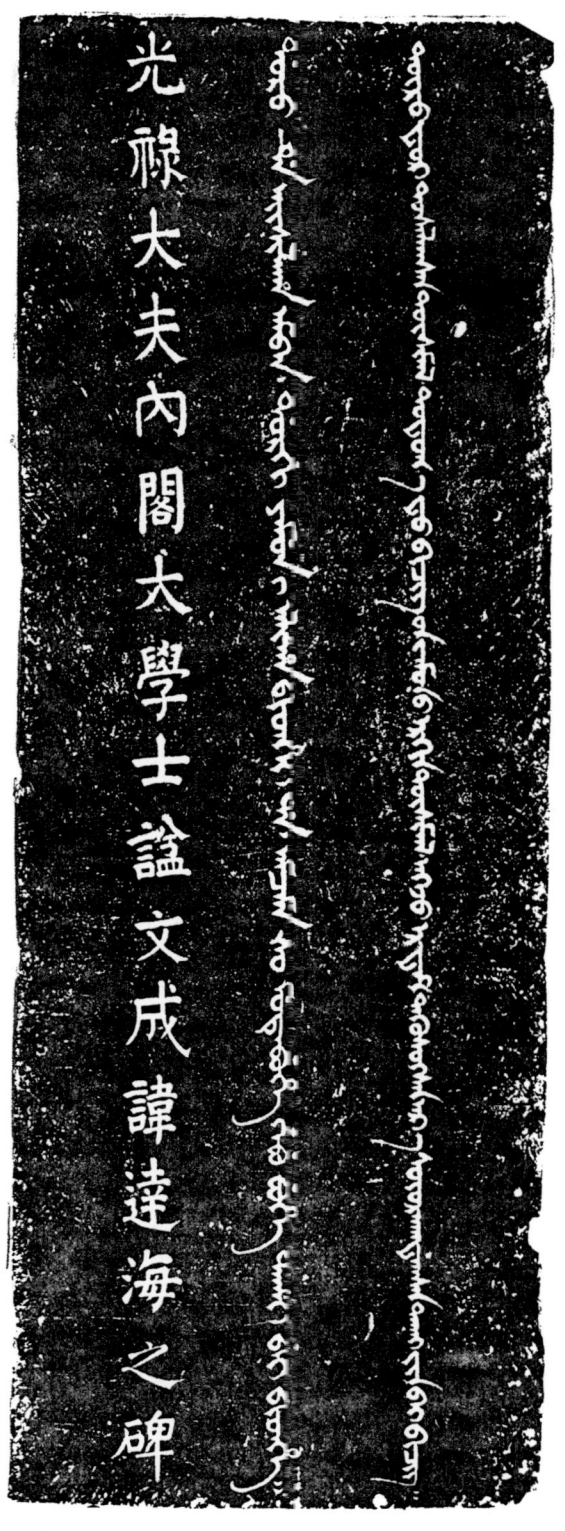

《达海诰封碑》碑阳拓片　　　　　　　　　　《达海诰封碑》碑阴拓片

达海（1595—1632年），满洲正黄旗人，觉尔察氏。明崇祯五年（1632年，天聪六年）改制老满文为新满文，被推为"满洲圣人"。康熙八年（1669年），清圣祖从其孙禅布所请，立碑纪绩。该碑现藏辽宁省博物馆。

二 宗教

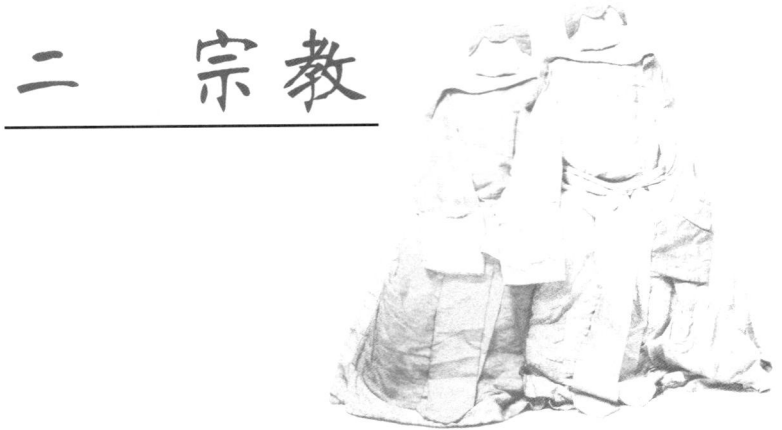

满洲族的信仰最初源于萨满教，它反映的是原始母系氏族社会以至进入父系氏族社会的初民宇宙观。萨满教在万物有灵与灵魂不灭的观念支配下，认为自然界中的山川草木、飞禽走兽都有神灵存在，并且神灵主宰一切。而通达人与神的中介即是萨满（巫师），他可以代神行事，为氏族祛灾驱魔，繁衍生灵。在萨满看来，鸟是通天的神灵，因而满洲始祖传说就是由神鹊衔来朱果为佛库伦受孕。后世满洲族发展并规范了萨满教的一切祭祀仪式。

由于后金——清同蒙古族、汉族的接触，教义深奥的佛教各派，尤其是藏传佛教格鲁派（黄教）对满洲族产生了深刻的影响。在后金统辖的地域内广泛修建的藏传佛教塔刹无疑是藏传佛教广为流布的见证。满洲统治者不仅有萨满为其祛灾驱魔，而且又有了佛祖为其祈福降祉。

索伦竿子在满族祭天时使用,俗称"神竿",立于石座之上,顶部渐锐,套有一个锡碗。祭祀时要以竿尖蘸祭猪血,并套猪喉骨于顶端,再将祭祀所用猪的部分内脏置于上部锡碗内,喂食鸦雀。这是因为满洲族人把鸦雀视作衔来朱果孕育其祖先的神雀,以这种形式进行祭祀。图为沈阳故宫博物院的索伦竿子,立在清宁宫前庭正对宫门处,是一根高达3.5米的木杆。

索伦竿子

清宁宫神堂内景

清太宗皇太极建成清宁宫后,设神堂于宫内西侧,四间相连,西墙正中为供奉朝祭神位之处,于此举行萨满祭祀。入关后诸帝东巡时亦于此地举行萨满祭祀。

《钦定满洲祭神祭天典礼》

（清）允禄等撰。乾隆十三年（1748年）编成，初为满文，四十五年由大学士阿桂、于敏中等译成汉文。乾隆朝内府抄本。

该书详细记载清朝祭神祭天的仪注、祝词等仪程规范，并绘有关图式，是全面了解萨满教的文献资料。

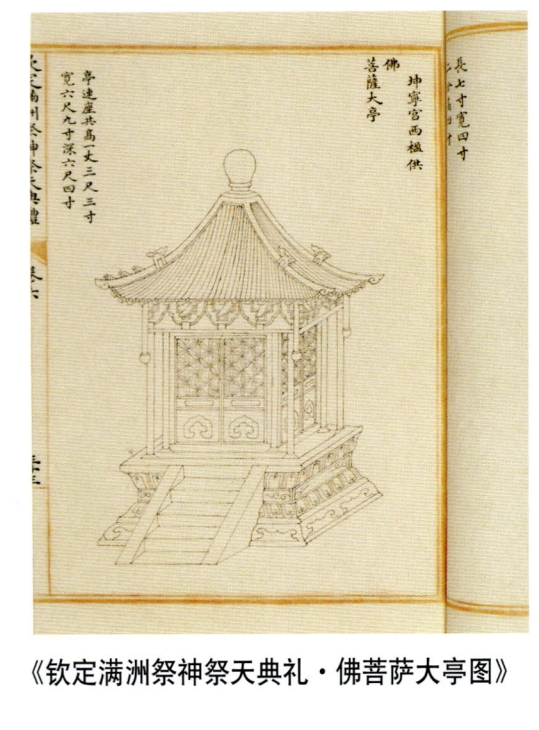

《钦定满洲祭神祭天典礼·佛菩萨大亭图》

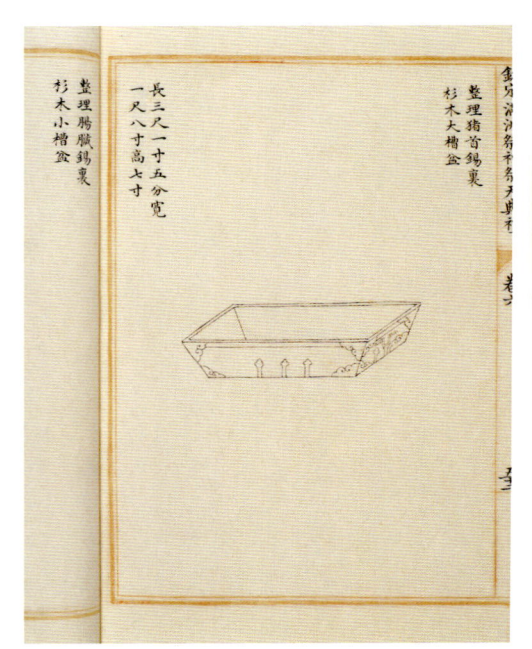

《钦定满洲祭神祭天典礼·祭器大槽盆》

大槽盆为整理猪首的器皿。

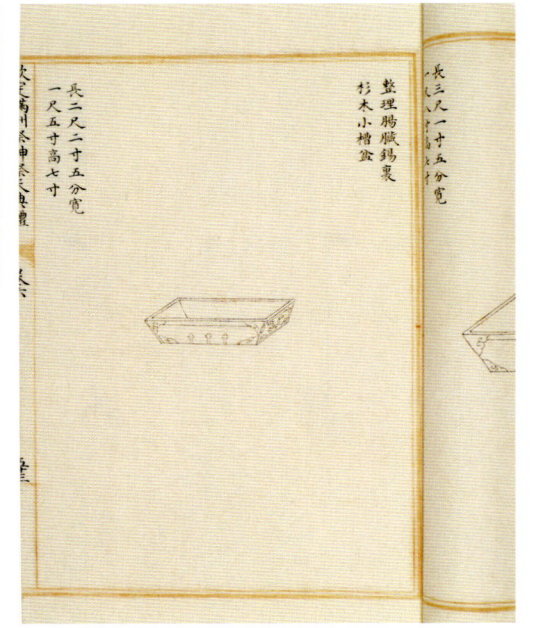

《钦定满洲祭神祭天典礼·祭器小槽盆》

小槽盆为整理猪内脏的器皿。

太祖太宗朝

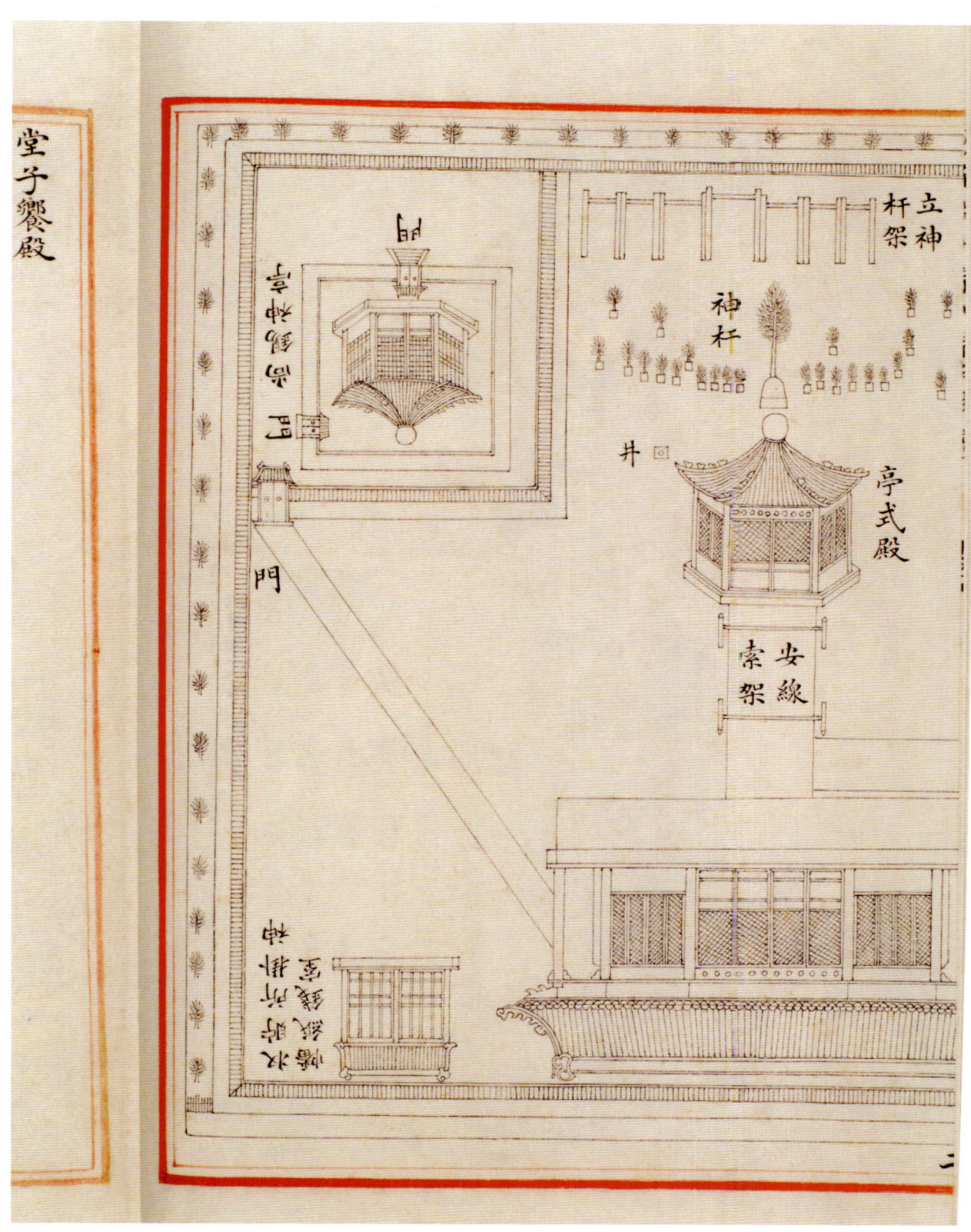

《钦定满洲祭神祭天典礼·亭式殿与尚锡神亭图》

萨满祭祀神偶

萨满祭祀时，供奉各种神偶。这对布人是清代紫禁城皇宫坤宁宫内供奉的神偶，本为蒙古神形象，后演化为满族广泛供奉的守护神。萨满祭祀有各种质地、各种形象的神偶，代表不同的神祇。

萨满神案

满洲族把绘在丝帛上的神像称为神案，其神像或为列祖列宗，或为虎豹等动物，前者称为家神案子，后者称为大神案子。神案平时贮藏于神匣内，祭祀或跳神时则取出供奉。每个家庭绘制的神案略有不同。

萨满神衣

萨满在跳神祭祀时，要穿着特制的神衣，以通神灵。

萨满腰铃

腰铃满语叫"西沙"。相传腰铃是天神阿布卡赫赫围在战裙上的东西，它的震动声可以使恶魔耶路里害怕、头晕而被打入地狱。萨满在祭祀时皆佩带腰铃以助祭。

萨满乐器——手鼓与抬鼓

手鼓满语叫"尼玛琴"，抬鼓满语叫"通肯"。信奉萨满的人们认为，鼓代表云涛，灵魂乘坐这种"神鼓云涛"能飞天入地，所以萨满在祭祀时，要亲自手持神鼓敲击，另由助祭的人重重敲击大抬鼓，以助声威。

囊素喇嘛塔旧照

该塔为西藏大喇嘛干禄打尔罕囊素的舍利塔，位于今辽宁辽阳太子河区兴隆村喇嘛园内。明天启元年（1621年，天命六年），囊素喇嘛圆寂，清太祖努尔哈赤敕令修建宝塔以为纪念。明崇祯三年（1630年，天聪四年）清太宗皇太极又敕修喇嘛陵园。该塔高6.06米，周长8.05米，八面五层，是清初典型的藏式喇嘛塔。塔前为碑龛，立大金喇嘛法师宝塔记碑。喇嘛园及塔于文革期间损毁，大金喇嘛法师宝塔记碑移存辽宁辽阳博物馆保存。

囊素喇嘛碑碑阳
碑高95厘米，宽66厘米。辽宁辽阳博物馆藏。

该碑提供了喇嘛教东传后金的历史经过：西藏喇嘛教法师干禄打尔罕囊素传教路经蒙古到辽东，受到清太祖努尔哈赤的尊崇，划给封地与人丁，供其建寺传教，明天启元年（1621年，天命六年）圆寂于喇嘛园。崇祯三年（1630年，天聪四年），其门徒白喇嘛奏请清太宗皇太极敕建葬身塔，并在塔前竖立此碑。

囊素喇嘛碑碑阴

碑阳右为汉文，左为老满文，碑文中提到参与立碑的当时重要人物有耿仲明、孔有德、尚可喜、佟养性、钦差督理文程等。碑阴为建碑经过及题名。

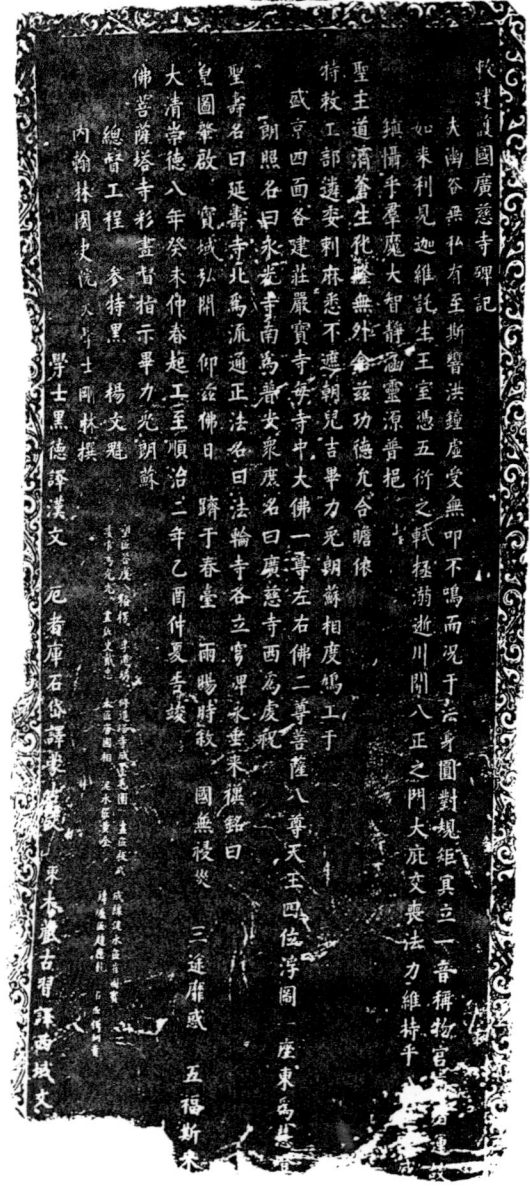

汉文《敕建护国广慈寺碑记》拓片

崇祯十六年（1643年，崇德八年）始刻，顺治二年（1645年）五月刻竣。黑德将满文碑文译成汉文。碑高230厘米，宽101厘米。

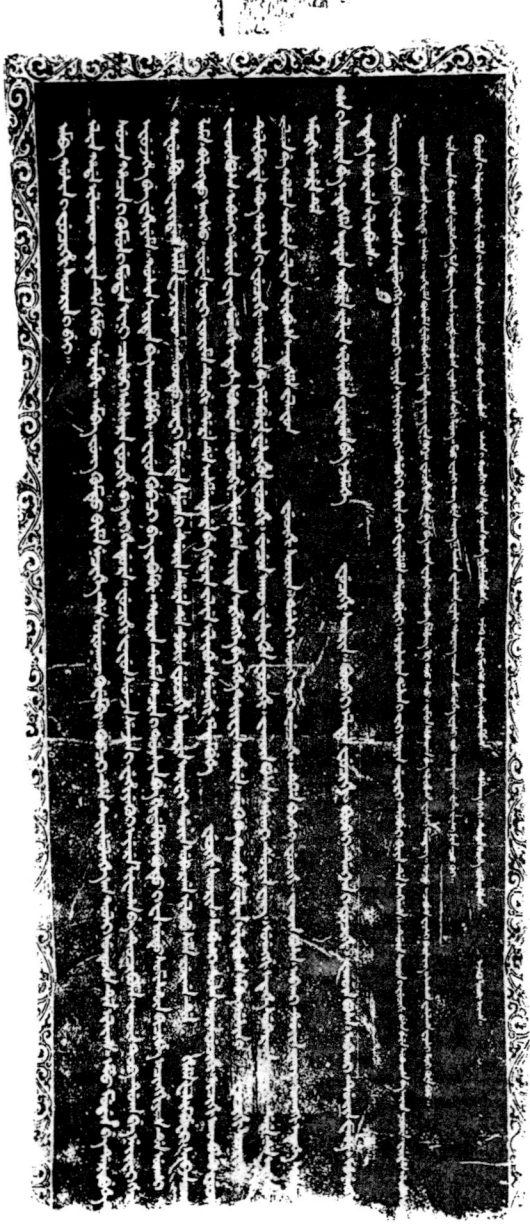

满文《敕建护国广慈寺碑记》拓片

满文碑文由内翰林国史院大学士刚林撰。

蒙文《敕建护国广慈寺碑记》拓片
厄者库石岱将满文碑文译成蒙文。

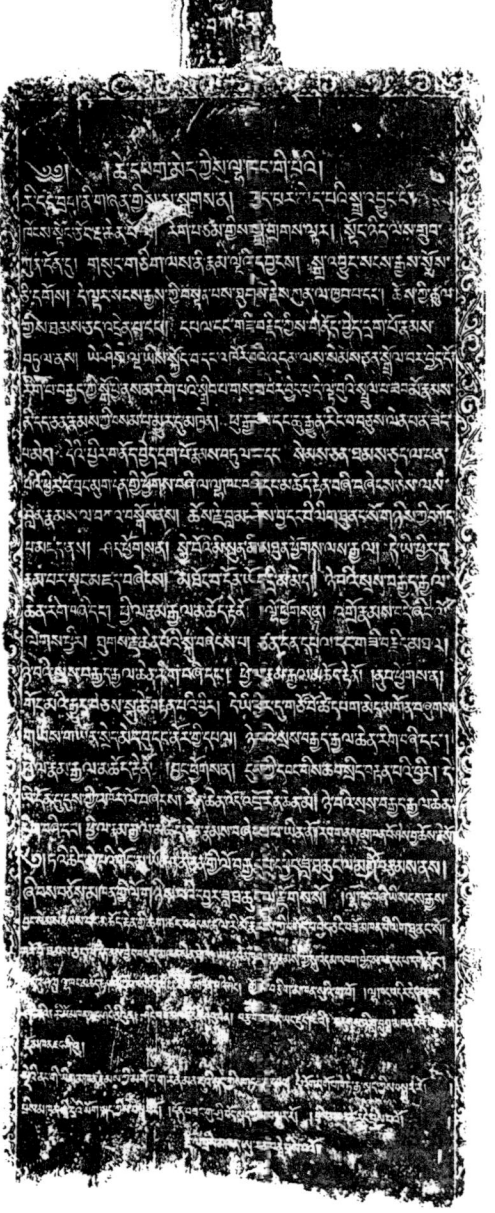

藏文《敕建护国广慈寺碑记》拓片
东木藏古将满文碑文译成藏文。

护国广慈寺坐落于后金都城盛京（今辽宁沈阳）南门外，是盛京四寺之一。清太宗皇太极时期，敕令在都城的四面方向各建一庄严宝寺，寺内建塔。据碑文所载，四塔四寺"东曰慧灯朗照，名永光寺；南为普安众庶，名曰广慈寺；西为虔祝圣寿，名曰延寿寺；北为流通正法，名曰法轮寺"。皇太极建立塔寺，祈望为后金国上至帝王，下至黎民带来福祉。

法轮寺

法轮寺坐落于盛京沈阳城北门外，是沈阳四寺之一。

北塔

北塔坐落于盛京沈阳城北门外法轮寺内，是沈阳四塔之一，俗称为北塔。

西塔

西塔坐落于盛京沈阳城西门外延寿寺内,是沈阳四塔之一,俗称为西塔。由于毁坏严重,曾于1968年拆除,今已复建如初。

汉文《敕建护国延寿寺碑记》拓片

明崇祯十六年（1643年，崇德八年）始刻，顺治二年（1645年）五月刻竣。黑德将满文碑文译成汉文。碑高230厘米，宽101厘米。

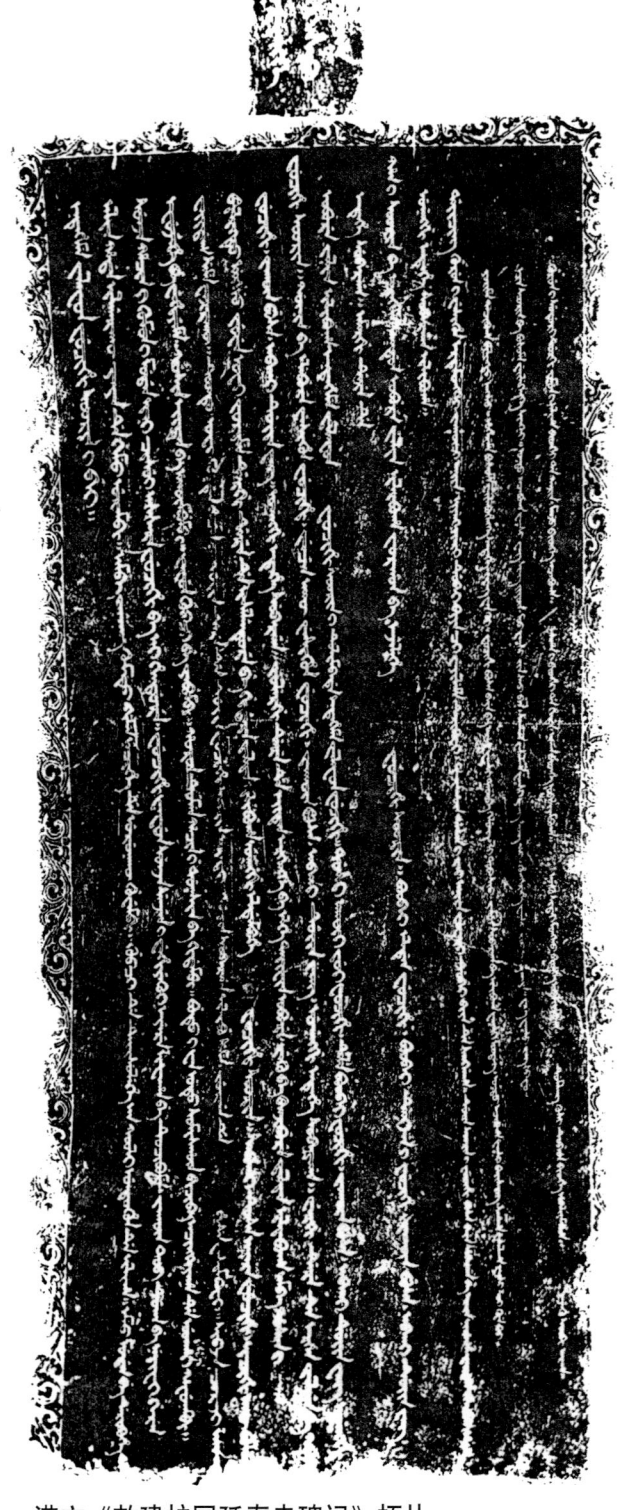

满文《敕建护国延寿寺碑记》拓片

满文碑文由内翰林国史院大学士刚林撰。

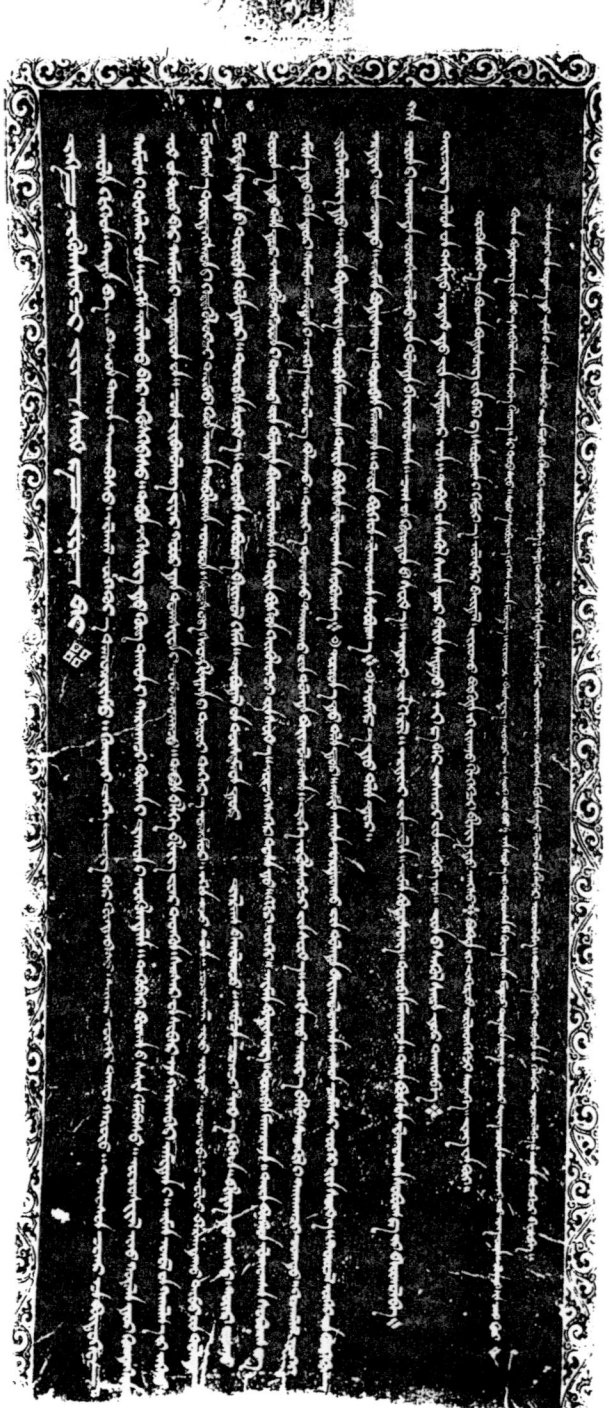

蒙文《敕建护国延寿寺碑记》拓片
厄者库石岱将满文碑文译成蒙文。

藏文《敕建护国延寿寺碑记》拓片
东木藏古将满文碑文译成藏文。

东塔

东塔坐落于盛京沈阳城东门外永光寺内，是沈阳城四塔之一，俗称为东塔。

洮南双塔

双塔位于吉林洮南德顺乡双塔村，东西两塔对峙，故称双塔。两塔相距23.8米，高均12米，皆为藏式喇嘛塔。始建于崇德（1636—1643年）年间，今于其北部尚见寺院遗迹。后金时期的藏传佛教流布可谓远矣。

复建的赫图阿拉城地藏寺

赫图阿拉城地藏寺建于清太祖时期，是汉传佛教寺院，供奉的地藏菩萨为中国佛教四大菩萨之一。相传地藏菩萨为古朝鲜新罗国王族，姓金名乔觉，显灵弘法的道场在安徽九华山。该地藏寺为近年复建。

复建的赫图阿拉城关帝庙

关帝庙供奉三国时蜀汉大将关羽。关羽在宋代以后，其事迹被神化，尊为"关公"、"关帝"。满洲人非常崇拜关羽，其勇武与忠义是鼓舞八旗的一剂良方。图中关帝庙为近年复建。

显佑宫碑

石碑为顺治十五年(1658年)立。

复建的赫图阿拉城显佑宫

显佑宫位于赫图阿拉城东10里左右,是道教建筑,清太祖努尔哈赤初建时称玉皇阁,顺治朝重修。现显佑宫为近年复建。

后 记

《清史图典》经过两年多的努力，终于杀青付梓。本书在编纂过程中，得到了故宫博物院各部门领导的大力支持以及有关同仁的密切配合与鼎力相助。本书选用了大量具有丰富历史内涵的文物、图书，以展现当时的社会风貌。诸多同仁参加了提取文物，图书的协助拍摄、图片制作等工作，可以说，本书是集体劳动的结晶。在此，《清史图典》编撰人员向所有给予此书以各种帮助的同仁致以衷心的感谢！

除故宫博物院的文物藏品图片外，《清史图典》还得到了许多兄弟单位和个人的大力帮助，为本书提供了各种图片资料。为此，编著者亦深表诚挚的谢意！

《清史图典》各卷卷首冠以著名清史专家所写的序言，综述每朝历史概貌，实为各卷锦上添花。对各位专家于百忙中给予本书的厚爱深表敬意！

除本书各卷主编主笔外，佟悦、董平撰写了《太祖 太宗朝》的某些条目，郭蕾撰写了《康熙朝》的部分章节，牛克诚撰写了《乾隆朝》的部分章节，刘蔷、吕成龙、邵岩、陈芳、曹莉、白炎林、蒋金治撰写了《咸丰 同治朝》部分条目，董健丽、范文海撰写了《光绪 宣统朝》的某些条目。

本书拓片由郭玉海制作，印章由方斌钤本。

最后，对所有为《清史图典》提供帮助的单位与个人，在此一并开列，以示其功不可没。

提供图片的单位如下（按音序排列）：

北京大学图书馆、北京市古代钱币展览馆、北京雍和宫、福建晋江博物馆、广东东莞鸦片战争博物馆、河北承德避暑山庄、湖北通山博物馆、辽宁大连金州博物馆、辽宁丹东文化局、辽宁锦州文物考古研究所、辽宁辽阳博物馆、辽宁旅顺博物馆、辽宁省博物馆、辽宁省档案馆、辽宁省图书馆、辽宁新宾永陵文管所、旅顺日俄监狱旧址陈列馆、内蒙古自治区博物馆、内蒙古自治区通辽博物馆、南京太平天国历史博物馆、山东邹城孟庙文物管理局、山西省博物馆、上海博物馆、上海市历史博物馆、上海图书馆、沈阳故宫博物院、首都图书馆、史可法纪念馆、四川省博物馆、西藏自治区档案馆、小莽苍苍斋、新疆维吾尔自治区博物馆、浙江金华太平天国侍王府纪念馆、浙江省博物馆、中国第一历史档案馆、中国革命博物馆、中国国家图书馆、中国历史博物馆。

协助图片拍摄、制作的个人如下（按姓氏音序排列）：

白㹷晶、曹莉、丁孟、郭金芳、郭亚玲、何林、华宁、黄希明、蒋若威、李斌、李欢、李卫东、李艳霞、李英、梁金生、梁宪华、刘鸿武、刘家迅、刘硕、刘振祥、毛宪民、聂崇正、彭德、齐心、钱九如、秦凤京、施安昌、汤信东、王大中、王会、王连起、王秋菊、王硕、王薇、王幼敏、王玉书、吴鹏、军丽梅、张广生、张楠平、张小新、张莹、朱庆征。

为本书图片摄影的除故宫博物院信息中心摄影科的胡锤、刘志岗、冯辉、赵山、刘明杰、邹一伟等人外，还有以下个人（按姓氏音序排列）：

冯玉涛、郭蕾、华仁、贾宁、李荣发、李泽奉、刘俊勇、刘如仲、任鸿魁、苏盛清、孙志奇、王家鹏、王家忠、王时伟、王思治、王政伟、吴胜利、徐凯、阎崇年、张邦义、赵雅新。

春华秋实，两载笔耕的成果捧出，我们期待着专家学者建设性的意见与批评。

《清史图典》编委会
2001 年 8 月 27 日

藍田縣
石門湯
舊縣關
板廟子
蘆子石
大泥峪
天書山
石甕子
孟家寨
紅嶺寨
西王峪嶺
野猪坪
杜川河
徐家坪
紅山洞
鎮安縣
表德鋪
上茅坪
營見寨
長哨鋪
青鎮關
高峯寨
土地嶺
金井河
安善嶺
鐵陽嶺
劉嶺
熊耳山
七渡河
牛槽嶺
仙遊寺
炭谷
太乙山
秦渡鎮
終南山
黑水峪
寒峪口
石門關
清涼溝
陳家壩
華陽關
大白山
鐵鎖橋
鐵鎖關
馬鞍山
洋縣
龍亭鎮
貫溪堡
槐樹關
龍亭鋪
白沙鋪
鐵石關
子午鎮
子午河
堯峯關
娘娘關
腰竹嶺
東園鋪
五郎關
雲霧山
馬蝗山
牛羊河
石泉縣
漢陰縣
兩河關
紫陽縣
鳳凰鋪
興安州
西鄉縣
固縣壩
太平縣
白沙河
九盤子
通天觀
石塘溪
石塘垻
觀面山
東溪河
後溪河
西溪河
大寧縣
分水嶺
分水河
五溪河
前江
普光
後江
中江
廠溪
白楊河
舊縣壩